아우라의 진화

현대 문화 예술에서 아우라의 지형도 그리기
아우라의 진화

지은이 / 심혜련
펴낸이 / 강동권
펴낸곳 / (주)이학사

1판 1쇄 발행 / 2017년 9월 25일
1판 2쇄 발행 / 2018년 10월 20일

등록 / 1996년 2월 2일 (신고번호 제1996-000015호)
주소 / 서울시 종로구 율곡로13가길 19-5(연건동 304) 우 03081
전화 / 02-720-4572 · 팩스 / 02-720-4573
홈페이지 / ehaksa.kr
이메일 / ehaksa1996@gmail.com
페이스북 / facebook.com/ehaksa · 트위터 / twitter.com/ehaksa

© 심혜련, 2017, Printed in Seoul, Korea.
ISBN 978-89-6147-313-2 93100

이 책의 저작권은 저자가 가지고 있습니다.
저작권법에 의해 보호를 받는 저작물이므로 이 책 내용의 일부 또는 전부를 재사용하려면
저작권자와 (주)이학사 양측의 동의를 얻어야 합니다.

* 이 저서는 2013년 정부(교육부)의 재원으로 한국연구재단의 지원을 받아 수행된 연구임
  (NRF-2013S1A6A4016771).

* 책값은 뒤표지에 표시되어 있습니다.

이 도서의 국립중앙도서관 출판시도서목록(CIP)은 e-CIP 홈페이지(http://www.nl.go.kr/ecip)와 국가자료공동목록시스템(http://www.nl.go.kr/kolisnet)에서 이용하실 수 있습니다. (CIP제어번호: CIP2017023116)

심혜련
지음

아우라의 진화

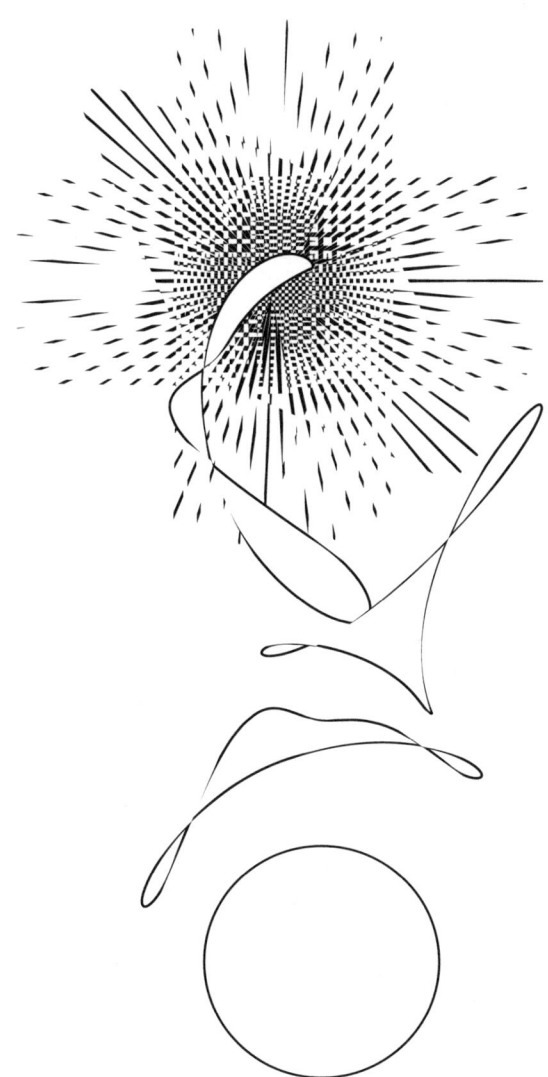

현대 문화 예술에서 아우라의 지형도 그리기

이학사

일러두기

1. 한국어 번역서를 인용한 경우 출간된 번역서를 저본으로 하되, 문법에 맞지 않거나 문맥상 매끄럽지 않은 일부 표현은 지은이가 고쳤다.
2. 부호의 쓰임은 다음과 같다.
    『 』: 도서 제목
    「 」: 논문, 장, 단편소설 제목
    [ ]: 인용문에서 지은이의 부연 설명
    〈 〉: 그림, 작품, 영화, 사진, TV 프로그램 제목
    《 》: 전시 제목

들어가는 말
아우라의 현실성

> "하지만 그 사람이 입을 열면 아우라는 사라진다.
> 아우라는 입을 열기 전까지만 존재한다."
>
> — 앤디 워홀

아우라만큼 아우라적인 개념도 없다. 발터 벤야민(Walter Benjamin)이 아우라의 몰락을 선언한 이후, 아우라는 역설적으로 매우 아우라적인 개념이 되었다. 그가 몰락했다고 선언한 아우라가 여전히 그와 그의 철학을 감싸고 있을 뿐만 아니라, 시대에 따라 변신에 변신을 거듭하고 있다. 그도 아우라의 몰락을 선언하면서 상황이 이렇게 될 것이라고는 상상도 못했을 것이다. 그러나 철학은 시대를 반영하기 때문에 그 누구도 자신의 철학이 앞으로 어떻게 될지 그 운명을 알 수 없다. 기술 복제 시대와 관련해 아우라를 언급했던 벤야민은 그 시대의 문화 예술적 특징을 아우라의 몰락이라고 규정했다. 그러나 그 이후 기술 복제 시대를 거쳐 디지털 매체 시대에 이르기까지 문화 예술 전반에서 '아우라의 몰락', '아우라의 잔존' 또는 '아우라의 귀환과 복원'이라는 현상이 반복해서 일어나면서 아우라는 여전히 논쟁의 한가운데에 있다. 이러한 상황은 한마디로 '아우라의 현실성(die Aktualität)'이라고 할 수 있다.

벤야민은 아우라의 중요한 특징 중 하나로 '거리감'을 이야기했다. 그는 멀리 있던 것들이 가까이 왔을 때 발생하는 여러 변화를 아우라를 중심으로 이야기했다. 여기서 거리감은 물리적 거리감뿐만 아니라 심리적 거리감도 포함한다. 벤야민은 현실과는 거리가 멀었던 종교적 의미의 아우라를 학문의 영역으로 가져옴으로써 이 개념을 세속화했다고 볼 수 있다. 이렇게 세속화된 아우라가 최근에는 학문·비평적 개념에서 대중적 개념으로 변화하면서 다시 한번 세속화되었다. 많은 사람이 벤야민이 누구인지 또 아우라가 구체적으로 어떤 뜻인지 알지 못해도 아우라라는 개념을 들어보고 또 사용해봤을 것이다. 우리는 문화 예술비평뿐만 아니라 예술 및 오락을 다루는 텔레비전 프로그램에서도 흔히 아우라라는 개념을 접한다. 아우라가 일종의 트렌드가 된 것이다. 추상적인 철학적 개념이 이렇게 대중적으로 널리 사용되는 경우는 많지 않다. 이 또한 '아우라의 현실성'이다.

최근 벤야민 열풍이라고 할 정도로 그에 대한 연구가 지속적으로 활성화되고 있다. 인문학과 문화 예술비평에 관심 있는 사람이라면 한 번쯤은 벤야민의 텍스트가 주는 매력에 빠져보았을 것이다. 그러나 이러한 현상은 새로운 것은 아니다. 이미 그 이전에도 이와 유사한 현상들이 있었기 때문이다. 이와 관련해 일찍이 아도르노는 벤야민의 텍스트를 접하게 되면 그의 텍스트에 자석처럼 이끌리거나 또는 몸서리치며 거부하는 것 외에는 별 도리가 없다고까지 말했다. 그런데 문제는 아우라와 마찬가지로 그의 사유는 하나의 방향으로만 해석하는 것이 불가능하다는 점이다. 해석자의 철학적·

정치적 입장에 따라 다양한 해석이 가능하며 정해진 정답은 없는 것이다. 그로이스(Boris Groys)도 벤야민에 대해 말하는 것이 매력적임과 동시에 어려운 일이라고 강조한 바 있다. 그 이유는 벤야민의 텍스트가 해석자들에게 자유로운 공간을 열어두고 있으며, 또 그의 텍스트들은 항상 자유로운 상상의 놀이로 독자들을 유혹하기 때문이다. 자유로운 상상의 공간이 열려 있다는 것은 재미와 함께 혼란의 가능성을 내포한다.

열린 텍스트는 해석자를 늘 이론적으로 자극하지만, 또 때로는 무력감에 빠지게도 한다. '내가 잘 이해하고 있는 것일까?'라는 의문이 끊임없이 제기되기 때문이다. 나 또한 이 책을 쓰는 내내 이러한 의문을 품고 괴로워했다. 그러나 이끌림에 거부할 수 없었기 때문에 이 매혹적인 이론적 공간에 들어가 나만의 자유로운 놀이를 시도했다. 그 결과가 바로 이 책이다. 물론 이 놀이는 그 대상을 '아우라'로 한정했기 때문에 벤야민의 이론을 전체적으로 아우르지는 않는다. 나는 벤야민이 말하고 있는 아우라란 무엇이며, 또 이것은 다른 이론가들의 어떤 개념들과 비교 가능한지, 더 나아가 현대 문화 예술철학에서 철학자들은 아우라를 어떻게 보고 있으며, 현대의 문화 예술 상황에서 아우라의 운명은 도대체 어떻게 되고 있는지를 살펴보았다. 다시 말해서 이 책의 목적은 아우라를 둘러싼 새로운 지형도를 그려보는 것(Mapping Aura)이다.

새로운 지형도를 그리기 위해서는 도구가 필요했다. 그중 하나가 바로 '감성학'이다. 감성학은 한마디로 말해서 '또 다른 미학'이다. 감성학은 무엇보다도 '감성적 지각'을 중요하게 여기면서, 현대 문화 예술철학 그리고 미학에서 이를 복원해야 하며, 이를 토대로 현대 문화 예술철학과 미학이 재편되어야 한다고 주장한다. 나는 이러한 감성학의 입장에 전적으로 동의한다. 더 나아가 나는 기본적으로 벤야민의 예술 이론이 감성학이라고 생각한다. 그래서 이 책의 제1부에서는 감성학과 감성적 지각에 대한 재평가의 필요성과 미학의 확장으로서의 감성학에 대해 서술했다. 그리고 현재 다양하게 전개되는 감성학 중 특히 매체를 중심으로 한 감성학, 즉 '매체미학'을 소개한 후, 감성학자로서의 벤야민과 감성적 지각으로서의 아우라에 대한 재해석을 시도했다. 이때 무엇보다도 중요하게 생각한 것은 아우라를 '예술적 경험' 또는 '심미적 경험'으로만 이해해서는 안 된다는 것이었다. 좀 더 확장된 차원에서 아우라를 받아들이는 것이 중요했다. 이러한 이론적 접근의 토대는 벤야민이 스스로 아우라를 일종의 '지각 가능성'으로 규정했다는 데서 찾았다.

아우라를 감성적 지각으로 규정한 후, 또 다른 질문들이 생겨났다. '그렇다면 아우라만이 감성적 지각인가?' '다른 감성적 지각은 없는가?' 이러한 물음들을 가지고 다른 이들의 이론에서 감성적 지각이라고 주장할 수 있는 여러 개념을 찾았다. 그것들이 바로 프로이트의 '두려운 낯섦', 바르트의 '푼크툼' 그리고 리오타르의 '숭고'였다. 이 개념들은 현재 디지털 매체 시대의 예술과 관련해서 대표적으로 주목받고 있는 지각 방식들이다. 물론 이 지각 방식들을 이야기한 각각의 사상가들은 '감성학'이라는 용어를 사용하지도 않았고, 또 이 지각 방식들을 감성적 지각으로 규정하지도 않았다. 그러나 프로이트가 아름다움을 다루는 기존의 미학과는 다른 감정을 중심으로 미학을 이야기한 것, 바르트가 기존의 사진 이론이 아닌 자신의 느낌을 중심으로 사진을 분석한 것, 그리고 리오타르가 숭고라는 감정을 중심으로 예술 이론을 전개한 것, 이것은 모두 감성학이다. 따라서 이 책의 제2부에서는 이러한 지각 방식을 감성적 지각으로 재해석했다. 그리고 이 각각의 개념들이 갖는 공통점을 중심으로 이들 간의 가족 유사성에 대해 살펴보았다. 또한 감성학과 감성적 지각에 대한 최근의 논의들 중 뵈메의 감성학을 다루었다. 그는 심미적 경험만이 아니라 일반적 지각까지도 포함하는 지각 이론으로서의 감성학을 적극 옹호하는 사상가이다. 특히 그는 '분위기'라는 개념을 중심으로 감성적 지각 이론을 전개한다.

감성학과 감성적 지각에 대해 분석한 후 제3부에서는 '아우라의 귀환과 복원'을 본격적으로 다루었다. 벤야민이 '아우라의 몰락'을 선언한 이후 '아우라의 몰락'을 둘러싼 논쟁은 크게 두 가지 입장으로 나뉘었다. 하나는 벤야민이 아우라의 몰락을 주장했다는 것이고, 또 다른 하나는 그렇지 않다는 것이다. 이들은 다시 다양한 입장으로 세분화된다. 벤야민이 아우라의 몰락을 주장했다는 입장은 그가 이를 긍정적으로 보았다는 입장과 부정적으로 보았다는 입장으로 나뉜다. 또한 이들 중에는 몰락으로 아우라는 끝났다는 입장도 있고, 이와 달리 아우라가 때로는 귀환하고 있다거나 또 때로는 의도적으로 복원되고 있다는 입장도 있다. 벤야민이 아우라의 몰락을 주장하지 않았다고 보는 입장에서는 여러 가지 이유에서 아우라가 흥망성쇠를 거듭하고 있다고 본다. 이와 관련해서 나는 벤야민이 아우라의 몰락이라는 이름으로 아우라의 죽음을 이야기한 것은 분명하다고 본다. 비록 그후로 아우라의 삶이 다르게 전개되었다고 할지라도 말이다. 확실히 문화 예술 영역에서는 벤야민의 주장과는 매우 상반되는 현상이 나타나고 있다. 문화 예술계에 종사하는 많은 사람이 결코 아우라를 죽음으로 내몰고 싶어 하지 않는다. 오히려 아우라를 되살리고 극대화하려고 한다.

어쨌든 아우라는 현재 다양한 형태로 귀환하고 있으며, 또 때로는 의도적으로 복원되고 있다. 귀환이든 복원이든 간에 아우라가 여전히 존재한다는 사실이 무엇보다도 중요하다. 나는 '아우라의 귀환과 복원'이라는 주제에 접근하면서 두 가지 방식을 선택했다. 하나는 이론적 담론을 중심으로 접근하는 방식이며, 또 다른 하나는 다양한 예술 형식을 예로 들어 설명하는 방식이다. 이를 위해 먼저 벤야민이 아우라의 몰락을 선언한 이후 아우라를 둘러싼 논쟁들이 어떻게 진행되었는지, 또 귀환과 복원을 주장하는 입장들에서 어떻게 아우라를 재아우라화했는지를 살펴보았다. 그러고 나서 본격적으로 현재의 문화 예술 상황에서 아우라의 문제를 흔적, 장소, 사건, 매체 그리고 상품과 연결시켜 살펴보았다. 먼저 아우라의 귀환은 흔적, 장소 그리고 사건을 중심으로 재해석할 수 있다. 여기서 중요한 것은 경험의 지속 가능성으로서의 아우라와 무의지적 기억으로서의 아우라다. 장소와 흔적을 통한 아우라적 경험 등은 일종의 아우라의 귀환인 것이다. 흔적을 중심으로 아우라의 귀환을 이야기하려면, 무엇보다도 회상과 기억의 문제 그리고 부재와 현존의 관계를 밝혀야 한다.

그다음으로는 특정 장소에서 발생하는 아우라에 대해 살펴보았다. 장소와 관련해서 아우라는 다양한 모습으로 드러난다. 기억 장소에서 아우라를 경험할 수도 있고, 또 특정 장소에서 아우라가 지속되는 현상을 체험할 수도 있고, 또 특정 장소에서 아우라가 의도적 복원을 통해 변신하는 경우도 있다. 아우라의 지속과 변신은 공공 예술 또는 장소 특정적 예술과 밀접하게 연관된다. 따라서 이 책에서는 아우라의 다양한 모습과 더불어 예술과의 관계 속에서 아우라의 귀환과 복원이 어떻게 드러나는지를 분석했다. 또한 사건과 아우라에 대해서도 다루었다. 사건은 일회적인 것이다. 사건이 반복되면 일상이지 사건이 아니다. 반복과 일회성은 아우라에서 중요한 역할을 한다. 벤야민이 아우라의 가장 큰 특징으로 이야기한 것 역시 일회성이었다. 발전한 매체에 의해 모든 것이 반복되고 있는 지금, 일회적으로 존재하고 사라지는 것들에 대한 그리움이 있다. 특히 예술에서는 더욱 그렇다. 특정 예술에서의 경험이 일회적으로 끝나고 결코 반복될 수 없다는 것을 안다면, 이때 경험은 특별할 것이다. 이것이 바로 아우라적 경험이라고 할 수 있다. 따라서 사건 미학을 중심으로 아우라를 이야기하는 사람들은 특히 퍼포먼스를 강조한다. 일회적으로 사라지는 예술 현상으로서의 퍼포먼스가 반복되는 시대에 일종의 대안으로 작용할 수 있다고 보기 때문이다.

　매체와 상품에서는 아우라를 복원시키기 위한 의도적 노력들이 두드러지게 나타난다. 이때 아우라는 일종의 가상의 아우라이다. 아우라의 복원은 다방면에서 일어난다. 문화 산업에서, 매체 예술에서 그리고 상품과 미술 제도 안에서. 문화 산업에서는 그 어느 때보다도 스타의 아우라를 만들어내는 데 주력한다. 상품 시장에서도 과시적 소비를 유도하기 위해 유사 아우라를 만들어낸다. 미술 제도 안에서 나타나는 예술의 상품화를 이야기할 때도 아우라를 빼놓을 수 없다. 이 모든 현상을 나는 아우라의 복원이라고 보았다. 그러나 아우라의 귀환 또는 복원이 각각 엄격하게 구분되어 발생하는 것은 아니다. 이들은 긴밀하게 연결되어 있으며 동시에 일어나기도 한다. 아우라를 둘러싼 몰락, 귀환과 복원의 과정이 변증법적으로 진행되고 있는 것이다.

사실 오랫동안 아우라에 대해 연구하고 그 결과물들을 발표하곤 했지만, 아우라를 중심으로 책을 써야겠다고 생각하지는 않았었다. 아우라에 대해 책을 써야겠다고 마음먹게 된 것은 우연한 계기였다. 2012년 대선을 앞두고, 우연히 TV에서 대선 후보들을 인터뷰하는 프로그램을 보았다. 그때 당시 후보였던 박근혜 전 대통령을 인터뷰하는 장면이 나왔는데, 그 장면과 자막이 내 관심을 끌었다. "형광등 100개를 켜놓은 듯한 아우라"라는 자막이 등장했던 것이다. 그때 난 아우라에 대해 책을 써야겠다고 마음먹고 이 작업을 시작했다. 오해되는 아우라, 또 귀환과 복원을 반복하는 아우라의 삶과 죽음에 대해 이야기하고 싶어졌던 것이다. 우연인지 모르지만, 이 책의 초고는 그 "형광등 100개를 켜놓은 듯한 아우라"가 몰락할 즈음에 완성되었다. 이 책에서 다루고 있듯이, 아우라는 몰락 이후에도 쉽게 사라지지 않는다. 여러 이유에서 귀환하기도 하고 또 의도적으로 복원되기도 한다. 나에게 집필 동기로 작용한 그 아우라도 그럴까 두렵다. 그러지 않기를 바랄 뿐이다.

갈수록 인문학의 입지가 줄어들고 있는 지금, 인문학 서적을 기꺼이 출판하는 이학사에 감사한다. 이 책은 하나의 개념을 중심으로 서술했기 때문에 때로는 반복되는 내용과 불필요한 내용들이 있었다. 이를 꼼꼼히 지적해주고 좀 더 나은 글을 위해 많은 제안을 해주신 이학사 임양희 편집장님께도 정말 감사드린다. 동시에 여러 가지 일을 처리할 능력이 없는 내가 연구에 집중할 수 있도록 늘 배려해주는 남편 이창신에게 고맙다는 말을 전한다. 아우라의 진화에 관한 책을 쓰면서 일회성과 반복성 그리고 복제에 대해 많이 고민했다. 점차 복제되지 않는 것이 없어지는 것도 두려웠다. 무한히 반복하려는 인간의 속성은 아마도 반복될 수 없는 삶에 대한 또 다른 집착이 아닌가 싶다. 어찌 보면 가장 아우라적인 것은 인간의 삶일지 모른다. 시간의 불가역성 그 자체가 아우라적인 지각의 원인으로 작용하고 있는지 모른다. 되돌릴 수 없는 시간들 속에서 일회적 현존재로만 존재하는 인간의 삶이야말로 아우라를 비롯한 그 외의 감성적 지각들의 근원적 대상이 되는 것은 아닐까라는 생각이 든다. 지금 나에게 그런 대상은 올해 돌아가신 나의 어머니이다. 내가 오랫동안 공부할 수 있도록 지원해주시고, 또 감성적 인간이 무엇인지를 보여주신 어머니께 처음이자 마지막으로 고맙다는 말을 전하고 싶다. 이미 부질없는 말이 되었지만.

하나의 개념을 중심으로 사유를 풀어가는 과정은 쉽지 않았다. 그럼에도 불구하고 멈출 수 없었다. 벤야민의 텍스트 그 어딘가에 무엇인가 소중한 것이 있을 것이라는 믿음을 버릴 수 없었기 때문이다. 벤야민은 『경험과 빈곤』에서 아들에게 포도밭을 물려준 노인의 이야기를 한다. 잘 알려진 것처럼, 이 노인은 포도밭 어딘가에 많은 유산이 있으니 찾아보라는 유언을 남긴다. 이 이야기는 그대로 나에게 적용되었다. 포도밭은 벤야민의 텍스트이고 그 노인은 벤야민이다. 난 내 나름대로 그 포도밭을 파고 있다고 생각한다. 그러나 난 유능한 농부도, 부지런한 농부도 아니다. 따라서 엉뚱한 곳을 파기도 하고 또 그마저도 태생적 게으름으로 인해 부지런히 파지도 못했다. 처음 벤야민의 아우라 개념을 접한 후, 참 오랫동안 이 개념을 붙잡고 있었다. 유능하지도 부지런하지도 않지만, 꾸준함으로 이 개념을 잡고 있었던 것 같다. 그 결과가 바로 이 책이다. 사유의 결과물을 내놓을 때마다 늘 부끄러움이 앞선다. 글과 말에 책임을 다하고 있는지, 다시 한번 나를 반성해본다. 아마 꽤 오랫동안 부끄러움과 반성 사이에서 방황할 것 같다.

2017년 여름 전주에서 심혜련

차례

들어가는 말: 아우라의 현실성 / 5

제1부 감성학과 아우라

**1장
감성학과 감성적 지각에 대한 재평가 / 21**

1. 감성학에 대한 시대적 요청 / 21
2. 미학 이후 / 25
3. 미학의 확장으로서의 감성학 / 30
4. 감성적 지각에 대한 재평가 / 36

**2장
감성학으로서의 매체 미학 / 44**

1. 매체에 의해 매개된 지각 / 44
2. 확장된 예술 / 50
3. 이미지에 대한 재평가 / 54
4. 이미지 수용의 문제 / 59

**3장
감성학자로서의 벤야민 재해석 / 67**

1. 일상에서 사소한 것들을 지각하기 / 67
2. 파편화된 도시를 충격 체험을 통해 지각하기 / 73
3. 복제된 예술을 아우라의 몰락으로 지각하기 / 79

**4장
감성적 지각으로서의 아우라 / 85**

1. 진품성으로서의 아우라 / 85
2. 거리감으로서의 아우라 / 93
3. 시선의 응답으로서의 아우라 / 97

제2부 또 다른 감성적 지각들

1장
프로이트의 두려운 낯섦 / 107

1. 감성학적 관점에서 본 프로이트의 예술 이론 / 107
2. 두려운 낯섦의 의미들 / 116
3. 두렵고 낯선 예술들 / 122

2장
바르트의 푼크툼 / 130

1. 주관적 느끼기의 대상 / 130
2. 푼크툼의 의미 / 136
3. 날카롭게 나를 찌르는 사진들 / 140

3장
리오타르의 숭고 / 144

1. 포스트모던 무대에 다시 등장한 숭고 / 144
2. 표현할 수 없다는 것이 존재한다는 사실을 표현하기 / 147
3. 감성적 지각으로서의 숭고 / 152

4장
감성적 지각들 간의
가족 유사성 / 156

1. 아우라와 두려운 낯섦 / 156
2. 아우라와 푼크툼 / 162
3. 아우라와 숭고 / 166
4. 두려운 낯섦, 푼크툼 그리고 숭고의 유사성 / 168
5. 감성학에서의 아우라의 변형 / 172

제3부 아우라의 귀환과 복원

1장
**아우라의 몰락 이후 아우라를
둘러싼 논쟁들 / 181**

1. 아우라의 몰락이 가져온 후폭풍 / 181
2. 재아우라화의 여러 전략 / 187

2장
흔적과 아우라 / 195

1. 새로운 철학적 방법론으로서의 흔적 읽기 / 195
2. 흔적 대 아우라 / 204
3. 도시 공간에서의 흔적들 / 207
4. 흔적의 아우라화 / 211

3장
장소와 아우라 / 217

1. 흔적 그리고 장소와 비장소 / 217
2. 기억 장소에서의 아우라적 경험 / 223
3. 특정 장소에서의 아우라의 지속 / 226
4. 제도적 장소에서의 아우라의 변신 / 234

4장
사건과 아우라 / 240

1. 사건과 반복의 충돌 / 240
2. 사건에서의 행위와 현존 / 246
3. 일회적 현존재로서의 사건과 아우라의 귀환 / 252
4. 사건의 반복과 아우라의 몰락 / 256

5장
매체와 아우라 / 262

1. 복제 예술에서의 아우라의 잔존과 몰락 / 262
2. 복제 예술에서의 아우라의 의도적 복원 / 270
3. 영화를 둘러싼 가상의 아우라 / 274
4. 디지털 매체에서의 아우라 없는 아우라 / 279
5. 아우라의 아바타들 / 285

6장
상품과 아우라 / 289

1. 과시적 소비의 대중화 / 289
2. 과시적 소비에 대한 노출증과 관음증 / 293
3. 상품의 과시적 아우라 / 297
4. 예술의 상품화와 아우라의 복원 / 300

참고 문헌 / 309
찾아보기 / 321

제1부   감성학과 아우라

1장
감성학과 감성적 지각에 대한 재평가

1. 감성학에 대한 시대적 요청

 '감정이 메마르다' 또는 '감정이 복받치다'는 감정의 다른 두 면을 표현하는 말이다. 이 둘 다 감정이 평온한 상태는 아니다. 지금 우리가 살고 있는 사회는 이러한 두 감정 사이를 왔다 갔다 하게 만든다. 타인에 대한 감정도 마찬가지다. 타인에 대한 감정은 지극히 이중적인 모습을 띠고 있다. 우리는 비정상적인 관음증적 관심을 보이기도 하고, 또 때로는 탈감정 사회가 무엇인지를 극단적으로 보여줄 정도로 무관심을 드러내기도 한다. 타인에 대한 비정상적인 관심과 무관심, 이 둘은 정반대 현상처럼 보이지만, 사실은 동일한 현상이다. 그것은 바로 '타인의 고통'에 대한 공감(共感)의 부재를 의미한다. 삶이 갈수록 버겁게 느껴지는 지금, 우리 모두는 그저 살아가기에 급급하다. 계급이 철폐되었다고 믿고 살아온 지 오래되었는데 새삼 또 다른 계급론이 이야기되고 있는 상황에서 타인의 고통에 관심을 가질 여유도 없다. 버거운 현실은 우리를 자꾸 무감각 으로 내몬다. 결코 무감각해서는 안 되는 상황을 마주했을 때조차 그 상황을 외면한다. 타인의 고통에 적극 개입하는 주체는 점점 더 실종되고 있다. 감성의 부재 시대가 온 것이다. 타인의 고통은 그저 나의 고통이 아닌 타인의 고통일 뿐이다. 불행하게도 '우리'를 위한 자리가 마련되어 있지 않다.

반대로, 타인에 대해 또 타인의 고통에 대해 적극 개입하는 경우도 있다. 당연히 개입해야 한다. 문제는 긍정적인 개입이 아닌 경우에 발생한다. 심지어 극단적인 경우, 타인의 고통을 조롱하는 현상도 나타난다. 특히 고통 받는 주체가 사회적 약자일 때 이러한 현상은 더욱 심해진다. 또 다른 약자가 고통 앞에서 이들을 위로하기는 커녕 그 고통을 조롱하는 사회가 되었다. 때로는 이 조롱은 도덕적으로 이해할 수 있는 한계점을 넘어서기도 한다. 최근 한국 사회에서 벌어진 많은 일만 봐도 알 수 있다. 사고로 자식을 잃은 부모가 그 사고의 원인을 제대로 밝혀달라며 목숨을 걸고 밥을 굶고 있는 바로 그 자리에서 보란 듯이 아무렇지도 않게 밥을 먹는 이들이 있는 것이다. 이는 타인의 고통에 대한 비도덕적 개입이며 증오이기도 하다. 다른 한편에서는 타인에 대한 병적인 관심이 증대하고 있다. 매체를 활용하는 다양한 사회적 소통 체계(SNS)의 등장은 이러한 병적인 관심을 더욱 확대시키고 있다. 사람들은 한편으로는 다른 사람들의 관심을 갈구하면서도 다른 한편으로는 이러한 관심 때문에 사생활이 침해되고 있다고 괴로워하기도 한다. 그뿐만 아니라, 매체는 타인의 고통도 '보도'라는 이름으로 한갓 구경거리로 만들기도 한다. 개인들도 SNS로 타인의 고통을 퍼 나른다. 그 결과가 어떤 파국을 가져올지에 대해서는 관심이 없다. 고통은 철저히 타인의 몫인 것이다.

이렇듯 타인의 고통에 대해 무관심하거나, 단순한 호기심으로 엿보기를 하거나 또는 악의적으로 타인을 조롱거리로 만드는 일은 모두 공감 능력이 없기 때문에 일어나는 일들이다. 공감은 말 그대로 '함께 느끼기(Mitgefühl)'이다. 타인에 대한 인정, 배려 그리고 환대 등이 모두 공감 능력에 포함된다. 그런데 불행하게도 우리는 '함께 느끼기'는커녕 '느끼기'에 대해 온전히 사유해본 경험도 매우 적다. 사물에 대해 스스로 무언가를 느끼기도 전에 이미 규정된 내용을 지식이라는 이름으로 배워야만 했다. 우리의 느끼는 능력은 갈수록 퇴행했다. 우리는 마치 옆을 보지 못하도록 눈 옆에 가리개를 한 말처럼, 아무 생각 없이 앞으로 향할 것을 요구받으며 살아왔다. 그렇게 달려온 결과가 바로 타인의 고통에 대한 무감각과 병적인 관심이라는 비극적 현상을 낳았다고 볼 수 있다. 불행하게도 이러한 비극적 현상은 세계 곳곳에서 일어나고 있다.

철학은 이러한 현실에 반응하고, 따라서 이러한 현실은 철학에 반영된다. 그 결과 많은 영역에서 '감성'에 대해 관심을 갖고 이를 연구하기 시작했다. 철학뿐만 아니라 과학, 사회학 그리고 미학과 예술 이론에서도 마찬가지다. 무감각과 감정의 과잉에 대한 진단과 예측이 이루어지고, 이를 극복할 수 있는 방안들이 모색되기 시작했다. 그 방안들 중 하나가 바로 '감성학(Aisthetik)'이다. 물론 감성학이 새롭게 등장한 학문 분야는 아니다. 감성에 대한 학문적 접근은 늘 있었기 때문이다. 그러므로 현재 일어나고 있는 감성에 대한 많은 관심은 정확히 말해서 '감성학의 정립'이 아니라, '감성학의 회귀' 또는 '감성학의 재발견'이다. 그것이 정립이든 회귀든 또는 재발견이든 간에 중요한 것은 오랫동안 학문의 영역에서 주인공이 아니라 엑스트라였던 감성이 주인공으로 등장했다는 사실이다. 보통 이런 경우 주인공으로 화려하게 등장했다고 하는데, 감성의 경우는 이렇게 말할 수 없다. 재등장의 이유에 비극적이며 파국적인 요소가 너무나도 많기 때문이다. 현대 문화 예술의 상황도 이와 크게 다르지 않아서, 무감각과 감정의 과잉이 여러 측면에서 다루어지고 있다. 예술 또한 현실을 반영하고, 이에 민감하게 반응한다. 그래서 다른 영역보다도 예술 영역에서 감성학에 대한 논의가 더 활발하게 진행되었는지도 모른다. 나는 이 책에서 감성학을 둘러싼 다양한 논의를 다루기보다는, 문화 예술과 관련된 감성학만을 집중 분석할 것이다. 아우라의 귀환과 복원을 설명하기 위해서는 왜 미학이 아니라 감성학이어야 하는지, 그리고 감성학에서 강조하는 지각은 어떤 것인지 등을 먼저 살펴볼 필요가 있기 때문이다. 사실 감성학에 대한 체계적인 연구를 하기 위해서는 다양한 분과의 협업이 이루어져야 한다. 그래서 감성에 과학적으로, 사회학적으로, 또 심리학적으로 접근해야만 한다. 이러한 학제 간 연구 작업은 좀 뒤로 미루고 이제 본격적으로 문화 예술 영역에서 감성학의 문제를 다루어보겠다.

2. 미학 이후[1]

1750년 바움가르텐(Baumgarten)이 『미학(Aesthetica)』이라는 책에서 미학을 "감성적 인식에 관한 학문(Wissenschaft vom sinnenhaften Erkennen)"이라고 규정한 이후, 미학은 하나의 독립적인 학문이 되었다(Baumgarten, *Aesthetica*; 벨슈, 2005: 35에서 재인용). 그럼에도 불구하고 그 이후에도 미학의 정의와 대상 그리고 범위에 대한 논란은 최근까지도 계속해서 반복되고 있다. 볼프강 벨슈(Wolfgang Welsch)는 또한 미학을 둘러싼 이러한 논란들이 미학과 철학의 역사 속에서 끊임없이 반복되고 있음을 지적하며, 그 이유는 많은 사상가가 자신의 입장과 강조점에 따라 미학을 "감각에 관한 것, 아름다움에 관한 것, 자연에 관한 것, 예술에 관한 것, 지각에 관한 것, 판단에 관한 것, 인식에 관한 것" 등으로 생각하기 때문이라고 밝혔다(벨슈, 2005: 35). 각각의 사상가들이 무엇을 중요하게 생각하는가에 따라 각각의 고유한 미학이 성립될 수 있다. 그러나 이렇게 각각의 고유한 미학으로 성립된 것들 중에서도 특히 중요한 위치를 차지하는 것들이 있고, 또 반대로 일시적이며 부차적인 위치를 차지하는 것들도 있다. 각 주제들이 언제나 동등하게 다루어진 것은 결코 아니다. 각각의 상이한 미학들 속에서 항상 중요한 주제로 취급되는 것은 분명 있다. 그것은 바로 '아름다움에 관한 것' 또는 '예술에 관한 것'이다. 아름다움을 무엇으로 규정하는가라는 문제 또는 아름다움

---

[1] 이 절의 몇몇 부분은 심혜련(2011)의 일부를 수정·보완한 것이다.

과 진리 그리고 선과의 관계 문제 등은 시대와 관점에 따라 상이하게 규정되고 논의될지언정, 늘 미학의 중요한 문제로 부각되곤 했다. 따라서 미학은 일반적으로 '아름다움에 관한 학문'이라고 이해되었고, 그렇기 때문에 '미(美)학'이라고 번역될 수 있었던 것이다. 바로 이러한 번역어 때문에 한국에서 미학은 많은 오해를 받았던 것도 사실이지만, 어쨌든 아름다움이 미학의 중요한 대상임은 분명하다. 그런데 아름다움만이 미학의 대상은 아니다. 아름다움 못지않게 미학이 중요하게 생각하는 대상은 바로 예술이다. 아름다움에 관한 것이 미학의 하나의 큰 축이라면, 또 다른 축은 바로 '예술'에 관한 것이다. 즉 미학은 '예술철학' 또는 '예술과 예술 개념에 대한 철학적 고찰'인 것이다(벨슈, 2005: 144-147).

'아름다움과 예술에 대한 철학'으로 정의된 미학이 미학 내에서 지배적인 담론으로 유리한 위치를 차지하고 있었지만, 그렇다고 해서 이에 대한 도전이 없었던 것은 아니다. 미학이라는 학문 규정에 대한 논쟁이 계속되었다는 사실이 이를 입증한다. '아름다움과 예술에 대한 철학으로서의 미학'은 전통적이며 지배적인 미학 규정이긴 하지만, 이러한 규정이 항상 보편타당한 것으로 받아들여지지는 않았다. 미학은 한마디로 정의되기 무척 어려울 뿐만 아니라, 객관적으로 정의되기도 어렵기 때문이다. 절대적이며 보편적인 것이 의심받는 지금, 미학을 둘러싼 정의 문제는 더욱더 복잡한 모습을 띠게 되었다. 아름다움과 예술 개념 자체가 모호해지고, 또 예술의 경계가 해체되고 있는 것이다. 예전처럼 진선미의 관점에서 아름다움을 추구하고 또 이를 분석할 수 없다. 착함이 아름다움이 될 수 있고, 또 아름다움이 착함이 될 수는 있지만, 이 또한 하나의 가능성일 뿐이며, 또 이 둘이 진선미의 관점에서 반드시 함께 가야 하는 것은 아니기 때문이다. 진리도 마찬가지다. 예술에서 진리의 계기를 찾을 수는 있지만, 이 둘을 동일한 것으로 볼 수는 없다. 진과 선을 떠난 아름다움이 거짓된 아름다움이기 때문에 참된 아름다움이 아니라고 주장하는 것은 공허하게 느껴질 뿐이다.

아름다움이라는 개념은 절대적이며 보편적인 것이 아니라, 역사적이며 사회적인 것이다. 그렇기 때문에 플라톤(Platon)에서 아도르노(Adorno)를 거쳐 현대의 미학자들에 이르기까지, 이들은 모두 아름다움을 다르게 규정하는 것이다(Hauskeller, 1999: 7-9). 그뿐만 아니라 아름다움과 예술이 직접적으로 연결되던 고리마저 끊어졌다. 예술에서 아름다움을 추구하는 시대는 이미 지나갔다. 현대 예술, 아니 그 이전의 예술에서 이미 예술은 아름다움과 결별했다. 아름다운 여인, 또는 듣기 좋은 음악, 보기 좋은 조형물 등은 예술과 점점 멀어졌다. 아름다움은 오히려 예술 밖에서 추구되고 있으며, 예술은 아름다움을 추구하기보다는 아름다움을 추구하는 예술을 비판하며, 아름다워지려는 현실에 대해 비판적인 역할을 수행하고 있다. 때로는 예술이라는 이름으로 행해지는 많은 것이 관객들에게 향유되기는커녕 견디기 힘들 정도의 고통스러움과 역함을 안겨주기도 한다.

미학을 둘러싼 상황은 갈수록 더욱 혼란스러워졌다. 그 이유는 미학 이후, 미학을 둘러싼 논쟁이 단지 학문 영역에서만 진행된 것이 아니라 미학 밖에서도 활발히 진행되고 있기 때문이다. 이러한 혼란은 일상 영역에서 과도하게 사용되는 미학적 또는 심미적이라는 수식어 때문에 더욱 커졌다. 미학 이후 미학 내부에서도 미학의 정의와 영역 등에 대해 논쟁에 논쟁을 거듭하고 있는데, 여기에 일상적으로 사용되는 '미학적'이라는 단어의 의미가 중첩되면서 미학을 둘러싼 상황이 점점 더 복잡해진 것이다. 이론 영역 못지않게 일상에서도 미적 취향 또는 미학적 수준 또는 심미성 등이 중요해졌다. 바로 이러한 이유 때문에 많은 이론가가 현대사회에서 미학이야말로 주도적인 학문이 될 것이라고 이야기할 수 있었던 것이다. 한마디로 말해서 미학은 이제 현대사회를 주도하는 학문이 되었으며, '심미적 인간(Homo aestheticus)'이 현대인이 추구하는 인간 본질이 된 것이다. 아름답게 꾸미기가 현대를 살아가는 많은 사람의 삶의 지표가 되었다고 해도 과언이 아니다. 아름답게 보이기 위해서 외모를 성형하듯 정신도 그 어느 때보다 열심히 꾸민다. 모든 것이 성형되듯이 고쳐진다. 비록 투박하지만, 소박하게 타인과 공감을 형성했던 경험들은 매너와 세련된 무관심이라는 이름 아래에서 무시되고 또 때로는 경멸을 받기도 한다. 모든 것을 과도하게 심미적으로 치장하게 된 것이다.

과심미적(hyperästhetisch) 시나리오가 도처에서 시작되었다(벨슈, 2005: 22-23). 이 시나리오는 거의 모든 분야에서 또 존재하는 거의 모든 것을 대상으로 한다. 한마디로 말해서 과심미화 열기로부터 자유로운 것은 아무것도 없다. 이러한 열기는 미학이라는 이름으로 진행된다. 결국 미학은 벗어날 수 없는 혼란에 빠지게 됨과 동시에 그 어느 때보다도 뜨거운 관심을 받게 된다. 관심이 깊어질수록 더욱 커지는 혼란, 이것이 바로 미학 이후 미학을 둘러싼 상황이다. 이러한 혼란의 상황 속에서 미학은 한마디로 규정하기가 점점 더 어려워진다. 지금은 개념 정의의 불가능성이라는 전제 아래에서 미학이 무엇인지를 논의해야 한다. 그렇다면 과연 미학을 둘러싼 이러한 상황이 부정적이라고 말할 수 있는가? 그렇지 않다. 개념 정의가 불가능해진 상황을 부정적으로만 파악할 필요는 없는 것이다. 왜냐하면 절대성이라는 신념 체계가 흔들리고 있고, 더 나아가 이 절대성이라는 것 자체가 허위의식이었다는 수많은 비판이 이미 있기 때문이다. 이러한 비판은 미학에도 그대로 적용될 수 있다. 혼란을 굳이 하나의 체계로 파악해서 정리할 필요는 없는 것이다. 파편적 사유를 그대로 둘 필요가 있다. 하나의 사유만을 인정하는 태도가 얼마나 비사유적이며 비미학적인지 우리는 너무도 많이 보았다. 비정상적인 것과 정상적인 것을 가르는 기준 또한 폭력적이다. 이러한 획일화에 저항하기 위해 적지 않은 철학자들이 파편적 사유와 파편적 글쓰기를 시도했던 것이다. 혼란 그 자체로 놓아두어도 충분히 '미학적 논의'가 가능하다.

그럼에도 불구하고 한쪽에서는 이러한 혼란을 아주 당연한 것으로 받아들이는 반면, 다른 한쪽에서는 한탄하기도 한다. 기꺼이 혼란을 받아들이는 입장에서는 이 상황을 '미학의 확장'을 의미하는 것으로 받아들이고 한탄하는 쪽에서는 일종의 '철학적 미학'의 붕괴로 받아들인다. 환영하든 한탄하든 간에 이 상반된 두 입장에 선 철학자들의 현실 인식은 거의 동일하다. 그것은 바로 현대사회에서의 '심미적인 것(das Ästhetische)에 대한 열망의 확산'과 '예술의 변화'에 대한 인식이다. 이미 오래전에 아름다움은 보편성을 상실했고, 그래서 상대적이며 주관적인 성격을 갖게 되었다. 보편적 가치로서 추구해야 하는 아름다움이 무엇인지 규정할 수 없게 된 것이다. 전통 미학이 주로 다루었던 아름다움과 예술이 처한 상황이 이렇다면, 이와 더불어 미학의 종말도 선언되어야 하는 것이 아닌가 라는 물음은 필연적으로 제기될 수밖에 없다. 그러나 예술에 대한 종말론이 늘 있었던 것처럼 미학에 대한 종말론도 늘 있었다. 종말론은 야누스적 얼굴을 가지고 있어서 끝과 시작을 동시에 알린다. 미학의 종말은 새로운 미학의 시작을 알리는 것이다.

3. 미학의 확장으로서의 감성학

바움가르텐이 『미학』을 출판한 이후, 미학의 역사에서 중요한 또 한 권의 책이 1990년에 출판되었다. 이 책의 제목은 『아이스테시스: 오늘날의 지각 또는 다른 미학에 대한 전망들(Aisthetis: Wahrenehmung heute oder Perspektiven einer anderen Ästhetik)』이다(Barck, Gente, Paris, Richter, 1990). 이 책은 한 명의 저자가 쓴 책이 아니라, 편집자들이 자신들의 의도대로 이미 발표된 글들을 모아 편집한 책이다. 그렇다면 편집자들의 의도와 기준은 과연 무엇이었는가? 그것은 바로 "오늘날의 지각 또는 다른 미학에 대한 전망들"이라는 이 책의 부제에서 명확히 드러난다. 문제의 핵심은 '지각'과 '다른 미학'이다. 이 다른 미학이 바로 '감성적 지각(Aisthesis)'을 중심으로 한

'감성학(Aisthetik)'이다. 이 책은 감성적 지각이라는 제목으로 처음 출판된 책이라는 점에서 매우 의미가 크다. 이 책의 출판을 계기로 다른 미학 또는 확장된 미학으로서의 감성학에 대한 논의가 본격적으로 시작되었다 해도 과언이 아니다(Böhme, 2001: 7).

이 책에 실린 글들을 보면 감성학을 주장하는 이론가들이 생각하는 감성학이 무엇인지 그 성격이 드러난다. 이 책은 몇 개의 주제를 중심으로 기존에 발표된 글들을 배치하고 있다. 그 주제들은 공간과 시간/교통과 운동, 남성적인 것/여성적인 것, 매체/시뮬라크르, 그리고 예술/아방가르드/생활예술 등이다(Barck, Gente, Paris, Richter, 1990: 479-480). 이러한 주제 아래에서 이 책의 편집자들은 기존 미학에서 잘 다루지 않은 것들을 다루었다. 그리고 이 각각의 주제들 아래 배치된 글들도 논문에서 아주 짧은 에세이에 이르기까지 다양하며, 이 글들을 쓴 저자들 역시 다양하다. 이와 더불어 또 한 가지 주목해야 할 점은 이 책에 실린 글들이 1967년에서 1988년 사이에 출판된 글들이라는 사실이다(Barck, Gente, Paris, Richter, 1990: 45). 즉 이 책이 출판된 20세기 말에 발표된 글들이 아니라, 이미 그 전에 발표된 글들이 포함되어 있다는 것이다. 이는 현대적 의미에서의 감성학이 20세기 후반에 등장했지만, 이러한 시도는 이미 그전부터 있어왔다는 점을 강조하고자 한 것이다. 이 책이 출판된 이후, 감성학을 주장하는 이론가들은 미학 대신 감성학이라는 용어를 사용한다. 이는 미학, 즉 전통 미학과의 차이점을 강조하기 위함이다.

감성학이 등장한 이후, 심미적인 것과 그것의 발전과 경험을 둘러싼 논쟁들을 중심으로 미학 내에서 본격적으로 감성학과 미학에 대한 논쟁들이 매우 다양한 측면에서 활발하게 진행되었다(Welsch, 1993 참조).² 그뿐만 아니라 감성학을 주장하는 입장과 전통 미학을 주장하는 입장 내에서도 또다시 이론적 차이가 나타났다. 이러한 혼란은 너무도 당연한 현상이다. 모든 새로운 시도는 기존의 것을 비판하고 지양하는 것에서 출발하기 때문에 기존의 것을 지키려고 하는 자 그리고 새로운 것을 주장하는 자의 싸움은 늘 있어왔다. 기존의 것을 어떻게 지킬 것인지 그리고 새로운 것을 어떻게 관철시킬 것인지를 둘러싼 방법론적인 문제도 격렬하게 제기된다. 미학과 감성학을 둘러싼 논쟁도 이와 유사하다. 전통 미학을 지키려는 자, 또는 전통 미학의 종말을 주장하면서 감성학을 이야기하는 자, 또는 전통 미학의 확대로 감성학을 전개하려는 자 등이 이 싸움터에 등장해 각자 자신의 입장을 주장한다.

먼저 감성학을 주장하면서 이를 전통 미학 또는 철학적 미학과 분리시키는 입장에 대해 살펴보자. 감성학은 말 그대로 감성적 지각을 중요하게 여긴다. 그리고 감성적 지각을 재평가할 것을 요구한다. 감성을 바탕으로 한 감성학은 전통 미학과의 분리를 주장하는데, 그 근거는 바로 변화된 심미적 상황에 대한 진단에 있다. 그렇다면 심미적 상황이 어떻게 변했다는 것인가? 무엇보다도 중요

---

2 이 책에서 벨슈는 감성학을 중심으로 한 미학을 주장하지만 다른 입장을 가지고 있는 중요한 학자들의 논의도 소개하고 있다. 그뿐만 아니라 이 책에서는 단지 철학적인 논쟁만이 아니라, 현재 '심미적인 것'과 맞물려 활발히 논의되는 매체, 디자인, 예술 등의 영역에서도 감성학과 전통적인 미학이 어떻게 다르게 적용될 수 있는지를 소개함으로써 논쟁의 핵심을 잘 드러내고 있다.

한 것은 전통적으로 동일하게 취급되었던 아름다움과 예술이 분리되었다는 점이다. 전통 미학 또는 철학적 미학이 주장하는 것과는 달리 아름다움과 예술이 이제 아무런 관련도 없다는 것이다(Barck, Gente, Paris, Richter, 1990: 445). 이는 어떻게 보면 예술의 변화가 야기한 필연적 결과일 수도 있으며, 또 다른 측면에서 보면 아름다움에 대한 기대와 가치의 변화에서 비롯된다고 볼 수도 있다. 감성적 지각과 이러한 변화된 상황을 강조하는 감성학적 입장에서는 전통적인 미학으로는 이러한 변화된 상황을 설명하기 어려울 것이라고 본다. 과거의 범주들과 기준들로 지금의 상태를 온전히 평가한다는 것은 사실상 불가능하기 때문이다. 그뿐만 아니라 전통 미학은 사실 철학이었고, 이러한 상황들에 대해서 무관심했다. 실제 벌어지고 있는 예술과 아름다움이 아니라, 관념 속에 존재하는 아름다움과 도달해야 하는 예술에 대한 사유가 늘 우선이었기 때문이다. 그렇기 때문에 감성학적 입장에 있는 학자들은 감성적 지각을 중심으로 전통 미학과는 다른 미학, 즉 감성학을 내세운다. 지금까지 미학은 감성학이 아니었던 것이다(Böhme, 2001: 30).

　이러한 입장과는 달리, 여전히 전통 미학의 관점에서 '철학적 미학'을 강조하는 이들도 있다. 이들의 기본 입장은 미학은 본질적으로 철학이라는 것이다. 그렇기 때문에 이들이 중요하게 생각하는 것은 예술과 인식의 관계, 그리고 심미적인 질과 인지적인 방법 등이다. 따라서 이러한 입장을 고수하는 학자들은 전통 미학의 과제, 즉 예술 작품, 아름다움, 취향과 판단, 모방, 천재, 심미적 경험 등은 여전히 유효한 미학적 과제라고 주장한다(Scheer, 1997: 5). 아니,

예술이 진리와 인식과 더욱 멀어지고 있고, 또 아름다움에 대한 피상적 관심이 더욱 커지고 있는 지금, 오히려 미학은 철학적 미학으로 회귀해야 한다고 주장하기도 한다. 따라서 이들은 철학적 미학이 현재 벼랑 끝에 내몰려 있다는 사실을 인정하지 않는다. 오히려 미학이 인식 이론으로서 더욱 공고하게 철학에 바탕을 둔 기본적인 분과로 자리매김하고 있으며, 또 그래야 한다고 강하게 주장한다(Scheer, 1997: 5). 재미있는 점은 이렇게 철학적 미학을 강조하는 이론가들 중에는 미학이 진정한 철학적 미학이 되기 위해서는 '감성학적 미학'이 되어야 한다고 강조하는 이들도 있다는 점이다. 이들은 감성학적 미학으로서 예술적 경험이나 심미적 경험 등에 대해 연구해야만 진정한 의미에서의 철학적 미학으로 거듭날 수 있다고 본다(Mersch, 2002a: 18).

감성학을 주장하는 입장이나 전통 미학을 주장하는 입장이나, 둘 다 현재 '심미적인 것'이 가장 중요한 개념 및 현상이 되었으며, 이에 대한 논의가 매우 활발하게 진행되고 있다는 데에는 동의한다(Welsch, 1993: 13).[3] 그리고 그 결과 전에는 철학 분야 내에서 하나의 분과에 지나지 않았고 또 심지어 주변부에 머물러 있던 미학이 이제 주변부에서 중심부로 이동했으며(Welsch, 1993: 7), 이렇게 이동한

---

3 벨슈는 철학적 미학이 아니라 감성학으로서의 미학을 중심으로 '미학 밖의 미학'을 미학 영역으로 포함시킬 것을 강력히 주장한다. 그 또한 현대사회에서 다른 무엇보다도 '심미적인 것'이 중요한 역할을 하고 있다는 사실을 강조한다. 벨슈와는 달리 철학적 미학을 강조하는 보러 역시 이를 인정한다(Bohrer, 1993: 48-49 참조).

미학의 핵심적 문제는 바로 '감성적 지각'이라고 본다. 물론 이 두 입장은 서로가 생각하는 미학과 감성적 지각에 대한 평가가 너무나도 다르다. 이 두 입장의 또 다른 논쟁의 출발점은 바로 바움가르텐이다. 이들이 바움가르텐에게서 주목하는 것과 또 바움가르텐을 평가하는 내용은 다르다. 감성학을 강조하는 입장에서 보면, 무엇보다도 바움가르텐이 철학의 영역에서 감성이라는 문제를 제기했다는 점을 높이 평가한다. 그런데 그가 그 당시 다른 철학자들과는 달리 감성이라는 문제를 제기하긴 했지만, 그 또한 감성을 평가할 때는 여전히 전통적 입장에 머물러 있었다는 사실을 비판하기도 한다. 바움가르텐이 새로운 학문으로서 제시했던 미학의 목표는 "인식의 심미적 재해석"이었다(벨슈, 2005: 89). 그는 미학이 "감성적 인식의 완전성(Vollkommenheit der sinnlichen Erkentnis)"을 추구하는 것으로 보았다(Böhme, 2001: 15). 한마디로 말해서 철학 내에서 논의 대상도 아니었던 감성을 인식 능력으로 확장해서 인식을 개선하는 것이 그의 목표였다(벨슈, 2005: 89).

감성학으로서의 미학을 주장하는 벨슈는 이러한 바움가르텐의 시도가 감성을 중심으로 한 미학을 정립했다기보다는 오히려 미학을 철학의 시녀로 만들었다고 비판한다(벨슈, 2005: 90). 반면 철학적 미학을 주장하는 브리기테 셰어(Brigitte Scheer)는 바움가르텐이야말로 철학적 미학의 창시자이며, 미학을 인식, 특히 인식론적이며 심미적인 양질의 감성과 지각 문제를 다루는 학문으로 만들었다며 적극 옹호한다. 그러므로 셰어는 바움가르텐의 본래 입장으로 돌아가 미학은 여전히 철학이어야 한다고 주장한다(Scheer, 1997: 1). 셰어를 비롯한 철학적 미학을 강조하는 입장에서 보면 미학은 여전히 '미학(Ästhetik)'이고, 앞으로도 미학이어야 한다. 반면 감성학을 중시하는 입장에서는 바움가르텐이 주장하는 미학이 아니라, 바움가르텐이 미학이라는 학문 분과의 개념적 어원으로 삼았던 감성적 지각에 더 주목한다. 그 결과 몇몇 학자는 미학과 다른 미학을 주장하는 데 그치지 않고, 여기서 더 나아가 미학이 아니라 감성적 지각에 좀 더 충실한 감성학이라는 용어를 사용하기 시작한 것이다. 한마디로 말해서 감성학은 "일반적인 지각 이론으로서의 미학(Ästhetik als allgemeine Wahrnehmungslehre)"이다(Böhme, 2001: 29). 이것은 지금 여기에서 요구하는 '현실적 미학'이기도 한 것이다.

4. 감성적 지각에 대한 재평가

감성의 자리는 언제나 이성 뒤였다. 그런데 언제부터인가 지적 능력을 평가하는 IQ 대신 감성적 능력을 평가하는 EQ가 이야기되면서 점차 감성의 중요성이 강조되었다. 사실 지적 능력이든 감성적 능력이든 그것을 객관식 문항을 만들어 선택하게 하는 방식으로 평가한다는 것 자체가 말이 안 되는 일이다. 어쨌든 이러한 변화를 한마디로 이야기하면, 이성에서 감성으로 그리고 논리에서 직관으로의 이행을 의미한다고 볼 수 있다. 이러한 개념들은 본래 대립적인 것이 아니다. 문제는 그럼에도 불구하고 대립적인 것으로 비교되고 논의되었다는 데 있다. '합리적 감성' 또는 '감성적 이성',

'합리적 직관' 또는 '감성적 논리와 추론' 등이 자연스럽게 들리지 않는 이유도 바로 여기에 있다. 감성학은 바로 이러한 문제 상황에서 출발해서 감성적 지각 일반에 대한 재평가를 시도하고자 한 것이다. 여기서 주목해야 할 것은 감성학이 '심미적 지각(ästhetische Wahrnehmung)'만이 아니라 일반적인 지각(allgemeine Wahrnehmung), 즉 지각 일반에 주목하고 있다는 사실이다(Böhme, 2001: 29). 그동안 지각은 참된 것과 관련이 없고, 우리를 현혹하기만 할 뿐이라는 의심의 눈초리를 받아왔다. 사실 인간은 오감을 가지고 있고, 이 오감을 통해 외부 세계와 접촉하며, 이 오감을 통해 외부 세계를 받아들인다. 외부 세계와 내가 만나는 일차적 관문이 바로 지각인 것이다.

그럼에도 불구하고 지각은 늘 정당한 대우를 받지 못했다. 직접 지각하는 주체도 자신이 지각하는 것에 대해 의심하고, 또 지각 내용을 타자에게 전달하면 타자는 이 전달된 내용이 지각을 기반으로 하고 있기 때문에 다시 의심한다. 이제 오랫동안 그렇게 의심받아 온 지각이 왜 그토록 의심받아야만 했는지를 의심해야 할 때다. 오감의 만족을 무엇보다 중요하게 생각하면서 오감을 통한 감각적 인식을 낮게 평가한다면 이는 일종의 모순이다. 지각은 참된 것이라는 명제로 돌아가야 할 때다. 감성이 또는 지각이 결코 인식의 낮은 단계가 아니라는 것을 인정하면 심미적인 것에 대한 이해 또한 달라질 수밖에 없다. 고급문화와 저급문화를 가르는 기준이 터무니없음을 이야기해야 한다. 고급문화와 예술을 높은 취향의 산물로 여기며, 이를 저급문화 또는 대중문화와 구별해서 차별화하려고 했던 모든 시도가 기만적이었음을 밝혀야 한다. 다시 말해서 고급문화와 예술이 갖는 허위의식에 대한 폭로가 있어야 하는 것이다. 감성학은 바로 이러한 지점에서 시작한다고 볼 수 있다.

한마디로 말해서 지각은 무언가를 느낀다는 것이다. 그것이 구체적인 대상과 관계된 것이든, 또는 구체적인 대상이 아닌 상황이나 환경과 관계된 것이든 간에 인간이 오감을 통해 무언가를 느끼는 것이 바로 지각이다. 문제는 지각 자체에 대한 규정이 아니라, 지각에 대한 판단이다. 단순한 지각은 그 지각하는 개인에게는 늘 참된 것이다. 그러나 이를 객관화하고 이에 대해 판단을 내릴 때 오해와 오류가 발생할 수 있다(벨슈, 2005: 193). 왜냐하면 오감을 통해 느낀다는 것은 부정할 수 없는 사실인데, 이 느끼는 것이 참과 거짓이라는 판단과 연결될 때 각기 다른 평가가 내려질 수 있기 때문이다. 지각은 지극히 주관적인 것이기 때문에 보편적으로 접근할 수 없다. 그뿐만 아니라 지각은 사회 문화적 상황과 바로 연결된다. 그 사회 문화적 상황 때문에 극단적인 평가뿐만 아니라 극단적인 느낌도 가능하다(스미스, 2010: 15). 우리에게는 매우 맛있는 음식이지만 다른 문화에 속한 사람들에게는 맛없을 뿐만 아니라 도저히 먹을 수 없는 음식이 있고, 우리에게 좋은 냄새가 다른 문화에 속한 사람들에게는 참을 수 없는 역한 냄새로 받아들여지는 경우는 허다하다. 이러한 다양성 때문에, 그리고 보편화될 수 없다는 특성 때문에 지각은 철학 내에서 참된 인식과 무관한 것으로 취급되곤 했다. 중요한 것은 인식과 이성이지, 지각과 감성은 아니었던 것이다. 그러나 모든 철학사에서 늘 그랬던 것은 아니다. 고대에는 지각(Wahrnehmung)이 참된 것(wahr)을 취하는 것(nehmen)을 의미하기도 했다

(벨슈, 2005: 193). 어쨌든 감성적 지각에 대한 감성학의 논의는 지각이 지극히 주관적이라는 이유로 부당하게 평가받는 것을 비판하는 데서 시작한다. 즉 일종의 '지각의 복원'이라고 할 수 있다. 이러한 흐름은 철학 내부에서도 진행된다. 감성학과는 별도로 '지각 철학(Philosophie der Wahrenhmung)'이 하나의 철학적 분과로 논의되고 있다. 지각 철학에서 문제로 삼는 것은 단지 '지각이란 무엇인가'라는 개념적 문제만이 아니라, 모든 지각 현상과 지각하는 주체인 인간 그리고 지각 대상의 문제 등이다(Wiesing, 2002: 9-16 참조).

철학적 미학을 주장하는 사람들도 감성적 지각에 주목한다. 그러나 그들은 감성학을 주장하는 사람들이 감성적 지각을 일상적인 또는 일반적인 지각으로 확대해서 이해하는 것과는 달리, 감성적 지각을 좀 더 특별한 인식적 지각 또는 예술적 경험과 심미적 경험, 그리고 고차적이며 심미적인 질을 가지고 있는 지각으로 파악한다. 결국 이들에게 미학이라는 이름으로 다룰 수 있는 지각은 '심미적 지각'인 것이다.[4] 그뿐만 아니라 이들은 '심미적인 것'도 매우 협소하게 이해해서, 때로는 '심미적인 경험'과 '예술적인 경험'을 동일한 것으로 보기도 한다. 그러나 예술에서만 심미적 경험을 할 수 있는 것은 결코 아니다. 감성학으로서의 미학을 주장하는 사람들은 감성적 지각을 일반적인 지각으로 확대했듯이 심미적인 경험의 영역도 생활 세계 일반으로 확대했다. 따라서 감성학은 미학의 종말

---

4 이런 주장에 대한 근거로는 셰어(Scheer, 1997: 4); 보러(Bohrer, 1993: 55); 젤(Seel, 2000: 37-42)을 참조하라.

을 의미하는 것이 아니라, 미학의 확대를 의미한다고 볼 수 있다. 감성학은 아름다움과 예술 그리고 심미적 지각 등을 확대 해석함으로써 미학의 영역을 확장한 것이다.

  감성학에서 주목하는 것은 감성적 지각이다. 감성적 지각은 고대 그리스어인 아이스테시스(Aisthesis)를 번역한 것이다. 본래 아이스테시스는 감성, 지각, 느낌 그리고 이해 등을 의미한다(Scheer, 1997: 2). 그런데 사실 감성적 지각뿐만 아니라 감성 그리고 지각도 명확히 규정하기 어렵다. 감성학을 주장하는 벨슈나 뵈메(Gernot Böhme)도 이러한 개념 규정의 문제가 반복적으로 제기되고 있다는 것을 잘 알고 있다. 개념 규정의 문제가 순환적으로 반복되면 논의가 진전되기 어렵다. 따라서 이들은 이러한 순환적 고리를 과감하게 끊어야 한다고 주장한다. 이와 관련해서, 뵈메는 지각이라는 것 자체가 한마디로 무엇이라고 규정할 수 없는 것이기 때문에 많은 예를 들어서 지각을 설명해야 한다고 주장한다(Böhme, 2001: 35). 이러한 그의 주장은 한마디로 정의하기 어려운 개념이나 현상들이 도처에 있는 지금, 적절한 이론적 타협이라고 생각한다. 물론 철학뿐만 아니라 모든 인문학은 개념 규정에서 시작해서 개념 규정으로 끝난다고 해도 과언이 아니다. 그런데 인문학이 인문학 밖의 학문과 상황들 그리고 철학이 철학 밖의 학문과 상황들을 고려해야만 한다고 할 때, 모든 학자가 개념 규정에만 골몰할 필요는 없다고 본다. 오히려 다양한 사례를 살펴보면서 공통분모를 뽑아내고, 이를 중심으로 설명해나가는 것이 더 적절하다고 본다. 벨슈도 뵈메와 유사한 주장을 한다. 특히 벨슈는 명확하게 규정 불가능한 개념들을 규정하려는 시도들을 지나친 이론 강박적 태도라고 비판한다. 그는 다양한 의미로 해석될 수 있는 개념들은 정확히 정의하려고 하기보다는 오히려 의미의 유사성을 파악하는 것이 중요하다고 보았다. 그래서 그는 비트겐슈타인(Wittgenstein)의 '가족 유사성(Familienähnlichkeit)' 개념을 가지고 와 감성, 지각 그리고 감성적 지각, 심미적인 것 등을 해석할 것을 제안한다(벨슈, 2005: 38-51 참조).

뵈메 또한 감성적 지각에 대한 명확한 개념 정의의 불가능성을 이야기한 후, 감성학에서 이야기하는 감성적 지각론이 가지고 있는 특징을 강조한다. 더 나아가 그는 감성학에서 다루는 지각과 철학적 미학에서 다루는 지각이 다르다는 점에 주목한다. 그는 기존의 미학에서는 감성적 인식에 관한 이론이 아니라 오히려 지적인 판단이 강조되었다고 말한다. 지각이 실제로 외부 대상을 느끼고 지각하는 것으로서 논의되지 않았다는 것이다. 그 결과 미학은 지각하는 주체의 정신 상태만을 다루었을 뿐, 진짜 지각하는 '인간의 신체성(die menschliche Leiblichkeit)'을 다루지 않는 결정적인 오류를 범했다고 뵈메는 비판한다(Böhme, 2001: 30-31). 인간이 외부와 접촉할 때 느끼는 쾌와 불쾌의 감정들과 같은 즉각적인 감각들, 그리고 지각 방식들과 지각을 전달하는 매개들을 함께 다루어야만 감성적 지각에 대한 온전한 논의가 가능하다. 몸과 지각의 문제를 함께 다룰 때 비로소 감성학이 성립되는 것이다.

감성학과 감성적 지각을 재평가하는 논의들을 보면 여기서 감성학의 중요한 특징이 드러난다. 그것은 바로 수용자 중심의 논의라는 것이다. 수용자가 수용하는 대상이 무엇이든지 상관없다. 그 대상이 예술 작품이든 또는 상품이든 상관없는 것이다. 감성적 지각 자체가 중요하게 논의되고 있다는 사실에서 이러한 경향은 이미 드러났다고 볼 수 있다. 수용자 중심의 미학은 기존의 작가 또는 작품 중심의 미학에서 매우 중요한 변화를 의미하는 것이다. 수용미학이 등장하기 이전, 예술 작품을 둘러싼 미학적 논의에서 무엇보다도 중요했던 것은 '천재로서의 작가와 그 천재가 만들어낸 작품을 어떻게 해석하고 이해할 것인가?'였다. 수용자에게 주어진 권한은 작가들이 만들어낸 작품들을 작가의 의도대로 잘 이해하는 것이었다. 이해와 오해 그리고 해석과 오독이 존재할 수밖에 없었다. 그러나 상황은 변했다. 다양한 디지털 기기와 언제든지 정보를 찾을 수 있는 정보 체계가 마련된 시대가 오면서 지식이 권력으로 작용하는 시대는 끝나가고 있다. 각 개인의 취향이 그 어느 때보다도 중요해진 것이다. 예술 작품의 수용에 있어서도 그것이 나에게 어떤 의미로 다가오는가, 어떤 작품이 나의 주목을 끌고 나는 그 작품을 어떻게 받아들이는가가 훨씬 중요해졌다. 딱히 의미가 없어도 된다. 감각적으로 자극과 놀라움만을 주어도 된다. 이러한 것을 받아들이고 논의하는 것이 바로 감성학인 것이다. 수용자의 감성적 지각 그리고 이를 토대로 한 '타인의 취향'을 인정하기가 바로 감성학의 출발점이다. 타인의 취향을 인정하기 위해서는 먼저 타인을 인정해야 한다. 타인을 인정하고, 또 다름을 인정함으로써 서로의 다른 취향을 확인하는 것이다. 이러한 주체가 바로 '감성적 주체'다. 감성적 주체는 타인의 취향을 인정할 뿐만 아니라 타인의 고통 또한 공감할 수 있어야 한다. 타인과 나의 고통을 만들어낸 그러한 환경에 대해 비판적인 시선을 던질 수 있어야 한다. 현대 감성학에서 요구하는 감성적 주체는 즐기면서 비판하는 자이다.

2장
감성학으로서의 매체 미학[1]

1. 매체에 의해 매개된 지각

　지금까지 감성학 일반과 감성적 지각이 어떤 이론적 맥락에서 재평가를 받게 되었는지 살펴보았다. 앞에서 보았듯이 감성학이 어느 날 갑자기 현대의 이론적 지평에서 불쑥 생겨난 것은 아니다. 이미 오래전부터 감성학과 감성적 지각에 대한 논의는 있었다. 다만 철학사 속에서 많은 굴곡을 겪었던 감성과 지각이 최근에 다시 무대의 주인공으로서 주목받게 되었을 뿐이다. 그 결과 주인공으로서의 감성의 재확인과 평가 작업이 그 어느 때보다도 활발하게 이루어지고 있다. 그렇다면 무엇이 이러한 감성학의 부흥에 결정적인 역할을 한 것일까? 그것은 바로 '이미지'와 '매체'를 중심으로 변

---

[1] 이 장의 몇몇 부분은 심혜련(2006: 14-56; 2013b: 492-509)의 일부를 수정·보완한 것이다.

화된 현실이라고 할 수 있다. 문자 중심에서 이미지 중심의 사회로의 전환 그리고 매체 환경을 떠나서는 도저히 살 수 없는 매체 의존적 사회의 등장이 그 원인인 것이다. 매체가 단지 도구나 수단이 아니라 환경 그 자체로 작용하는 사회가 되면서, 지각은 매체와 더욱더 긴밀한 관계를 갖게 되었다. 한마디로 말해서 매체 의존적 지각이 대세가 된 것이다. 매체를 떠난 지각은 거의 불가능하다고 해도 과언이 아니다. 더 나아가 인간을 '세계 내 존재'라고 했을 때, 이제 그 세계가 매체와 이미지로 형성된 세계라고 할 수 있기 때문에 감성학에서는 매체에 대한 논의가 필수적일 수밖에 없다. 따라서 현대적 의미의 감성학은 좁은 의미에서 매체 미학(Medienästhetik)으로 이해되기도 한다.

 감성학과 매체 미학, 이 둘에 대한 논의는 거의 동시에 출발했다. 많은 경우 매체 미학은 감성학의 하위 범주로 취급되기보다는 동일한 것으로 취급된다. 물론 감성학의 복원을 이야기하는 모든 사상가가 이러한 입장을 취하는 것은 아니다. 감성학을 일종의 철학적 미학으로 복원하고자 하는 이들은 매체 미학으로서의 감성학이 감성학에 대한 협소한 이해일 뿐 아니라 감성적 지각을 방해한다고 파악하기도 하기 때문이다. 나중에 제3부 '아우라의 귀환과 복원'에서 좀 더 자세히 다루겠지만, 이러한 주장을 하는 대표적인 인물이 디터 메르슈(Dieter Mersch)이다. 그는 철학적 미학으로서의 감성학이 복원되기 위해서는 감성적 지각이 지금의 매체 의존적 성격에서 벗어나야만 한다고 주장한다. 즉 감성적 지각의 '탈매개화(Entmedialisierung)'와 '비매개화(Amedialisierung)'를 강력하게 요청하고 있는 것이다(Mersch, 2002a: 106-114 참조). 한마디로 말해서 감성적 지각이 온전하게 복원되기 위해서는 매체의 매개성이 없어져야 한다는 것이다. 특히 예술 영역에 매체가 개입함으로써 예술적 경험이 일회적인 것에서 반복적인 것이 되고, 그 과정에서 심미적 경험이 실종되고 있다고 그는 강하게 비판한다. 매체에 의해 매개되어 반복될 수 있는 지각적 경험보다는 반복될 수 없는 순간적인 사건에 대한 지각을 중심으로 한 감성학이 성립되어야 한다는 것이다(Mersch, 2002a: 15). 이는 감성학으로서의 매체 미학을 비판, 아니 거부하는 것이다.

이처럼 두 입장이 극단적으로 대립하기는 하지만, 그럼에도 불구하고 이들이 동일하게 인정하는 것이 있다. 그것은 바로 지금 우리의 모든 지각이 매체 의존적이라는 것과 우리가 살고 있는 세계가 매체와 이미지와 불가분의 관계를 맺고 있다는 사실이다. 물론 메르슈의 주장은 예술적 경험 또는 심미적 경험을 둘러싼 논쟁에서 매우 중요하다. 그뿐만 아니라 매체 미학과 아우라의 몰락을 둘러싼 논쟁에서도 그렇다. 이 논쟁은 뒤에 제3부 「4장 사건과 아우라」에서 좀 더 본격적으로 이야기하겠지만, 중요한 것은 메르슈의 주장처럼 예술에서의 '탈매개화'와 '비매개화'만을 주장하는 것은 옳지 않다는 것이다. 이러한 주장은 예술이 처한 현실적 상황에 대한 무조건적인 강한 부정으로 끝날 수 있기 때문이다. 이제 무엇보다도 중요한 사실은 거의 모든 지각이 매체에 의해서 매개된 지각이 되고, 또 우리를 둘러싼 환경은 매체에 의해 매개된 환경이 되었다는 것이다. 이제 매체를 떠난 그 어떤 삶도 가능하지 않다. 매체에 의해 매개된 삶이 바로 현재를 살아가는 우리의 삶이다. 그렇다면 이러한 삶 속에서 매개와 비매개의 의미에 대해 동시에 비판하고 성찰해야 한다. 이것이 바로 감성학인 것이다.

이러한 감성학 중에서도 특히 매체와의 관계를 중요한 주제로 분석하는 것이 매체 미학이다. 아니 감성학적 차원에서 정확히 말하면 '매체 감성학(Medienaisthetik)'이다. 그러나 일단 이 글에서는 기존의 논의 체계를 받아들여 매체 미학이라는 용어를 쓰겠다. 매체 미학은 무엇보다도 '매체에 의해 매개된 지각'에서 출발한다. 지금은 '디지털 매체를 중심으로 한 이미지 시대'라고 할 수 있다. 물론 지금은 단지 디지털 매체 시대라고 규정할 수 없을 정도로 매체적 상황이 다양해진 것도 사실이다. 디지털 매체가 아니라 '디지털-이후(post-digital)'가 논의되는 이유도 바로 여기에 있다. 디지털이든 디지털 이후든 간에 중요한 것은 '디지털'이며, 디지털 매체가 등장한 이후 문자보다는 이미지의 위상이 훨씬 높아졌다. 디지털 매체 시대에는 일상생활, 예술 등이 디지털 매체와 긴밀하게 연관되어 있고, 더 나아가 인간의 존재 방식과 사유 방식도 디지털 매체에 의해서 이전과는 다르게 크게 변화했다. 이를 '매체적 전환(media turn)'이라는 패러다임 변화로 보고자 하는 것이 바로 매체 미학이다. 매체에 의해 매개된 지각 외에도 매체 미학의 또 다른 중요한 주제는 '대중매체에 의한 예술의 확대' 또는 '이미지의 확대'이다. 매체 미학은 예술을 수용하는 수용자를 감성적 주체로 연구한다. 수용자 중심의 미학, 이것이 감성학으로서의 매체 미학의 또 다른 주제이다.

매체는 무언가를 중간에서 전달한다는 것을 의미한다. 넓은 의미에서 매개적 역할을 하는 모든 것을 매체라고 할 수 있다. 그런데 문제는 이러한 매개적 역할을 하는 매체가 단지 매개적 역할을 하는 데 그치지 않는다는 것이다. A라는 내용을 그대로 A로 전달하면 문제가 안 된다. 문제는 A라는 내용이 어떤 매체에 의해서 전달되는가에 따라 전달 내용과 수용 방식이 달라질 수 있다는 데 있다. 그렇기 때문에 단지 매체 내용뿐만이 아니라 매체 형식에 대한 고찰도 반드시 이루어져야 한다. 바로 이런 점에서 맥루언(McLuhan)의 지적은 매우 타당했다고 볼 수 있다.[2] 기존의 매체 연구가 매체 내용에 대한 비판에만 치우쳤고 매체 형식에 대한 연구는 거의 없었다는 그의 지적은 내용 비판 중심의 매체 이론에 큰 영향을 주었다. 이러한 그의 지적은 매체 예술에도 적용될 수 있다. 디지털 매체 예술의 등장이 예술에 가져온 변화를 내용적 측면에서뿐만 아니라 형식적 측면에서도 연구해야만 한다. 매체 예술의 내용과 형식에 대한 연구가 바로 매체 미학의 중요 주제 중 하나이다.

매개된 지각의 문제는 단지 매체 예술에서만 중요한 것이 아니라 오히려 일상에서 더 중요하다. 왜냐하면 매체에 의해 매개되지 않은 지각이 거의 없기 때문이다. 이제 실재에 대한 직접 지각과 경험은 매우 특수한 경우가 되었다. 실재의 지각은 매체를 통해 이루어지고 있다. 그렇다면 과연 매개된 지각은 실재를 왜곡하지 않고 온전하게 지각의 주체에게 전달할 수 있을까? 이 물음에 대한 답은

---

[2] 이와 관련된 자세한 논의는 심혜련(2012b: 125-151)을 참조하라.

너무도 명확하다. 한마디로 그렇지 않다는 것이다. 매체에 의해 매개된 지각은 바로 그 매체에 의해서 미리 규정된다. 그뿐만 아니라 어떤 매체가 어떤 지각을 중심으로 매개하는가에 따라 특정 지각이 확장되기도 하고, 또 특정 지각이 축소되기도 한다. 매체가 일종의 인간의 확장이라고 규정할 때, 확장되는 것은 지각이기 때문이다. 따라서 매체 미학은 매개된 지각을 중심으로 해서 매체 예술뿐만 아니라 지각 이론 전반에 대한 과학적 연구도 병행해야 한다. 즉 "더욱 중요한 것은 우리가 실재를 지각할 때 종종 (현미경, 망원경, 텔레비전 등) 기계적 매개를 통해서만 지각하고 있다는 점이다. 이러한 틀은 세계의 자연적 면모를 왜곡시킬 뿐만 아니라, 세계에 대한 우리의 지각을 미리 틀 짓는다. 이런 까닭에 이제는 지각 이론으로서의 과학적 미학이 하나의 매체 이론으로 정형화되지 않으면 안 된다."(볼츠, 2000a: 139-140) 매개된 지각을 다루는 매체 미학은 지각 기계와 지각 기계의 작용을 분석해야 한다. 동시에 매체 미학은 지각하는 주체에 대한 연구도 병행해야 한다. 매개된 지각을 다룰 때, 위에서 말한 것처럼, 매체를 중심으로 한 연구가 하나의 큰 축을 형성한다면, 또 다른 하나의 축은 지각하는 주체에 관한 것이다. 즉 사물의 현상 형태와 그것의 지각 방식을 수용자의 측면에서 집중적으로 연구해야만 한다. 매체 그 자체에 대한 연구에만 몰두하는 것이 아니라, 매체에 의해 매개된 내용을 수용자의 측면에서 적극적으로 해석해야만 한다. 이러한 해석이 바로 감성적 주체에 대한 감성학적 접근의 시작인 것이다.

2. 확장된 예술

매체 미학은 매개된 지각을 둘러싼 여러 변화와 그 효과들을 연구함과 동시에 예술도 연구한다. 물론 예술을 어떻게 설정하느냐에 따라 분석 범위가 달라질 수 있지만, 매체 미학은 기본적으로 매체와 예술의 관계를 고찰하는 예술 이론이라고 할 수 있다. 각기 다른 매체에 의해서 예술 작품이 어떻게 만들어지며, 어떤 작용을 하며, 이것을 수용자가 어떻게 받아들이는지를 연구하는 것이다. 따라서 매체 미학은 각각의 매체를 중심으로 라디오 미학, 텔레비전 미학, 영화 미학, 비디오 미학 그리고 디지털 미학 등으로 세분화될 수 있다. 그뿐만 아니라 매체와 예술과의 관계에서 무엇을 강조하느냐에 따라 기술미학, 기계 미학, 영상미학, 이미지 미학, 수용미학 등으로 분류할 수 있다. 매체 미학이 예술을 분석 대상으로 삼는다고 해서 전통 미학에서 말하는 예술만을 다룬다고 생각한다면 이는 큰 오해다. 반대로 전통 미학에서 말하는 예술을 배제한다고 생각한다면 이 또한 오해다. 매체 미학에서 분석 대상으로 삼는 예술은 전통 미학에서 말하는 예술보다 좀 더 확장된 것이다. 소위 순수예술(Fine-art)이라고 하는 예술을 넘어, 라디오, 텔레비전, 영화, 게임 그리고 디지털 공간을 중심으로 한 다양한 이미지를 포함하고 있기 때문이다. 물론 현대의 문화 예술 상황에서 순수예술과 대중 예술의 경계는 점점 더 모호해지고 있으며 이러한 경계 구분은 아무런 의미가 없다고 주장할 수도 있다. 그러나 분명한 것은 경계 구분이 여전히 존재한다는 사실이다. 순수예술과 대중 예술의 경계가 점점 더 모호해진다고 해서 순수예술이 대중예술이 되는 것은 아니다. 순수예술과 대중예술의 경계 해체 그리고 이들 간의 결합 등이 이야기될 때 반드시 언급되는 장르가 바로 팝아트(Pop-Art)다. 그리고 팝아트 하면 가장 먼저 떠오르는 작가는 아마도 앤디 워홀(Andy Warhol)일 것이다.

먼저 워홀의 〈서른이 하나보다 낫다(Thirty are better than one)〉(1963)라는 작품을 보자. 이 작품의 주인공은 순수예술에서 대표적인 여인상으로 이야기되는 모나리자이다. 그런데 작품이 생산되는 방식은 지극히 대중적이다. 워홀은 이 작품을 원본성을 가진 예술 작품으로 창작한 것이 아니라, 자신의 공장(팩토리)에서 실크스크린이라는 기법을 사용해서 하나보다 다량으로 생산해낸다. 그리고 이 복수성을 노골적으로 찬양한다. 그러고 나서 마릴린 먼로를 이와 유사한 형식으로 다룬다. 작품에 등장하는 여인이 모나리자에서 마릴린 먼로로 바뀌었을 뿐이다. 모나리자가 순수예술에서 대표적인 여인상을 의미한다면, 마릴린 먼로는 대중문화에서 섹시한 여성의 아이콘이다. 워홀은 먼로뿐만 아니라 대중적으로 널리 알려진 다양한 인물을 대상으로 해서 많은 작품을 생산했다. 이처럼 워홀은 매우 영리한 방식으로 대중문화를 확대해서 이를 순수예술의 영역으로 가져왔다. 기술 복제를 원본성의 영역으로 가져온 것이다. 그는 대중문화의 영향력을 누구보다도 잘 알고 있었으며, 또 예술계에 머물러 있음으로써 얻게 되는 이득에 대해 잘 알고 있었다. 그렇기 때문에 그는 모나리자를 대중화시키고 먼로를 예술화시킴으로써 이 둘을 매우 영리하게 연결시켰던 것이다.

그러나 워홀의 작품은 대중적으로 널리 알려지긴 했지만, 결코 대중문화로 취급되지는 않는 것이 현실이다. 그는 여전히 '예술계'에서 논의되고 통용되는 '작가'다. 그의 작품은 상상할 수 없을 정도로 비싸다. 단지 비싸게 거래된다는 사실만이 중요한 것은 아니다. 워홀을 중심으로 한 팝아트에서 놓치지 말아야 하는 것은 그것이 '팝'보다는 '아트'로 취급된다는 사실이다. 팝과 아트의 경계가 모호해지며 그것들이 혼종화되는 것은 분명 사실이지만, 팝 쪽에서 아트와 혼종되는 것과 아트 쪽에서 팝과 혼종되는 것은 너무나도 분명한 차이가 있다. 그렇기 때문에 팝아트를 다루는 이론 또한 전통적인 의미에서 말하는 미학, 즉 예술 이론으로서의 미학이 될 수밖에 없다. 이와 달리 매체 미학은 말 그대로 대중문화 예술 일반을 자신의 분석 대상으로 삼는다. 더 나아가 이러한 대중문화 예술을 굳이 예술과 구별하지 않는다. 대중문화 예술을 예술의 확장으로 보기 때문이다. 매체 미학에서 중요하게 취급하는 것은 '무엇이 예술인가'라는 예술의 정의와 범위에 관한 물음이 아니다.

매체 미학에서 중요하게 생각하는 것은 '문화 예술적 현상이 어떻게 지각되고 수용되는가?'에 관한 것이다. 앞서 말한 것처럼 전통 미학은 일종의 아름다움과 예술을 분석하는 이론이었다. 따라서 전통 미학 안에는 아름다움과 예술을 판단하는 많은 범주가 있다. 아름다움, 진리, 선, 창조성 등이 이에 해당한다. 예술의 범위를 좁게 설정하면, 여전히 이러한 범주들을 중심으로 예술 작품을 분석할 수 있다. 그러나 작품 중심의 예술이 아니라면 상황은 달라진다. 전통적인 아름다움이 지금의 예술에서 재현되고 있는 것도 아니고,

고대의 평가처럼 아름다움과 선함이 연결되어 있는 것도 아니며, 예술이 진리의 마지막 도피처나 진리의 존재 근거로 작용하는 것도 아니다. 무엇보다도 중요한 변화는 현대사회에서 심미적 체험이 반드시 예술 작품을 통해서만 가능한 것이 아니라는 점이다. 심미적 체험은 이제 예술보다는 자본주의의 꽃이라고 할 수 있는 상품 세계에서 훨씬 더 중요하다. 그리고 대중매체를 통해 많은 이미지가 생산되고 수용되고 있다.

  감성학으로서의 매체 미학은 바로 이러한 문제의식에서 출발한다. 게토화된 예술이 아니라 확장된 예술이라는 개념을 중심으로 전체적으로 감성적 지각을 다루고 있는 것이다. 매체 미학은 자연스럽게 매체에 의해 매개된 이미지에 대해 연구할 수밖에 없다. 사실 매체 미학이 아니더라도 지금 우리가 살고 있는 세상이 이미지가 지배하는 세상이라는 것을 아무도 부정할 수 없다. 이미지가 모든 것을 지배한다. 문화 예술뿐만 아니라, 경제, 정치 그리고 사적 관계와 소통에서도 이미지가 전면에 등장한다. 이제 중심 문화는 문자 문화에서 이미지를 중심으로 한 시각 문화로 전환되었다. 매체 미학은 바로 이러한 전제에서 매체에 의해 매개된 시각 문화 일반을 자신의 분석 대상으로 삼는다. 매체 미학의 관점에서 보면, 이러한 시각 문화가 예술 영역에 속하는 것인지, 아니면 대중문화 영역에 속하는 것인지는 전혀 중요하지 않다. 시각 이미지 그리고 그 시각 이미지가 매체에 의해 매개되었다는 사실만이 중요한 것이다. 시각 이미지를 중심으로 한 연구는 자연스럽게 이미지 문화에 대한 옹호로 나아간다. 그동안 부당하게 평가받아온 이미지들에 대한 재평가가 본격적으로 시작된다.

3. 이미지에 대한 재평가

　매체 미학은 이미지에 대한 기존의 평가를 재검토하는 것에서 출발한다. 이는 대중매체에 의한 시각 이미지의 확장을 일종의 예술의 확장으로 보는 매체 미학으로서는 당연한 것이다. 잘 알려진 것처럼 사실 이미지는 실재를 반영하는 것이 아니라 실재를 감추고 왜곡시킨다는 평가를 받으며 아주 오랫동안 부당한 취급을 받아왔다. 특히 문자 문화의 우위를 주장하는 입장에서는 더욱 강하게 이미지 문화를 비판했다. 이러한 입장에서 보면 문자 문화에서 이미지 문화로의 전환은 발전이나 진화가 아니라 퇴보와 몰락을 의미할 뿐이다. 그런데 따지고 보면 문자도 음성언어라는 매체를 낡은 매체로 만들면서 등장했다. 처음부터 문자 문화가 지배적인 문화가 아니었던 것이다. 그렇기 때문에 문자 문화도 지금의 이미지 문화만큼은 아니더라도 처음부터 긍정적으로 받아들여진 것은 아니다. 고집스럽게 문자 문화의 우월성을 강조하는 이론가들에게 문자 문화 또한 절대적으로 보편적인 것이 아님을 보여주기 위해 자주 사용하는 예가 있다. 플라톤의「파이드로스(Phaidros)」편에 나오는 이야기가 그것이다. 여기서 소크라테스(Socrates)는 제자에게서 문자라는 것이 등장했고, 문자를 가지고 무언가를 기록할 수 있다는 이야기를 듣는다. 그 이야기를 들은 소크라테스는 문자의 등장에 환호하는 것이 아니라, 그로 인해 사람들의 기억과 학습 능력에 문제가 생길 것이라고 매우 걱정한다. 문자로 인해 사람들이 사유하고 학습할 때 게을러질 수 있으며, 무언가를 배우는 바로 그 자리에서 주의 깊게 듣고 사유하기보다는 문자로 정리하고 기록함으로써 그 순간에 집중하는 능력은 점점 저하된다고 본 것이다(Platon, 1994: 603-604 참조). 이는 기록이 기억을 대체하면서 발생할 수 있는 문제를 지적한 것이다. 그렇다면 이미지 문화를 지지하는 사람들이 왜 이런 이야기를 하는가? 그것은 바로 시대를 초월한 소통 매체는 없다고 주장하고자 하는 것이다. 문자는 문자 시대에 제일 적합한 매체였고, 지금은 이미지의 시대다. 이 이미지의 시대에 문자만을 강조하는 것은 편협한 태도이다. 심하게 말하면 '문자 쇼비니즘(chauvinism)'이라고도 할 수 있다.

이러한 편향된 문자 중심의 사유는 비판을 받을 수밖에 없다. 변화를 외면하고 인정하지 않는 태도는 고립만을 가져올 뿐이다. 현실적으로 지배적인 소통 방식이 문자에서 이미지로 변화했다는 것을 인정해야 한다. 이러한 변화를 인정하고 이를 학문 영역에서 진지하게 사유하려는 흐름의 등장은 필연적 현상이라고 볼 수 있다. 한스 벨팅(Hans Belting)이 정확히 지적했듯이 "우리는 이미지와 더불어 살고 있고 세계를 이미지로 이해"하고 있기 때문이다(Belting, 2011: 11). 우리가 일차적으로 접촉하는 세상의 모든 것의 표면은 이미지로 이루어져 있으며, 우리는 세상을 이미지로 만난다고 해도 사실 과언이 아니다(Boehm, 2010: 11). 그뿐만 아니라 문자가 등장하기 훨씬 이전부터 이미지는 존재했으며, 우리는 이미지를 통해 무언가를 전달하고 기록하고자 했다. 선사시대에 그려진 스페인의 알타미라 동굴벽화 그리고 프랑스의 라스코 동굴벽화 등에서도 알 수 있듯이 이미지는 아주 오래전부터 중요한 기호였다. 이미지는 정보를 전달하는 소통 수단임과 동시에, 또 때로는 주술적인 힘을, 또 때로는 종교와 권력 그리고 부를 상징했으며, 여전히 그렇다. 그럼에도 불구하고 이미지는 문자에 가려져 있었던 것이다. 이제 상황은 달라졌다. 실재와 이미지의 관계가 중요하지 않고, 더 나아가 실재보다 더 실재 같은 이미지가 등장하고, 실재가 이미지를 닮아가고 있는 지금, "이미지의 귀환(die Wiederkehr der Bilder)"이라는 현상이 일어나고 있는 것이다(Boehm, 2006: 11). 정당하게 평가받지 못한 이미지가 이제 제자리로 돌아가 비로소 온전히 평가받을 수 있는 길이 열렸다. 이 과정에서 이제 심지어 인간의 본질을 "이미지적 인간(Homo Pictor)"이라고 규정하기에 이르렀다(Jonas, 2006: 107).

이미지학(Bildwissenschaft)은 인간의 본질을 '이미지적 인간'으로 규정하고, '이미지의 귀환'을 이야기하면서 이미지에 대한 재평가를 시도한다. 이러한 시도는 감성학과 마찬가지로 이성 중심의 논리로부터의 탈주를 의미한다. 이성 중심적 사유에 대한 비판이라는 점에서 이미지학과 감성학이 유사하지만, 그렇다고 해서 이 둘을 동일하게 평가해서는 안 된다. 왜냐하면 이미지학을 주장하는 몇몇 이론가는 매체를 중심으로 이미지를 파악하는 매체 미학을 강하게 비판하기 때문이다. 대표적으로 벨팅이 그렇다. 그는 이미지학 영역에서 특히 이미지 수용, 이미지 기술 그리고 이미지 역사 등을 포괄적으로 연구하는 '이미지 인류학(Bild-Anthopologie)'을 제안한다(Belting, 2006: 9). 이미지 인류학의 관점에서 그는 이미지 기술을 중심으로 한 매체 이론적 연구들에 문제가 있다고 지적한다. 지나치게 매체 기술 중심으로 이론을 전개함으로써 이미지 그 자체와 관찰자에 대해 포괄적으로 접근하지 못하고 있다고 본 것이다. 매체는 단지 이미지 장치일 뿐인데, 장치에 지나치게 관심이 집중되어 있다고 본 것이다(Belting, 2006: 20). 감성학을 둘러싼 논쟁에서도, 이미지학을 둘러싼 논쟁에서도 늘 매체가 문제다.

여기서 중요한 것은 이미지학이 매체 미학인가 또는 감성학인가라는 논쟁이 아니다. 미학과 마찬가지로 이미지학도 그 범위가 매우 넓기 때문에 한마디로 규정하기가 힘든 학문 분야다. 또 이미지학은 단일한 하나의 학문 분과가 아니라, 다양한 학문이 모여서 학제 간 연구를 해야만 하는 융합적 학문 분과이다. 즉 이미지와 기호, 이미지와 매체, 이미지와 지각, 이미지와 과학, 이미지와 여성 그리고 이미지와 예술 등 상호 연결된 분과는 수없이 많다(Wiesing, 2005a: 9). 따라서 이미지학에 대한 단일한 규정은 있을 수 없으며, 이미지를 연구할 때 사용될 수 있는 방법론에 대한 논의가 있을 뿐이다. 이 방법론 또한 매우 다양한데, 그럼에도 불구하고 이러한 다양한 방법론이 공유할 수 있는 상황 진단이 있을 수 있다. 그것은 바로 지금의 이미지와 이미지 수용에 대한 재평가이다. 이러한 재평가의 과정에서 다양한 연구 방법론이 제시되고 있다. 그중 하나가 바로 감성학이다. 자, 그렇다면 이제 감성학으로서의 매체 미학에서 이미지에 어떻게 접근하고 있으며, 또 이미지를 어떻게 평가하고 있는지를 살펴보자.

감성학으로서의 매체 미학에서 이미지 연구는 매우 중요한 주제다. 그런데 이미지 문화와 이를 수용하는 감성적 지각을 강조하는 입장이 반드시 문자 문화의 몰락을 이야기하는 것은 아니다. 어떤 새로운 문화가 등장했다고 해서 이전의 문화가 반드시 낡은 문화로 전락하는 것은 아니기 때문이다. 문제는 문자를 중심으로 한 문화와 사유 체계만을 강조하는 태도이다. 즉 "추상적 사고방식과 감성적 지각 사이의 낡은 구분을 극복"해야만 한다는 것이다(볼츠, 2000b: 167). 문자를 중심으로 한 사유는 이성적이고 논리적이며, 이와 달리 이미지를 중심으로 한 사유는 감성적이라고 낮게 평가할 필요는 없다. 이미지에 대한 감성적 지각과 그 지각 주체에 대한 연구가 문제의 핵심인 것이다. 특히 이러한 문제는 디지털 매체 시대에 와서 더욱 두드러지게 부각되었다. 디지털 이미지가 이전과는 전혀 다른 이미지를 둘러싼 여러 상황을 만들어내고 있기 때문이다. 아날로그 매체 시대에 이미지를 둘러싼 주요 논쟁이 '복제'와 '재생산'이었다면, 디지털 매체 시대에 가장 중요한 문제는 이미지의 '변형'과 실재보다 더 실재 같은 이미지를 만들어내는 '시뮬라시옹(Simulation)'이다.[3]

이미지의 디지털화는 이미지의 존재론적 변혁을 가져옴과 동시에 생산과 수용에서도 거의 혁명적인 변화를 초래했다. 무엇보다도 지각 주체의 감성적 지각을 중요하게 여기는 감성학의 관점에서 보면 이미지 수용은 매우 중요한 문제이다. 디지털 매체 시대가 등장

---

3 이와 관련된 자세한 논의는 심혜련(2012b: 125-151)을 참조하라.

하면서 이미지 수용을 둘러싼 많은 상황이 극적으로 변화되었다. 예술과 관련해서는 디지털 매체 예술이 등장하고, 이러한 예술에서는 작품이라는 전통적인 미학적 범주도 그리고 예술가의 창작이라는 미학적 범주도 예전만큼 중요하게 여겨지지 않게 되었다. 그 대신에 프로그램화된 이미지들이 등장했고, 이러한 이미지들은 예전과는 다른 방식으로 수용되었다. 한마디로 말해서 "이제 중요한 것은 '작품들'의 창작이 아니라 주변 환경의 프로그래밍된 센세이션 만들기라는 것이다."(볼츠, 2000b: 355) 프로그래밍된 이미지들을 중심으로 한 이미지의 수용 방식은 이전과는 달리 이미지에 대한 철학적 관조나 사색을 요구하지 않는다. 이미지들이 수시로 변하고 찰나적인 순간에 존재하는 경우가 많아짐에 따라 이를 수용하는 방식도 센세이션을 중심으로 한 감각적 수용이 주를 이룬다. 이미지를 관조하거나 명상하는 대신 스펙터클한 이미지 상황을 즐기게 된 것이다. 이미지는 이제 읽기의 대상을 넘어 지각하기의 대상이 되었다.

4. 이미지 수용의 문제

가상현실이나 사이버 스페이스를 중심으로 이미지의 지각 문제를 이야기할 때 가장 중요한 개념으로 부각되는 것은 '몰입(immersion)'이다. 예전에 이미지는 대상과의 거리를 유지함으로써 관조의 대상으로 수용될 수 있었다. 그러나 가상현실에서 이미지 수용 방식은 이전과는 전혀 다르다. 가상현실에서는 공간으로 몰입해야만 이미지 수용이 가능하기 때문이다. 따라서 디지털 매체 시대의 이미지 수용을 고찰할 때 몰입을 빼고 이야기하는 것은 불가능하다. 그러나 이 몰입만을 가지고 디지털 매체 시대의 이미지 수용이 가지는 새로움, 또는 고유한 특징을 설명하기는 어렵다. 왜냐하면 과연 몰입이 디지털 이미지를 설명할 수 있는 새로운 기준이 될 수 있는가라는 문제가 제기될 수 있기 때문이다. 이러한 상황에서 몰입을 중심으로 디지털 매체 시대의 이미지 수용을 문제 삼는 람베르트 비징(Lambert Wiesing)의 비판은 어느 정도 타당하다. 그는 가상현실에서의 중요한 지각 기준으로 이야기되는 몰입이 가상현실만의 특별한 지각 특징이 아니라는 것을 강조한다. 특히 그는 가상현실을 둘러싼 논의에서 가상현실을 하나의 완벽한 지각 작용 또는 몰입 그 자체로 보는 견해를 비판한다(Wiesing, 2005b: 107).[4] 무엇보다도 그는 이미지 공간으로의 몰입은 디지털 매체가 등장하기 전에도 있었고, 인류는 아주 오래전부터 몰입하기 좋은 환영 이미지를

---

[4] 여기서 비징은 몰입을 디지털 매체 시대의 특징으로 보는 대표적인 입장의 예로 올리버 그라우를 들면서 비판하고 있다(Wiesing, 2005b: 107). 그런데 이러한 비징의 주장에는 약간 문제가 있다. 그라우는 몰입을 디지털 매체 시대의 중요한 특징으로 파악하고는 있지만 결코 디지털 매체 시대만의 고유한 지각 방식으로는 보지 않기 때문이다. 그라우는 오히려 몰입과 관련해서 디지털 매체 시대 이전의 몰입을 중심으로 이미지 수용의 예들을 동굴벽화와 그 외의 많은 벽화 그리고 영화와 파노라마 등을 예로 들면서, 몰입이 디지털 매체 시대에 이미지를 수용하는 중요한 지각 방식이긴 하지만, 결코 디지털 매체만의 특징은 아니라고 강조한다. 이와 관련해서는 그라우(Grau, 2002: 24-65)를 참조하라.

만들고자 애썼다는 사실을 강조한다. 그러므로 그는 몰입을 중심으로 전통적인 매체에 의해서 생성된 이미지와 디지털 매체에 의해서 생성된 이미지를 구분하는 것은 적절하지 못하다고 비판한다(Wiesing, 2005b: 109). 더 나아가 그는 디지털 이미지의 특징을 몰입으로 규정할 수 없다고 말한다. 디지털 이미지 중에는 분명 비몰입적 이미지도 존재하기 때문이다. 예를 들어 우리가 HMD(Head Mounted Display)를 착용하고 체험하는 이미지 공간은 분명 몰입적이지만, 그 외에 모니터를 사용해 수용할 수밖에 없는 이미지는 컴퓨터게임일지라도 비몰입적이다. 이 경우에 이미지 수용자는 이미지와 여전히 거리를 유지하고 있기 때문이다(Wiesing, 2005b: 108).

비징은 이미지의 생산 방식과 존재 방식이 달라지면 이미지의 지각 방식도 달라질 수밖에 없다는 주장에도 반대한다. 더 나아가 그는 디지털 이미지 그 자체가 새로운 현상이라는 주장도 비판하다. 그는 디지털 이미지의 생산 방식과 존재 방식에서 이야기되는 화소 중심의 이미지라는 것도 사실 따지고 보면 새로운 현상이 아니라고 보았다. 즉 이미 모자이크적 이미지 구현 방식이 있었다는 것이다(Wiesing, 2005b: 116). 또한 그는 디지털 매체가 산출한 이미지가 실제 존재하는 대상의 이미지가 아니라 환상 속의 이미지를, 즉 현전하지 않는 이미지를 인공적인 현전으로 만들어낸 것이라는 주장에도 반대한다. 왜냐하면 이러한 환상적 이미지 산출은 디지털 이미지 이전, 즉 영화와 애니메이션에서도 존재했기 때문이다(Wiesing, 2005b: 116-117). 그는 이미지 대상을 다음과 같이 4단계로 구분한다. 매체를 중심으로 캔버스에 고정된 이미지 대상, 영화에서의 움직이지만 결정된 이미지 대상, 애니메이션에서의 자유롭게 조작된 이미지 대상 그리고 마지막으로 시뮬레이션에서의 상호작용적인 이미지 대상이 그것이다. 그에 따르면 이 4단계의 이미지 대상을 몰입과 관련해서 파악했을 때 이 모든 단계의 이미지 대상은 수용 단계에서 몰입적 특징을 가지고 있다(Wiesing, 2005b: 122). 그렇기 때문에 결국 몰입이라는 지각 방식은 디지털 이미지를 규정하는 결정적 특징이 될 수 없는 것이다.

이렇게 되면 사실 디지털 매체를 새로운 매체라고 규정할 수 있는 그 어떤 근거도 없게 된다. 아니, '하늘 아래 새로운 것은 없다'라는 일반적인 이야기만 되풀이될 뿐이다. 새로움이 아니라 연속성 그리고 '약간 다름'만이 생성되는 것이다. 비징 또한 이러한 문제가 제기될 수 있다는 점을 인식하고, 디지털 매체의 새로움은 '연속성'이라는 범주에서 파악될 수밖에 없다고 이야기한다(Wiesing, 2005b: 109-110). 그렇다면 디지털 매체가 가지고 있는 그것만의 특징은 없는가? 오직 연속성만이 있는 것인가? 이와 관련해서 비징은 디지털 매체 시대에 이미지가 갖는 새로움을 굳이 찾는다면, 그것은 "새로운 상상력(eine neue Einbildungskraft)"에서 찾아야 한다고 말한다(Wiesing, 2005b: 117). 이는 플루서(Flusser)가 컴퓨터 이미지 사용자를 "상상하는 자(Einbildner)"로 규정하고, 또 기술적 상상력을 강조한 데서 착안한 것이다(Wiesing, 2005b: 118). 즉 디지털 매체가 가지는 본질적인 새로움은 없는 것이며, 각각의 이미지는 매체를 사용하는 '상상하는 자'의 상상력에 의해서 현상적으로 새로움을 가질 수 있다는 것이다. 플루서의 기술적 상상력에 관한 주장은 매우 중요하다.[5] 문제는 비징이 이러한 플루서의 이론에 착안해 디지털 매체 시대의 이미지가 갖는 새로움을 굳이 설명하려고 하는 데서 발생한다.

비징은 디지털 이미지의 수용을 지각과 관련해서 몰입을 중심으로 파악하는 관점에 문제가 있다고 비판했다. 또 몰입을 디지털 이미지의 새로운 특징으로 보는 견해에도 반대했다. 그는 결국 연속성에서, 나아가 지각이 아니라 상상력에서 새로움을 찾고자 했다. 지각에서 시작된 문제의 해법을 일종의 이미지 의식과 관련된 상상력에서 찾고자 한 그의 방법은 결국 지각을 중심으로 한 디지털 이미지의 새로움, 더 나아가 이미지의 지각 문제를 방기한 듯하다. 디지털 이미지의 특징을 몰입으로 규정하려는 시도들에 대한 비징의 비판은 타당하다. 앞에서 이야기했듯이 몰입은 딱히 디지털 매체만의 특징은 아니기 때문이다. 그러나 몰입이 지각 작용이라면, 그것에 대한 비판도 지각과 관련된 것이어야 한다. 즉 '디지털 이미지의 지각은 무엇인가'라는 물음을 던져야 하는 것이다. 그렇다면 디지털 이미지의 지각 작용이 갖는 새로움은 과연 무엇일까? 전혀 없는가? 그렇지 않다. 휴대전화와 태블릿 PC 그리고 유튜브와 페이스북 시대라고 할 수 있는 지금, 디지털 이미지는 그 수용에서 전혀 다른 양상을 보이기 때문이다. 그것은 바로 이미지를 만지면서 수용하는 '촉각적 수용'이다. 몰입의 문제도 바로 이러한 촉각적 수용과 관련된다. 이미지를 온몸으로 느끼고 만지는 촉각적 몰입은 이미지와

---

5 이와 관련된 자세한 논의는 심혜련(2012b: 216-243)을 참조하라.

거리를 두고 이미지를 관조하고, 집중하고, 명상하는 몰입과는 그 성격이 완전히 다르다.

시벨부슈(Schivelbusch)는 기차를 타고 지나가면서 보게 되는 바깥의 풍경을 '파노라마적 지각'이라고 표현한 바 있다(쉬벨부쉬, 1999: 70-92 참조). 이 파노라마적 지각에서 가장 큰 특징은 이미지를 명확히 무슨 무슨 대상이라고 판별할 수 없다는 것이다. 더 나아가 판별 자체가 중요하지 않다. 그저 창밖의 풍경 이미지는 하나의 스쳐가는 '이미지의 다발'일 뿐이다. 그런데 이미지들이 이렇게 이미지의 다발로 수용되는 현상은 디지털 매체 시대에, 즉 개인 매체, 특히 이동 가능하고 휴대 가능한 스마트폰과 태블릿 PC 등의 개인 매체가 등장하고 나서 다시 나타나고 있다. 무수히 많은 이미지는 하나의 다발로 나의 지각 체계 안으로 침투해 들어온다. 이미지의 다발은 시각을 통해 수용되지만, 마치 촉각을 통해 수용되는 것처럼 몸으로 느껴진다(Mitchell, 2009: 320-321 참조).[6] 이러한 현상에 대해 벤야민은 '시각적 촉각성(optische Taktilität)'이라고 아주 탁월하게 규정했다(심혜련, 2012b: 67-69 참조).

벤야민의 시각적 촉각성을 좀 더 구체적으로 디지털 매체에 적용해보자. 스마트폰, 태블릿 PC는 촉각적이다. 화면 위의 이미지를 만져야만 작동한다. 이미지를 보고 싶지 않으면, 마치 종이를 구겨버

---

[6] 이 글에서 미첼은 이미지를 단지 시각적으로 보는 것에서 벗어나, 시각과 촉각이 결합된 방식으로 이미지가 수용되고 있다는 사실에 주목한다. 그는 이러한 상황 속에서 특히 중요한 역할을 하는 것은 바로 매체라고 지적하고 있다.

리듯이 이미지를 접어야 한다. 그러면 다른 이미지로의 이동 행로가 열린다. 또는 화면 위에 손가락을 대고 책을 넘기듯 화면을 넘긴다. 이 과정에서 마치 기차에 타고 기차 밖을 보는 듯한 시각의 파노라마적 세계가 열린다. 화면에 있는 많은 아이콘은 그저 하나의 이미지 다발에 불과하다. 진짜 촉각을 통해, 손가락이라는 구체적인 몸을 통해 시각 세계가 열린다. '시각적 촉각성'이 아니라, '촉각적 시각성'이다. 손가락을 가지고 이미지를 만지고, 이미지를 잡아채고, 그리고 내던진다. 태블릿 PC에 보이는 이미지의 다발들을 손으로 만지며, 이미지들을 하나의 파노라마적 영상으로 만든다. 내 손끝에서 수백 장의 이미지가 펼쳐짐과 동시에 내동댕이쳐진다. 이미지 수용자는 이미지 다발 중에서 어느 한 이미지에 관심이 가면 재빠르게 그 이미지를 잡아챈다. 마치 사진가가 대상으로부터 이미지를 낚아채듯이 말이다. 또 이미지 수용자는 이미지의 일부분을 임의적으로 크게 또는 작게 만들 수 있다. 이미지의 크기도 촉각적으로 규정하기에 이르렀다고 볼 수 있다.

이러한 과정에서 중요한 것은 관찰이 단지 시각적인 행위가 아니라는 것이다. 지금은 초기 단계이지만, 만약 이미지를 만지는 이러한 행위가 좀 더 광범위해지고 다양해진다면 우리의 지각과 행위, 더 나아가 우리의 일상적인 삶은 걷잡을 수 없이 달라질 것이다. 이는 단순한 추측이 아니라, 이미 어느 정도 실현된 사실이다. 만약 가상현실에 연인이 있다고 가정해보자. 또는 한때 유행했던 가상현실에서의 애완동물 키우기 등을 생각해보자. 지금까지는 이들과의 관계는 시각을 통해 이루어졌다. 시각적 촉각성 또는 촉각적 시각성을 토대로 이루어진 수용 방식이다. 그러나 일종의 유사 촉각성인 이러한 시각적 촉각성이 아니라 진짜 만지는 행위를 통해 이미지와 나의 관계가 성립될 수 있다면? 내가 키우는 이미지 강아지를 단지 보는 것이 아니라 만질 수 있다면? 또 가상현실에서 연인과 실제로 접촉을 할 수 있다면? 볼 수 있는 모든 이미지를 만질 수 있다면? 미술관이나 박물관 등에서 우리는 쉽게 '만지지 말고 보기만 하시오'라는 문구를 접한다. 그러나 이제 그 문구는 바뀌게 될 것이다. '보지만 말고 만지시오'로 말이다. 이러한 문구는 체험을 중시하는 과학관이나 디지털 매체 예술, 특히 상호작용적 예술(interactive art)을 전시하는 미술관에서 이미 볼 수 있는 것이기도 하다. 문제는 디지털 매체가 개인 매체가 된 것이 일종의 혁명적 변화였듯이 중요한 것은 이러한 촉각적 이미지 체험이 전시관에서만 가능한 것이 아니라 개인적 이미지 수용에서도 가능해졌다는 사실이다. 지극히 사적인 공간에서 이미지를 만지며 수용하는 시대가 온 것이다.

3장
감성학자로서의 벤야민 재해석[1]

1. 일상에서 사소한 것들을 지각하기

　최근에 감성학에 대한 논의와 더불어 가장 많이 언급되며, 또 감성학을 주장하는 많은 이론가가 주저함 없이 감성학의 대표적 선구자로 이야기하는 철학자가 있다. 바로 벤야민이다. 그의 미학 이론은 여러 측면에서 보았을 때 미학보다는 감성학으로 보는 것이 타당하며, 특히 매체와 관련된 감성학으로서의 매체 미학의 경우는 더욱 그렇다. 그렇다면 특히 어떤 면에서 벤야민을 감성학자(Aisthetiker)로서 규정할 수 있는가? 그것은 바로 '지각(Wahrnehmung)'에 대한 그의 관심이다. 그는 새로운 매체 상황과 예술을 연결시켜 파악할 때도 항상 지각을 강조했다. 매체 미학이 매체에 의해 매개된 지각과 매체에 의해 확장된 이미지 전반을 다루는 이론이라고 규정하

---

[1]　이 장은 심혜련(2014)을 수정·보완한 것이다.

면, 벤야민은 의심할 여지 없이 바로 매체 미학의 이론적 선구자라고 할 수 있다. 그뿐만 아니라 그는 스스로 전통 미학에 근거를 두지 않고 감성적 지각에 근거를 둔 새로운 미학 이론을 전개하겠다고 말한 바 있다(벤야민, 2007b: 93). 그의 예술 작품과 수용에 대한 분석, 특히 영화와 지각 방식에 대한 분석은 시청각 표현 형식들과 그것들의 지각 방식을 분석하는 현대의 매체 미학적 주제 그리고 방법과 거의 일치한다.

분명 벤야민에게 미학은 예술 이론이기보다는 감성적 지각을 중심으로 한 일종의 지각 이론이었다(볼츠, 2000a: 139). 기술 복제 시대의 예술 작품의 특징을 아우라의 몰락으로 규정하고, 또 아우라의 몰락을 '지각의 구조 변화'로 설명하고 있다는 점에서 특히 그렇다. 그는 예술의 변화 또는 예술의 수용 방식뿐만 아니라 일상적인 측면에서의 지각에도 관심을 가졌다. 일상적이며 사소한 것 그리고 매체에 의해 매개된 현실에 대한 지각은 그의 감성학의 주된 대상이었다. 그는 자신의 지각 이론을 단지 전통적 의미에서의 예술에만 한정하지 않았다. 예술에 대한 이러한 그의 접근 방식은 현대 감성학에서도 그대로 전개된다. 이런 점에서 볼 때 벤야민이 감성학과 매체 미학의 선구자로 이해되는 것은 전혀 어색하지 않다. 그렇다면 벤야민이 '지각하기'를 어떻게 파악하고 또 어떻게 서술하고 있는지 살펴볼 필요가 있다. 그의 감성학은 크게 두 개의 대상 영역으로 이루어졌다. 하나는 아우라의 몰락을 둘러싸고 지금도 격렬하게 논쟁되고 있는 예술 영역에 관한 것이다. 또 다른 하나는 일상성, 특히 도시 생활에서의 일상생활을 중심으로 한 것이다. 예술과 관련된 아우라는 감성적 지각으로서의 아우라를 분석하는 다음 장에서 좀 더 구체적으로 분석하기로 하고, 여기에서는 일상성과 관련된 아우라에 대해 먼저 이야기하겠다.

  벤야민은 자신이 살았던 야만의 시대를 자신만의 독특한 방식으로 사유하고 기록했다. 그는 우리가 위대한 문화유산이라고 생각하는 전승된 특권적인 문화와 이를 보존하는 것에는 관심이 없었다. 그에게 그러한 문화유산은 '야만의 흔적'이며, 그러한 문화유산을 중심으로 한 문화사는 '야만의 기록'에 불과하기 때문이다(벤야민, 2008a: 275-276). 그는 그와 같은 야만의 기록은 실제로 경험된 구체적인 것들에 대한 기록이 아니라, 경험과는 무관한 기념비적인 것들의 침적물이라고 비판한다(벤야민, 2008a: 276). 따라서 그는 문화사에 기록되지 않은 것들과 전승되지 않은 것들에 관심을 갖는다. 그는 가능한 한 전승된 것들로부터 비켜나려고 시도했다. 그는 역사적 유물론자들은 이러한 전승에서 가능한 비켜서며, 그런 식으로 역사의 결을 거슬러 올라가는 것이 역사적 유물론자가 해야 할 일이라고 보았다(벤야민, 2008b: 336 참조). 그렇기 때문에 그는 일상적인 것들로 눈을 돌려 기록될 수 없을 정도로 사소하며, 기념비적으로 보존될 필요가 전혀 없는 하찮은 것들에 주목한다. 하찮은 것들뿐만 아니라 그것들이 남긴 흔적(Spur)도 그의 사유의 대상이다. 흔적을 사유의 대상으로 삼으려면 남다른 관찰 방식이 필요하다. 마치 탐정과 같은 시선으로 하찮은 것들과 그 흔적을 관찰하고 기록하는 것이 무엇보다도 중요한 것이다. 이로써 그는 역사 유물론에 몽타주적 방식이라는 중요한 방식을 새롭게 도입했다.

그런데 일상적인 것들을 기록하기 위해서는 그러한 것들을 먼저 지각해야 한다. 일상적인 것들을 지각하고 기억하고 기록하는 일종의 논평 과정이 벤야민의 '감성학으로서의 미학'의 출발점이자, "역사적 미학(historische Ästhetik)"의 출발점이다(Plumpe, 1993: 137). 히틀러의 제3제국이 정권을 잡은 후 더 이상 독일에서 학자로서 또는 비평가로서 삶을 유지할 수 없을 것이라는 사실을 잘 알았던 벤야민은 망명을 선택했다. 그런데 그의 망명지는 그의 동료들 대다수가 택한 미국이 아니라 프랑스였고, 그는 망명 도중 스페인에서 죽기 직전까지 프랑스 파리에서 망명자로서의 삶을 살아갔다. 이 상황은 한마디로 그 어디에도 없는 예외 상황(Ausnahmezustands)이라고 할 수 있다(Kambas, 1983: VIII). 이러한 예외 상황은 그에게 일상이 되었다(벤야민, 2008b: 336-337). 파리에서의 망명 생활은 그의 철학과 뗄 수 없는 관계를 맺는다. 파리는 그에게 단순한 삶의 공간이 아니라 철학이며, 예술이며, 삶 그 자체였다. 물론 망명하기 이전에도 파리라는 도시 공간은 베를린이나 모스크바와 같이 그의 철학과 감성학을 형성하는 데 중요한 장소였다. 그는 파리에서는 상품이라는 대상과 아케이드를 중심으로 한 도시 공간을 분석했으며, 베를린에서는 어린 시절에 그가 경험한 소소한 사물들을 분석했다. 모스크바에서는 정치적으로 변화된 공간을 읽었다.[2] 그는 다양

---

2 수전 벅모스는 이 세 도시 외에 나폴리도 포함해서, 각각의 도시들이 벤야민 사유의 공간적 기원들임을 다음과 같이 밝힌 바 있다. "서쪽의 파리는 정치적-혁명적 의미에서 부르주아 사회의 기원이며, 동쪽의 모스크바는 동일한 의미에서 부르주아 사회의 종말이다. 남쪽의 나폴리는 지중해의 기원으로서, 신화로 둘러

한 도시 경험을 토대로 1933년에서 1940년, 즉 죽음 직전까지 그의 감성학을 분석하는 데 중요한 근거가 되는 글들을 발표했다(벅모스, 2004: 52).

앞서 이야기했듯이 감성학은 예술에 대한 철학적 사유 또는 게토화된 예술에 대한 사유를 거부한다. 감성학은 자신의 분석 대상을 '아름다움에 대한 사유' 또는 우리가 일반적으로 '순수 예술'이라고 하는 예술과 그것을 가능하게 하는 관념인 '예술의 자율성'으로 제한하지 않는다. 감성학은 확장된 예술 이해를 적극 옹호한다. 감성학은 우리가 지각할 수 있는 모든 것을 분석 대상으로 삼는다. 사소하고 하찮은 모든 것이 감성학의 분석 대상인 것이다. 그뿐만 아니라 감성학은 지금까지 이성의 뒤편에서 홀대받아온 감성, 지각 그리고 감정 등을 전면에 내세운다. 이들이 가지고 있는 이성 못지않은 힘을 인정한 것이다. 자율적 예술에 대한 거부와 지각의 강조는 당연히 예술에 대한 논쟁에서 그 중심을 작품과 작가에서 관객으로 이동시킨다. 예술 수용 과정에서 관객이 어떻게 지각하는가가 어떤 문제보다도 중요하기 때문이다.

현대 감성학에서는 벤야민이 예술뿐만 아니라 일상에서 지각되는 사소한 것까지 분석하고자 한 것을 감성학적 시도로 받아들여 이를 적극적으로 재해석한다. 그의 이론적 방법이야말로 위에서 언급한 감성학적 방법과 거의 일치하기 때문이다. 그가 시도했지만

싸인 서구 문명의 어린 시절이며, 북쪽의 베를린은 신화로 둘러싸인 작가 자신의 어린 시절이다."(벅모스, 2004: 45)

구체적으로 발전시키지 않은 감성학은 일종의 '일상성에 대한 논평'이다. 그리고 이것은 그가 구상한 역사적 유물론과 미학의 만남을 의미하는 것이기도 하다. 그에게 일상의 사소하며 하찮은 것들에 대한 주의 집중은 역사적 유물론자의 태도이며, '지각하기'는 감성학의 주된 방법을 의미한다. 벤야민은 맑스주의적 입장에서 상부구조와 일상적인 것에 관심을 가진 몇 안 되는 사상가였다. 그의 역사철학도 추상적인 것을 다루기보다는 일상적인 것과 일상적인 사물에 대한 분석에서 시작한다. 그의 예술에 대한 관심 또한 이와 마찬가지다. 그는 대중문화를 중심으로 해서 판화, 사진, 라디오방송 그리고 영화와 광고에 관심을 갖고 유물론적 미학 이론 또는 감성학을 전개한다. 벤야민은 무엇보다도 도시 공간에서의 일상성과 복제 예술에 관심을 갖고 이를 분석했다. 그가 관심을 가진 것은 오랫동안 철학의 대상이었던 추상적 공간이 아니라, 바로 우리가 살아가고 있는 도시라는 일상적이며 구체적인 공간인 것이다(김성도, 2014: 369-388 참조).[3] 그는 도시 그 자체와 도시를 지각하는 방식에 관심을 갖는다(Reijen, 1998: 10). 더 나아가 도시에 나부끼는 복제된 이미지들에 관심을 갖는다. 이들이 가져온 변화는 무엇이며, 또 이들을 과연 어떻게 지각해야 하는지가 그의 역사적 미학으로서의 감성학의 출발점이다.

---

[3] 이 글에서 김성도 또한 도시 인문학 담론을 다룰 때 벤야민을 핵심적으로 다룰 수밖에 없다고 강조한다.

2. 파편화된 도시를 충격 체험을 통해 지각하기

일상의 공간은 그 공간에 사는 사람들의 사유와 지각 방식에 영향을 미친다. 산업화 이후 자본주의와 함께 새로운 삶의 공간으로 등장한 도시도 그렇다. 도시에서의 삶을 특징짓는 것에는 여러 가지가 있을 수 있지만, 특히 속도, 분절, 익명성 그리고 대중의 등장 등이 중요하다. 그뿐만 아니라 도시 공간에서는 예기치 않았던 상황과 자주 맞닥뜨린다. 자신과 전혀 관계없는 사람들 속에서 예측 불가능한 상황이 임의적으로 연출되기도 한다. 이러한 도시 상황 때문에 일찍이 짐멜(Simmel)은 도시라는 공간과 그 공간 안에 사는 사람들의 정신적 삶의 특징에 대해 관심을 갖고 연구했다. 그는 도시인들의 전형적인 심리적 기반을 '신경과민'이라고 규정하고, 그 원인을 끊임없는 변화와 속도감이 주는 자극에서 찾았다(짐멜, 2005a: 36). 도시에 산다는 것만으로 신경과민과 충격에 무방비하게 노출되는데, 하물며 망명지의 망명객에게 도시는 어떠했을까? 벤야민은 베를린에서 보낸 어린 시절, 또 잠깐 머물렀던 모스크바 그리고 그가 선택한 제2의 고향이라고 할 수 있는 파리에 대해 사유했고, 그 결과 공간에 대한 탁월한 글을 남겼다. 특히 망명 시절에는 파리와 자신이 태어나고 어린 시절을 보냈던 베를린에 대한 사유의 흔적을 남겼다. 그에게는 도시 공간 자체가 읽고 해석해야 하는 하나의 텍스트였다(벤야민, 2007h: 140). 게다가 도시는 매우 어려운 텍스트다. 도시에서는 수시로 길을 잃어버릴 수 있기 때문에 길을 잃지 않는 방법도 마치 글을 읽고 해석할 수 있는 능력을 배우듯이 학습해야 한다(벤야민, 2007a: 35 참조). 그는 마치 도시를 하나의 문학 텍스트처럼 읽고, 이에 대해 비평했다. 그가 주장한 "현실에 대한 논평"을 한 것이다(벤야민, 2005: 1051).

벤야민의 베를린에 관한 논평으로는 1930년대에 쓴 「1900년경 베를린의 유년시절(Berliner Kindheit um Neunzehnhundert)」과 「베를린 연대기(Berliner Chronik)」가 있다. 이 두 글은 기본적으로 어린 시절에 대한 회상이다. 그러나 이 두 글은 단순한 자서전이 아니다. 그가 말했듯이 "자서전이란 시간, 진행 그리고 삶의 부단한 흐름을 형성하는 내용과 관계된 것"이어야 하는데, 이 글들은 "하나의 공간, 순간들 그리고 불연속적인 것"들에 대해 언급하고 있기 때문이다(벤야민, 2007d: 194). 심지어 글의 내용은 시간적으로 전개되지 않을뿐더러 사건을 중심으로 전개되지도 않는다. 오히려 많은 부분이 유년 시절 경험했던 사소한 사물과 주변 환경에 대한 묘사이다. 그는 이를 "문학적 몽타주(literarische Montage)"로 구성하고 서술했다(벤야민, 2005: 1050). 그러나 그가 이러한 새로운 형태의 자서전을 쓰고자 한 동기는 매우 암울하다. 베를린이라는 도시와의 긴 이별을 앞두고 또 영원히 돌아오지 못할 수도 있다는 절망 앞에서 그는 그 어둠의 시절을 견디기 위해 이러한 글들을 썼던 것이다. 망명 시절 가장 큰 그리움의 대상이 될 수 있는 유년 시절과 관련된 이미지들을 분석의 대상으로 삼아 그리움에 대한 일종의 예방책을 마련하고자 한 것이다(벤야민, 2007a: 33). 그러나 이는 단지 그만의 개인적인 예방책에 그치는 것이 아니었다. 벤야민 자신도 그러한 것을 의도하지 않았다. 오히려 그는 개인에게 닥친 파국과 야만의 흔적을 사회적·역사적인 것으로 통찰하고자 했다. 왜냐하면 그에게 개인적인 경험과 역사적인 경험은 분리될 수 있는 것이 아니었기 때문이다(Witte, 1984: 17). 따라서 그는 "지나간 과거를 개인사적으로 돌이킬 수 없는 우연의 소산으로 보는 것이 아니라, 사회적으로 돌이킬 수 없는 필연적인 것으로 통찰함으로써 감정을 다스리려 애썼다"고 말한다(벤야민, 2007a: 33).

벤야민은 자신이 맞닥뜨린 파국, 예정된 망명, 또 언제 다시 되돌아갈 수 있을지 모르는 예전의 삶에 대한 그리움과 현재의 개인적 불안감이 단지 개인적인 것이 아니라 사회적·역사적인 것임을 너무도 잘 알았음에도 불구하고 이러한 불행에 거시적으로 접근하지 않는다. 가장 사적이며 은밀한 자신의 기억들을 중심으로 베를린을 기록한다. 그에게 '기억하기'란 사유하는 행위를, '기록하기'란 사유의 내용을 서술하는 것을 의미한다. 도시에서의 체험은 기억 속에 깊이 저장되어 있다. 이 체험은 때로는 '의지적 기억(mémoire volontaire)'으로 또 때로는 '무의지적 기억(mémoire involontaire)'으로 수면 위로 모습을 드러낸다. 기억이 바로 "체험된 것의 매개체"이기 때문이다(벤야민, 2007d: 191). 체험된 내용은 박스에 포장되어 있어서 그 내용을 다시 보게 될지 말지는 모르는 일이다(벤야민, 2007h: 140). 그렇다면 도시에서의 체험은 '충격 체험(Schockerlebnis)' 그 자체다. 예기치 않았던 시간과 공간 속에서 지각 주체에게 갑자기 나타나는 현상들과 이미지들이 바로 충격 체험의 원인이다. 그리고 벤야민이 생각하는 역사적 유물론의 과제는 이러한 충격 체험의 원인들을 연구하는 것이다(벤야민, 2008b: 334). 연속성보다는 불연속성, 유동적인 대중 속에서의 익명성, 속도와 리듬으로 대표되는 도시는 한마디로 말해서 파편화된 도시다. 도시인은 이 파편화된 도시에서 외부 세계를 충격을 통해 받아들인다. 이러한 전제를 토대로 벤야민은 또 다른 도시 파리를 분석한다. 벤야민에게 베를린이 기억과 기록의 대상이었다면, 파리는 상품 세계가 적나라하게 투영된 도시였다. 그의 말처럼 "저 불가해한 산맥, 아니 상품 지옥의 대열, 그곳이 '도시', 즉 파리였다."(벤야민, 2007d: 211)

벤야민이 파리를 분석한 방식은 베를린을 분석한 방식과 유사하다. 즉 벤야민은 현재의 베를린이 아니라 어린 시절의 베를린에 주목한 것처럼 20세기 초반의 파리가 아니라 보들레르(Baudelaire)가 읽었던 19세기의 파리에 주목한다. 보들레르는 자신의 시에서 도시와 대중 그리고 상품 세계를 형상화했다. 보들레르는 도시 체험을 자신의 서정시의 대상으로 삼았던 것이다(벤야민, 2010b: 275). "그는 근대의 센세이션이 지불해야 하는 대가, 즉 충격 체험 속에서의 아우라의 붕괴를 기록"했다(벤야민, 2010a: 250). '충격 체험 속에서의 아우라의 붕괴'를 자신의 서정시의 대상으로 삼아 도시를 중심으로 한 현대성을 탁월하게 묘사한 보들레르의 작업은 바로 벤야민이 20세기 초에 하고자 했던 작업의 전사(前史)다. 벤야민은 20세기에 현대성을 분석하면서 그러한 보들레르의 시를 다시 조명한 것이다. 분석의 핵심은 '경험(Erfahrung)'과 '체험(Erlebnis)' 그리고 '경험의 빈곤'과 '충격 체험'이다.

벤야민은 경험과 체험을 구별한다. 이 둘을 구별하는 기준은 '전통'과 '기억'이다. 그는 「이야기꾼(Der Erzähler)」에서 이야기꾼이 자신이 경험한 것을 이야기라는 형태로 전승하는 방식에 주목한다. 즉 경험은 전승 또는 전통과 연결되는 것이다(Benjamin, 1991: 440). 그는 「보들레르의 몇 가지 모티브에 관하여(Über einige Motive bei Baudelaire)」에서는 이를 다음과 같이 좀 더 명확히 설명한다. "사실상 경험(Erfahrung)이라는 것은 집단생활이나 개인 생활에서 모두 일종의 전통 문제이다. 경험은 기억(Erinnerung) 속에 엄격히 고정되어 있는 개별적 사실들에 의해 형성되는 산물이 아니라 종종 의식조차 되지 않는 자료들이 축적되어 하나로 합쳐지는 종합적 기억(Gedächtnis)의 산물이다."(벤야민, 2010a: 182) 파편화된 도시에서 이러한 경험은 불가능하다. 파편화된 도시는 파편화된 경험, 즉 체험을 도시인들에게 준다(Weber, 2000: 243-244).[4] 체험은 경험과는 달리 전승이나 전통과 무관하다. 체험된 내용은 의지적으로 기억되어서 전승되는 것이 아니라, 숨어 있다가 갑자기 튀어나오기 때문이다. 의지적 기억 작용에 의해서 전승되는 것은 벤야민에게 중요하지 않다. 그에게 더 중요한 것은 언제 튀어나올지 모르는 무의지적 기억들이다. 이 무의지적 기억은 체험을 통해 형성된다. 도시에서의 체험은 충격을 토대로 한다(벤야민, 2010a: 190). 예측할 수 없는 상황들과 변화에 직면할 수밖에 없는 도시는 충격 체험 그 자체다. 군중 속에서의 부딪침, 예기치 않은 장소에서 맞닥뜨리는 이미지의 다발

---

4   여기서 베버는 도시의 등장과 노동 구조의 변화가 필연적으로 경험에서 체험으로의 전환을 가져왔다고 주장한다. 즉 도시를 중심으로 한 일상생활의 구조 변화와 공장제 노동을 중심으로 한 노동의 구조 변화는 이제 경험이 아니라 체험을 가져왔다고 말한다.

들, 안과 밖의 경계가 모호한 상품 진열대 그리고 번잡한 교통 상황 등은 분절적이며 전승되지 않는 충격 체험의 근원이다. 결국 도시에서는 경험은 빈곤해지고 그 자리에 체험, 특히 충격 체험이 들어선다.

기본적으로 미학을 '감성학'으로 받아들이면서 무엇보다도 지각 방식을 강조했던 벤야민에게 보들레르는 변화된 지각 방식을 받아들이고 이를 토대로 시를 쓴 일종의 '감성학자'이다. 보들레르에게는 무엇보다도 현재의 충격과 아우라의 몰락에 조응하는 감정에 대한 묘사가 중요했다. 충격 체험은 아우라가 아니라 아우라의 몰락과 관련된다. 충격은 우리에게 나중에 회상할 수 있는 의식의 흔적을 남기지 않는다(벤야민, 2010a: 192). 나중에 회상할 수 있는 의식의 흔적을 남기는 것은 경험이며, 이 경험은 더 나아가 아우라적 경험의 근거로 작용하기도 한다.[5] 벤야민에게 무엇보다도 중요했던 문제는 아우라적 경험이라기보다는 오히려 아우라의 몰락에 관한 것으로, 그의 감성학은 아우라의 몰락을 가져온 지각 방식들과 지각의 대상들을 변증법적 방법으로 탐구해 들어간다. 이러한 방법이 이미지에 구현되면 이는 몽타주와 같은 것으로 나타난다. 더 나아가 벤야민은 이를 문학적으로 차용한다. 즉 그는 도시 공간의 여러 건축물과 이미지들 그리고 상품 세계를 충격 체험의 근거들로 보고, 이것

---

5 이글턴도 충격과 아우라를 이와 유사한 관점에서 해석하고 있다. 즉 그는 벤야민이 충격과 아우라를 대비시키고 있고, 아우라는 기억흔적을 남기는 경험과 관련 있다고 주장한다. 이와 관련해서는 이글턴(2009: 69-70)을 참조하라.

들을 중심으로 도시 공간에 대한 몽타주적 문학을 구성하고자 했던 것이다. 그것이 바로 『파사젠-베르크(Passagen-Werk)』이다. 그에게 충격 체험은 배제해야 하는 또는 받아들일 수 없는 지각 형식이 아니라, 받아들일 수밖에 없는 새로운 지각 형식인 것이다. 변화된 현실을 애써 외면하는 것이 아니라 이를 받아들이고, 여기가 아무리 폐허일지라도 여기서 출발하는 것이 바로 그의 방법이다.

3. 복제된 예술을 아우라의 몰락으로 지각하기

그 어떤 희망도 없던 망명지에서 벤야민은 도시 공간에 대한 사유와 더불어 '새로운 예술형식'에 대한 사유도 진행한다. 지속적 경험이 불가능한 도시에서 '체험'을 중심으로 새로운 도시 경험에 대해 이야기했던 그는 이제 복제 기술로 인해 예술이 가지고 있는 아우라가 붕괴되었다고 하는 그 시점에서 다시 예술에 대한 새로운 사유를 시작한다. 사유의 핵심은 이미지의 복제와 이를 수용하는 예술 지각이다. 예술의 몰락을 가져오고 있다는 복제 기술에서 그는 몰락이 아니라 새로운 예술의 시작과, 그것을 수용하는 대중에게서 또 다른 희망을 본 것이다. 도시 공간만큼이나 지각에 혁명과도 같은 충격을 준 것은 바로 이미지의 복제다. 이미지의 복제는 제의적 가치를 가지고 있었던 이미지를 세속화했다(벅모스, 2004: 178).[6] 이

---

6 페터 뷔르거는 이러한 시대 분류를 벤야민이 범한 결정적 오류라고 보았다. 그

미지의 세속화는 여러 가지 함의를 갖는다고 볼 수 있다. 세속화되기 이전까지 이미지는 분명 제의적 가치를 가지고 있었다. 이미지가 갖는 제의적 가치는 말 그대로 '제의(Kult)'와 관련을 맺는다. 그러나 이 제의는 단지 종교적 의미에서의 제의가 아니라, 권력과 부와 관련된 제의이기도 하다. 실제로 예술은 종교와 권력 그리고 부와 매우 밀접한 관계를 맺으며, 이들을 위해 존재하면서도 역설적으로 '자율성(Autonomie)'을 내세우기도 한다. 순수예술이라는 이름으로 말이다. 복제된 예술은 바로 이러한 예술의 자율성의 체계를 뒤흔들어놓았다. 벤야민이 복제된 예술에서 주목하는 것이 바로 이러한 현상이다(Markus, 2009: 111). 그는 예술의 자율성을 일종의 '가상(Schein)'이라고 보았다(벤야민, 2007b: 62). 예술은 복제됨으로써 비로소 제의적인 가치를 벗고 대중적으로 수용될 수 있었다. '이미지의 세속화'가 시작된 것이다.

이러한 이미지의 세속화에 결정적 역할을 한 것은 사진이다. 이미지를 복제함으로써 사진은 이미지에서 제의 가치(Kultwert)를 밀어내고, 그 자리에 전시 가치(Austellungswert)가 들어설 수 있게끔 했기 때문이다(벤야민, 2007b: 58). 이미지가 전시 가치를 갖는다는 것은 무엇보다도 대중적으로 노출된다는 것을 의미한다. 특권층만이

는 이미지의 세속화는 이미지의 기술적 복제 때문에 발생한 것이 결코 아니라고 본 것이다. 그는 이미지의 세속화는 이미 르네상스 시대부터 시작되었다고 보았다(Bürger, 1974: 35-37 참조). 그러나 뷔르거는 벤야민이 말하는 '세속화'의 의미를 협소하게 이해하고 있다. 벤야민이 말하는 세속화는 이미지에 대한 '민주적 접근 가능성'을 의미하는 것이기도 하기 때문이다.

소유하고 접근할 수 있었던 이미지들은 처음부터 제의적 가치를 가지고 제의적 기능을 수행할 수밖에 없었다. 그것이 그러한 이미지들이 가지고 있었던 태생적 한계였다. 따라서 복제 기술, 즉 사진으로 복제된 예술이 몰고 온 파장은 매우 컸다. 이미지에 대한 민주적 접근 가능성의 길을 열었기 때문이다. 바로 이러한 점에서 벤야민은 '예술로서의 사진'이 아니라, '사진으로서의 예술'을 강조한 것이다(벤야민, 2007f: 188). 그에게 사진이라는 새로운 형식 때문에 예술의 가치가 하락하고 통속적 취향이 등장했다는 비판은 아무런 의미가 없다. 그에게 이러한 비판은 그저 특권층의 오만으로 비추어졌을지도 모른다. 오히려 이러한 상황 속에서 벤야민은 예술에 대한 이해가 변할 수 있는 긍정적인 계기가 등장했다고 본 것이다(벤야민, 2007f: 189).

사진으로 복제된 예술뿐만 아니라 사진 그 자체가 예술에 가져온 변화는 거의 혁명적인 것이었다. 그래서 벤야민은 이 시기를 예술에 닥친 '운명의 시대'라고 표현했다(Benjamin, 1992: 983). 한마디로 말해서 사진으로 인해 예술은 숭배의 대상에서 분석과 이해 그리고 재미의 대상이 된 것이다. 이러한 모든 변화는 사진이 가지고 있는 반복성(Wiederholbarkeit) 때문이다. 예술의 복제는 예술이 원본성 또는 유일성에서 벗어나 복수성과 반복성을 갖게 했다. 복수성과 반복성은 예술과 수용자 간의 거리가 좁혀졌다는 것을 의미한다. 좁혀진 거리만큼 예술은 세속화되며, 이전과는 다른 기능들을 수행한다. 예술의 기능 전환이 일어나는 것이다. 제의적 가치를 가지고 제의적 기능을 하면서 아우라를 갖고 또 아우라적인 지각 방식을 은 연중에 강요했던 예술은 이제 미술관, 거리 그리고 아카데미적인 공간들에 전시된다. 이제 예술은 전시 가치를 갖게 되었다. 이러한 예술은 유희의 대상, 학문적 분석의 대상 그리고 최상의 상품 그 자체가 되었다.

예술의 존재 방식, 가치 그리고 기능의 변화는 자연스럽게 예술의 수용과 지각에도 변화를 가져왔다. 벤야민이 감성학적 측면에서 주목한 것도 바로 이러한 지각의 구조 변화이다. 이 변화를 그는 '아우라'를 중심으로 설명한다. 그에게 사진의 등장 이전의 예술의 지각은 '아우라적 지각(auratische Wahrnehmung)'이었고, 사진의 등장 이후의 예술의 지각은 '탈아우라적 지각(entauratische Wahrnehmung)'이다. 벤야민에게 아우라는 예술 작품이 작품이라는 물질성 또는 대상성을 중심으로 갖게 되는 일종의 물질적 특징을 의미한다. 동시에 아우라는 예술 작품을 수용하는 심미적 경험이기도 하다. 심미적이라는 것은 사실 절대적이며 보편적인 것은 아니다. 심미적이라고 판단할 수 있는 근거들은 사회·문화적이며 주관적이다. 그럼에도 불구하고 고전적인 '철학적 미학'에서는 심미적인 것의 속성을 보편적인 것으로 규정하려는 경향이 강했다. 게다가 아름다움(Schön)과 진리(Wahrheit) 그리고 선(Gute)을 동일한 것으로 파악하기도 했다(Hauskeller, 1999: 7-9). 그러나 이들은 동일한 것들이 아니며, 심지어 진리와 선이 절대적이며 보편적인 것도 아니다. 벤야민은 심미적인 것에 대한 이러한 이해를 거부한다. 그렇기 때문에 그는 역사 유물론에 토대를 둔 새로운 미학인 '감성학'을 시도했다고 볼 수 있다.

이미지의 세속화는 결국 전통적 예술이 가지고 있던 아우라가 붕괴되는 데 결정적인 계기로 작용했다. 새로운 이미지의 수용 시대가 열린 것이다. 그러나 세속화된 이미지들도 여전히 몰입(Versenkung)과 관조(Kontemplation)라는 전통적인 예술 지각 방식으로 수용될 수 있다. 이를 전적으로 부정하는 것은 아니다. 그러나 세속화된 이미지를 수용할 때의 몰입과 관조는 이전의 몰입과 관조와는 다르다. 이때의 몰입과 관조에는 오락적이며 분석적인 태도가 전제되어 있다. 즉 정신 분산(Zerstreuung)적인 몰입과 관조인 것이다. 몰입과 관조라는 정신 집중적 지각이 아우라적인 지각이라면, 정신 분산적 지각은 탈아우라적 지각이다. 이 지각 과정에서 예술은 대중에게 놀이가 된다(벤야민, 2007b: 90). 탈아우라적 지각은 영화에서 비로소 완성된다. 기본적으로 영화는 정적인 이미지가 아니다. 움직이는 이미지로서 매우 역동적이며 충격적인 도시 체험을 잘 반영하는 기술 복제 시대의 대표적인 예술형식인 것이다. 벤야민에게 영화는 20세기 초에 쓰인 보들레르의 시와 같은 것이다. 보들레르의 시처럼 영화가 20세기 초 도시 공간을 보여주고 있기 때문이다. 따라서 그는 영화를 "현대인이 직면하고 있는 증대하는 삶의 위험에 상응하는 예술형식"이라고 규정함과 동시에, "충격 효과에 자신을 드러내고자 하는 사람들의 욕구는 그들을 위협하는 위험들에 적응하고자 하는 시도"라고 규정한 것이다(벤야민, 2007c: 143, 각주 38).

한마디로 말해서 영화는 인간의 지각 구조의 변화를 그대로 보여주는 새로운 예술이다. 도시가 등장하기 전의 거주 공간은 도시처럼 충격과 단절 그리고 속도와 변화 등을 보여주지 않는다. 그렇기 때문에 그 당시 사람들은 그 체험에 상응하는 예술형식을 받아들인 것이다. 반면 파편화된 도시가 등장하고, 그곳에서 늘 충격 체험을 하는 도시인들에게 이전의 지각 구조에 상응하는 예술만을 예술이라는 이름으로 제공하면서 거기에서 도시에서 느낀 것들을 추체험 하라고 요구하는 것은 말이 안 된다. 예술은 본질적으로 사회구조에 반응하기 때문이다. 영화에서의 빠른 이미지 전환은 도시인들에게 도시에서의 충격 체험과 유사한 체험을 하게 해준다. 이러한 이미지의 충격 체험을 통해 대중들은 시각 이미지를 몸으로 지각하는 듯한 체험을 한다. 이것이 바로 공감각적 지각인 '촉각적 시각'이라고 할 수 있다. 이러한 전반적인 지각의 변화가 바로 벤야민에게 아우라의 붕괴를 의미하며, 이것이 바로 새로운 심미적 경험이다. 파편화된 도시 공간과 복제된 대중 예술의 출현에서 충격 체험과 아우라의 붕괴라는 새로운 심미적 경험이 시작된 것이다. 이 둘은 새로운 '감성적 지각'을 의미한다.

4장
감성적 지각으로서의 아우라

1. 진품성으로서의 아우라[1]

감성학자인 벤야민에게 무엇보다도 중요한 것은 감성적 지각이다. 물론 그는 감성적 지각 그 자체에 대해 명확하게 서술하지는 않는다. 그러나 그가 말하는 아우라는 감성적 지각 그 자체라고 할 수 있다. 복제 예술과 그것을 둘러싼 아우라에 대한 이러저러한 논의는 결국 감성적 지각인 아우라의 변화 과정에 대한 것이다. 책 제목에서 알 수 있듯이 이 책의 주제는 아우라의 귀환과 복원이다. 죽은 줄 알았던 아우라가 때로는 귀환하고 또 때로는 의도적으로 복원되는 과정과 이유 그리고 그 결과에 대해 살펴보는 것이 이 책의 목적이다. 지금까지 감성학을 중심으로 감성적 지각, 그리고 감성학자

---

[1] 이 절의 일부는 심혜련(2012b: 42-56; 2001; 2013a: 194-224)과 중복되는 부분이 있음을 밝힌다.

로서의 벤야민을 이야기한 이유도 여기에 있다. 이러한 이론적 작업은 현대의 문화 예술 상황에서 아우라의 지형도를 그리는 데 반드시 필요한 일이다. 그렇다면 이제 벤야민이 말하는 아우라 그 자체로 돌아가보자. 그는 도대체 아우라를 무엇으로 파악했는지, 그리고 왜 감성적 지각으로 아우라를 해석할 수밖에 없었는지를 살펴봐야 한다.

벤야민이 아우라를 중심으로 문화 예술을 이야기했을 때와 지금은 상황이 너무나 다르기 때문에 그의 이론을 맹목적으로 수용해서 지금의 시대 상황에 그대로 적용해서는 안 된다. 아우라와 관련된 논의는 특히 그렇다. 벤야민은 다양한 지평에서 해석될 수 있는 사상가이다. 벤야민 이후, 많은 사상가가 자신의 이론적 틀에서 그의 이론을 해석하고 받아들였다. 어떤 경우에는 공유할 수 있는 아무런 이념적 지평이 없음에도 불구하고 벤야민을 자신의 편에서 긍정적으로 해석하기도 한다. 해석의 다양성, 이것이 바로 지금의 벤야민의 아우라를 만들어내고 있는 것이다. 어쨌든 벤야민 해석의 다양성 또는 현재성을 이야기할 때 공통의 출발점은 아우라다. 아우라를 둘러싼 현재적 상황이 어떻든 간에, 또 그의 이론을 어떻게 해석하든지 간에 그가 말하는 아우라 그 자체에 대한 이해가 반드시 필요하다.

아우라, 이는 벤야민이 사용한 독특한 철학적 개념이다. 그렇다고 해서 벤야민이 이 개념을 스스로 만들어 사용한 것은 아니다. 즉 본래 있었던 용어에 철학적 의미를 부여해서 사용한 것이다. 본래 아우라는 종교적 의미를 가지고 있었다. 사전적인 의미로 아우라는

'영기(靈氣)', '신비스러운 효력' 또는 '신비스러운 분위기' 등을 의미한다. 고대 희랍어의 기원에 따르면 아우라란 '입김', '공기' 그리고 '가볍고 부드러운 바람' 등을 의미하며, 중세 유대교의 비설인 카발라(Kabbala)의 이해에 따르면 사람의 주위를 감싸고 있고 사람이 최후의 심판까지 보존하고 있는 그 어떤 정기(Äther)라는 종교적 의미를 갖는다(Ritter, 1971: Bd. 1, 651 참조). 중세 시대의 성화에서 성인들이나 천사들 머리 주위에 둥그런 원이 그려진 것을 볼 수 있는데, 이것이 바로 종교적 의미에서 그들을 감싸고 있는 특별한 영기 또는 후광(後光, Nimbus)으로서의 아우라를 의미하는 것이다(Stoessel, 1983: 11-12 참조). 벤야민은 이러한 종교적 의미를 가지고 있는 아우라를 세속화시켰다.

  벤야민에 의해서 세속화된 아우라는 이제 종교가 아닌 예술 영역에서 작용한다. 그런데 문제는 세속화된 아우라가 예술 영역에서 완전히 세속화되지 못한 채 여전히 신비스러운 효력을 발휘하고 있다는 데 있다. 종교의 영역이 아닌 곳에서 종교적 영향력 또는 유사 종교적 영향력을 발휘하고 있다는 것이다. 벤야민이 예술을 이야기하면서 굳이 아우라라는 신비하고 불명확한 개념을 가지고 와서 이야기한 이유도 바로 여기에 있을 것이다. 세속화된 아우라가 세속의 장에서 예술을 다시 탈세속화시키는 데 아주 유용하게 쓰이는 것을 확인한 것이다. 그렇기 때문에 벤야민은 아우라의 근원을 찾지 않을 수 없었고, 그 근원을 일차적으로 예술 작품의 진품성(Echtheit)과 원본성(Originalität)에서 찾았다. 예술 작품을 둘러싼 진품성 논쟁은 매우 흥미로운 주제다. 지금 한국 사회에서 벌어지고 있는 유명 작가들의 작품에 대한 진품성 논쟁을 보면, 어떤 경우에는 작가가 자신의 작품으로 알려진 작품에 대해 자신의 작품이 아니라고 주장하고, 또 다른 경우에는 작가가 자신의 작품이 아니라고 판명된 작품에 대해 자신의 작품이 맞다고 주장한다. 이 논쟁 과정에는 첨단 과학기술과 작품의 진품성을 판단할 수 있는 모든 수단이 동원된다. 엄청난 논쟁인 것이다. 그러나 어떤 경우에도 진품성 논쟁의 대상이 되는 작품들을 소유할 수 없는 대다수의 사람들에게 그것은 그저 가십에 불과하다. 진품성 논쟁과 작품의 가격에 대한 이야기들은 예술의 자율성을 둘러싼 많은 어려운 논의들을 한꺼번에 무너뜨린다. 예술 작품에 대한 그 어떤 미사여구와 어려운 분석들보다도 눈에 띄는 것은 바로 진품으로 인정받은 예술 작품의 가격이다. 예술이야말로 상품 중에서도 최고의 상품이 된 것이다.

한때 일요일 오전에 하는 〈TV쇼 진품명품〉이란 프로그램을 즐겨 봤었다. 알다시피, 이 프로그램은 일반인들이 본인이 소장하고 있는 물건 또는 예술 작품을 가지고 나와 이것이 가치가 있는 것인지 없는 것인지에 대한 평가를 전문가에게 의뢰하는 것이다. 대다수 일반 시청자들은 그 프로그램에 등장하는 물건들이 얼마나 가치가 있는 것인지 알지 못한다. 전문가들이 물건을 감정한 이후 그 물건이 '진품'이라고 판정하면 비로소 그것은 '명품'이 된다. 또 어떤 물건이 진품으로 판정되는 데 결정적인 요소가 되는 것은 그것이 만들어진 시대다. 오래된 물건일수록 진품이라는 특성과 결합해서 '전통'이 되는 것이다. 바로 여기에서 벤야민이 말하는 전통적 예술 작품의 아우라의 특성이 아주 잘 드러난다. '진품', '명품' 그리고

'전통'이라는 기준으로 말이다. 진품성이란 사실 예술과 관련된 독특한 개념이다. 이 개념으로, 진품이 곧 명품을 의미하기도 한다. 지금은 고가의 브랜드 상품과 관련해서 명품이라는 말을 쓰지만 이미 많은 사람이 지적하고 있는 것처럼, 이러한 상품에 명품이라는 용어를 쓰는 것은 잘못된 것이다. 그것은 그저 고가의 상품일 뿐이다.

다시 예술 작품의 진품성으로 돌아가보자. 벤야민은 기술 복제 시대에 예술 작품이 부딪치게 되는 상황을 바로 이 진품성을 중심으로 설명한다. 벤야민은 진품성을 다음과 같이 설명한다.

> 어떤 사물의 진품성이란, 그 사물의 물질적 지속성과 함께 그 사물의 역사적인 증언 가치까지 포함하여 그 사물에서 원천으로부터 전승될 수 있는 모든 것의 총괄 개념이다. 사물의 역사적인 증언 가치는 사물의 물질적 지속성에 그 바탕을 두고 있기 때문에 복제의 경우 물질적 지속성이 사람의 손을 떠나게 되면 사물의 역사적 증언 가치 또한 흔들리게 된다. 물론 이때 이 증언 가치만 흔들릴 뿐이다. 그러나 이로써 흔들리게 되는 것은 사물의 권위다(벤야민, 2007c: 105).

그렇다. 어떤 사물의 진품성은 그것의 역사이자, 그것의 권위다. 벤야민이 말했듯이 "예술 작품은 원칙적으로 항상 복제가 가능"하다. 그리고 늘 복제되어왔다. 그런데 문제는 아무리 원본과 똑같이, 정말 구분할 수 없을 정도로 똑같이 복제된 예술 작품일지라도 이것은 진품이 아니라는 것이다. 복제된 것은 복제품일 뿐이다. "가장 완벽한 복제에서도 한 가지만은 빠져 있다. 그것은 예술 작품의 여기와 지금으로서, 곧 예술 작품이 있는 장소에서 그것이 갖는 일회적 현존재이다."(벤야민, 2007c: 103) 어떤 작품이 지금 여기에 존재한다면, 다른 곳에 있는 것은 결코 진품이 아니다. 진품은 복수로 존재할 수 없다. 단 하나로서만 존재하는 것이다. 이것이 바로 예술 작품의 아우라의 근원이다. 즉 우리가 어떤 예술 작품을 보면서 그 예술 작품이 갖는 아우라를 느낀다면, 그것은 그 예술 작품이 진품이기 때문이라는 것이다. 결국 예술 작품의 아우라는 예술가의 창조성이나 천재성 또는 그 작품이 가지고 있는 우수함에서 비롯되는 것이 아니라, 그것의 물질적 특징인 진품성과 원본성에서 비롯된다. 진품성을 중심으로 평가되는 예술 작품이 그 진가를 가장 잘 발휘할 수 있는 영역은 종교일 것이다. 그렇기 때문에 예술 작품은 아우라와 함께 다시 종교로 복귀한다. 탈세속화의 길을 걷기 시작한 것이다. 아우라의 역설이다. 이 역설의 과정은 예술 작품이 제의와 결합되면서 시작된다.

이 역설의 과정은 오래되었다. 알타미라 동굴벽화가 주술적 의미를 가지고 있다는 사실만 봐도 알 수 있다. 예술은 주술적 기능으로부터 출발해 그후 종교와 결합하는 것이다. 벤야민 또한 이를 다음과 같이 강조했다.

예술 작품이 전통의 맥락에 편입되는 원초적 방식은 제의에서 표현되었다. 우리가 알다시피 가장 오래된 예술 작품들은 의식(儀式, Ritual)에 쓰이기 위해 생겨났는데, 처음에는 주술적 의식에 쓰이다가 나중에 종교적 의식에 쓰였다. 그런데 예술 작품의 아우라적 존재 방식은 결코 그것의 의식적 기능에서 떨어져 나온 적이 없다는 사실이 결정적 의미를 갖는다. 달리 말해 '진정한' 예술 작품의 유일무이한 가치는, 예술 작품이 그 속에서 원래적이고 최초의 사용가치를 가졌던 제의에 근거를 둔다(벤야민, 2007c: 110-111).

주술적 기능과 종교적 기능을 수행했던 예술에서는 사실 진품성이나 원본성이 그다지 중요한 역할을 하지 않았다. 오히려 예술이 이러한 기능을 수행하는 데 결정적인 역할을 한 것은 '거리감'이다. 사실 전통 예술 작품은 종교적 숭배의 대상으로서 평범한 사람들이 다가서기에는 너무나도 먼 것이었다. 물론 지배계급이 자신들의 이해 때문에 가끔 피지배계급에게 예술 작품을 보여주고 그것을 수용할 수 있는 기회를 주기는 했지만 이것은 극히 예외적인 경우였다. 이러한 상황 속에서 예술 작품은 제의적 가치를 지닐 수 있었다.

여기서 벤야민이 주목했던 것은 예술 작품의 존재 자체보다는 그 작품이 보이는 방식이 더 중요했다는 사실이다(벤야민, 2007c: 114-115). 그렇다면 왜 예술 작품의 존재 자체보다 그 작품의 현상이 더 중요했던 것인가? 또 그것은 무엇을 의미하는가? 사실 과거의 예술 생산의 경우에 중요했던 것은 예술품의 전시 가치(Ausstellungswert)보다는 제의 가치(Kultwert)였다. 이런 이유로 대부분의 전통적인 예술 작품은 누구나 원하면 볼 수 있는 공개적인 장소에 전시되기보다는 오히려 감추어진 채로 접근하기 힘든 장소에 놓여 있었다. 과거에는 일반 대중이 특권적 지위를 가지고 있는 예술 작품에 접근하는 것 자체가 쉽지 않았다. 단지 몇몇의 특권층만이 예술 작품에 임의로 접근할 수 있었으며, 대중은 특별한 장소에서 특별한 목적 아래에서 예술 작품이 전시될 때에만 예술 작품에 접근할 수 있는 기회를 부여받았다. 가까이 하고 싶어도 가까이 할 수 없는 거리감이 예술 작품과 대중 사이에 존재한 것이다. 이러한 거리감은 아우라적 경험의 또 다른 특징으로 작용한다.

그런데 진품성과 원본성이 없는 예술이 등장한다면? 또는 비록 진품성과 원본성을 갖고 있더라도 예술이 제의적 가치를 갖고 제의적 기능을 수행하는 것이 아니라 다른 가치를 갖고 다른 기능을 수행한다면? 그렇다면 예술에서의 아우라는 어떻게 될까? 벤야민은 바로 이러한 점에서 복제 예술을 주목한 것이며, 복제 예술로 인한 아우라의 몰락을 본 것이다. 물론 복제 예술과 복제된 예술은 형식이 전혀 다른 것이다. 복제 예술은 애초에 원본성이 존재하지 않는 사진과 영화와 같은 새로운 예술을 의미하는 것인 반면 복제된 예술은 원본으로서의 예술이 있고, 이것이 사진과 영화로 복제된 것을 의미한다. 이 두 경우에서 벤야민은 아우라의 몰락을 보았다. 앞에서 말했듯이 복제에는 "예술 작품의 여기와 지금으로서, 곧 예술 작품이 있는 장소에서 그것이 갖는 일회적 현존재"가 결여되어 있기 때문이다. 이와 관련된 논의는 뒤에 아우라의 귀환과 복원을 이야기하면서 좀 더 상세히 다룰 것이다. 기술 복제 시대를 넘어 3D 복제 시대라고 하는 지금도 복제 예술과 복제된 예술에서의 아우라의 몰락을 둘러싼 논쟁은 여전히 뜨겁다.

2. 거리감으로서의 아우라

예전에 아우라를 둘러싼 논쟁에서 핵심이 된 것은 복제된 또는 원본성을 물을 수 없는 예술에서 아우라가 몰락했는가의 문제였다. 즉 원본성 또는 진품성의 문제가 중요했다. 그러나 최근에 감성학에서 벌어지고 있는 아우라 논쟁은 이보다는 오히려 '거리감'을 중심으로 진행된다. '멂'과 '가까움' 그리고 현존을 중심으로 해서 논쟁이 벌어지고 있는 것이다. 이때 멂과 가까움은 물리적인 거리감과 함께 정신적인 거리감을 의미한다. 위상학적인 아우라 해석도 결국 멂과 가까움을 중심으로 한 아우라의 공간적 재해석인 것이다. 그렇다면 과연 멀리 있던 것이 지금 여기에 가까이 다가왔다는 것은 무엇을 의미하는가? 이를 어떻게 아우라와 연관시켜 파악할 수 있는가? 원격 현존이 주된 존재 방식인 현재의 매체적 상황에서 이 가까움과 멂은 어떻게 해석해야 하는가? 거리감으로서의 아우라는 정말 많은 문제를 우리에게 던져주고 있다. 멀리 떨어져 있는 것을 순간 가까이에서 느낄 수 있다면, 이 순간의 감정은 무엇일까? 떨림, 설렘, 불안 그리고 기쁨 등 희로애락이 이 감정에 다 들어갈 수 있다. 멀리 떨어져 있는 것에 대한 순간의 경험이 바로 아우라다. 아우라를 경험하는 순간이 바로 에로스 그 자체라고 할 수 있는 것이다(Axer, 2012: 12).

멀리 있다는 것은 가까이 할 수 없는 '거리(Distanz)'가 있다는 것을 의미한다. 예술 작품의 진품성과 원본성은 예술 작품을 수용할 때 가까이 할 수 없는 '거리'를 형성한다. 진품성과 원본성을 중심으로 숭배 가치를 지녔던 예술 작품이 세속화되면서 전시 가치를 갖게 될 때에도 이 거리감은 존재하며, 오히려 더 강화된다. 이것이 바로 아우라의 또 다른 원인으로 작용한다. 물리적 속성에 기인한 진품성, 원본성, 유일성과 일회성 등은 예술 작품과 수용자의 거리를 의미하며, 예술 작품을 '볼 수 없음(Unsichtbarkeit)'과 '가까이 할 수 없음(Unnahbarkeit)'은 대상에 대한 주체적 경험 과정에 큰 영향을 미친다. 예술 작품의 수용 과정과 관련해서 벤야민은 다음과 같이 이야기한다.

> 아우라를 "아무리 가까이 있더라도 멀리 떨어져 있는 어떤 것의 일회적 현상"으로 정의하는 것은 예술 작품의 제의적 가치를 공간적·시간적 지각의 카테고리들로 표현하고 있는 데 불과하다. 멀리 있다는 것은 가까이 있다는 것의 반대이다. 본질적으로 멀리 있는 것은 범접할 수 없는 것을 뜻한다. 실제로 범접할 수 없다는 것은 제의적 상의 중요 특징이다. 제의적 상은 속성상 "아무리 가까이 있더라도 멀리 떨어져 있는 어떤 것"으로 머문다. 비록 우리가 그 상의 재료에서 가까운 것을 얻는다고 하더라도 이 가까움은 그 상의 현상이 보존하는 먼 것의 작용을 중단시키지 못한다(벤야민, 2007c: 111, 각주 9).

정말 그렇다. 지금은 가까이 있더라도, 이 가까움이 예술 작품이 보존하고 있는 먼 것의 작용을 중단시키지 못한다. 가까이 있는 것은 순간에 불과하다는 것을 수용자는 잘 알고 있기 때문이다. 소유는커녕 일생에 접근조차 불가능하거나 접근하더라도 일생에 한 번 뿐일 거라고 생각하면 예술을 수용할 때 지각이 다르게 작용하리라는 것은 너무나 명확한 사실이다. 수용 과정에서 먼 곳에 있는 것이 가까이에 옴으로써 공간적 변동이 있었고, 또 지금 이 순간에 존재함으로써 시간적 제약이 있다. 말 그대로 아우라는 "공간과 시간으로 짜인 특이한 직물"(벤야민, 2007b: 50)이며, "아무리 가까이 있더라도 멀리 떨어져 있는 어떤 것의 일회적 현상"인 것이다.

소유는커녕 접근조차 할 수 없는 예술 작품을 일생에 한 번 보았다면, 그 감동은 매우 클 것이다. 이때 하게 되는 심미적 경험이 바로 아우라다. 결국 아우라는 예술 작품이 갖는 물질적 특징과 이로 인한 심미적 경험이 서로 교차하면서 형성하는 '직물'과 같다. 여기에서 핵심이 되는 것은 '진품성', '멀리 있음' 그리고 이로 인해 발생하는 심미적 경험이다. 이 심미적 경험은 이중적이다. 물질적 특징으로 인한 거리감과 정서적인 거리감이라는 의미에서 그렇다. 이 이중적 거리감이 바로 감성적 지각으로서의 아우라다. 멀리 있는 것이 가까이 다가왔다고 하더라도, 이 대상은 여전히 "먼 곳의 지배 아래" 놓여 있다. 따라서 가까이 있더라도 이 대상은 여전히 낯설다. 그리고 이 낯섦은 대상이 가지고 있는 특권과 결합되어 있는 것이다(Didi-Hubermann, 1999: 136). 그렇다면 진품성으로서의 아우라가 진품성이 필요 없는 예술 작품이 등장함으로써 몰락했다면, 거리감으로서의 아우라는 어떻게 몰락할 수 있는가? 거리감이 없어지면 된다. 멀리 있는 것들이 가까이 오는 것이다. 물론 일회적 현존재로서 가까이 다가오는 것은 의미가 없다. 일회성이 극복된 형태여야만 하는 것이다. 일회적으로 극복된 '멂'과 '가까움'이 아니라, 늘 극복될 수 있는 '멂'과 '가까움'이어야 한다(Axer, 2012: 34).

기술적 복제가 바로 멂과 가까움에서 '일회성'을 극복하게 해주었다. 진정한 의미에서의 '거리감'이 없어진 것이다. 예술 작품이 복제품의 형식으로 대량생산되었기 때문에 수용자들은 자신들이 원하는 상황에 예술 작품의 복제품을 가져올 수 있게 되었다. 책, 엽서 또는 인터넷으로 볼 수 있는 수많은 예술 작품의 이미지들이 바로 그것들이다. 이러한 이미지들은 비록 복제품의 형식이지만, 예술 작품을 지금과 여기라는 특정한 시간과 고정된 장소로부터 해방시킴으로써 거리감을 없앴다. 벤야민이 강조했듯이 "기술적 복제는 원작이 도달할 수 없는 상황에 원작의 모사를 가져다놓을 수 있게 한다. 기술적 복제는 원작으로 하여금 사진이나 음반의 형태로 수용자의 요구에 부응하도록 해준다. 사원은 제자리를 떠나 예술 애호가의 작업실에서 수용되고, 음악당이나 노천에서 연주된 합창곡은 방 안"에서 들을 수 있게 된 것이다(벤야민, 2007b: 46). 이제 예술 작품은 수용자의 요구와 편의에 따라 본래의 장소에서 벗어나 그 어떤 자리에도 놓일 수 있게 되었고, 예술 작품은 더 이상 멀리 존재하는 것이 아니다. 이는 예술 작품의 가치와 기능에도 변화를 가져왔다. 지금 여기가 아니면 볼 수 없는 원본으로서 강력한 아우라를 소유함으로써 제의적 가치를 가졌던 예술 작품은 이제 그러한 제의적 가치에서 해방된 것이다. 그뿐만 아니라 존재 그 자체만으로도 가치를 가졌던 예술 작품은 이제 존재함으로써 가치를 갖는 것이 아니라 보여주기 위한 것이 되었다. 보여주기 위해서는 무엇보다도 접근 가능성이 보장되어야 한다. 거리감이 극복되어야 하는 것이다. 접근 가능해야 예술 작품이 가지고 있는 아우라적 외피를 벗겨낼 수 있기 때문이다. 이렇게 해서 비로소 원본을 중심으로 형성된 아우라가 탈신화되었다(이글턴, 2009: 78).

3. 시선의 응답으로서의 아우라

최근의 감성학적 논의에서 감성적 지각으로서의 아우라는 매우 중요한 주제다. 특히 감성적 지각으로서 아우라를 분석하려고 할 때 무엇보다도 강조되는 것은 '시선(Blick)'이다. 일방적으로 일별하는 그런 시선이 아니라, 응답과 교감으로서의 시선, 즉 '시선의 주고받음(Blick miteinander aufzuschlagen)'이 중요하다. 나와 타자 그리고 나와 대상 간의 시선의 주고받음은 아우라의 경험을 가능하게 한다. 아니, 그 자체가 아우라다. 시선의 주고받음으로서의 아우라는 벤야민이 아우라를 이야기했던 그때부터 지금에 이르기까지 가장 논쟁적인 주제이다. 시선의 주고받음으로서의 아우라는 이전의 아우라에 대한 정의, 즉 '진품성'과 '원본성' 그리고 대상과의 물리적·심리적 거리감을 전제로 하면서도 그러한 정의를 뒤흔들 수 있는 여지가 있기 때문이다. 뒤에서 이야기할 아우라의 귀환에서도 늘 문제의 중심이 되는 것은 바로 이 시선의 응답으로서의 아우라다. 아우라의 정의를 둘러싼 논쟁을 다루기에 앞서, 벤야민이 시선의 응답으로서의 아우라를 어떻게 규정하고 있는지를 살펴보자.

시선의 응답으로서의 아우라의 정의는 매우 복잡하다. 아우라를 둘러싼 논쟁에서 자주 언급되는 아우라 개념의 모호함은 바로 시선의 응답으로서의 아우라와 깊은 관련이 있다고 볼 수 있다. 벤야민의 아우라 정의와 관련해서 특히 주목해야 하는 글들은 「기술 복제 시대의 예술 작품」, 「사진의 작은 역사」와 「보들레르의 몇 가지 모티브에 관하여」이다. 「기술 복제 시대의 예술 작품」에서 그는 비교적 명확하게 아우라를 정의하고 또 아우라의 몰락을 이야기한다. 문제는 다른 두 논문이다. 「사진의 작은 역사」와 「보들레르의 몇 가지 모티브에 관하여」에서 벤야민은 아우라와 특히 아우라의 몰락에 대해 다소 모호하게 서술하고 있다. 아우라에 대해서는 시적으로 묘사하고, 아우라의 몰락에 대해서는 긍정적으로 받아들이는지 부정적으로 받아들이는지가 불분명하다. 특히 시선을 중심으로 아우라를 설명하는 부분에서는 더욱 그렇다. 벤야민은 시선과 시선의 상호작용으로 아우라를 설명한다. 아우라를 타인이나 자연 또는 예술 작품과 교감하고 상호작용할 수 있는 경험 능력, 즉 '시선을 되돌려줄 수 있는 능력'으로 보는 것이다. 벤야민에 따르면 누군가가 나를 주시하고 있다는 느낌에 무심코 뒤돌아보았는데 나를 보고 있는 그 누군가와 시선이 마주칠 때, 바로 그때 아우라의 경험이 충만해진다고 한다. 이에 대해 벤야민은 다음과 같이 설명한다.

아우라의 경험은 그러니까 인간 사회에서 흔히 볼 수 있는 반응 형식을 무생물이나 자연이 인간과 맺는 관계로 전이시키는 것에 기초한다. 시선을 받은 사람이나 시선을 받았다고 생각하는 사람은 시선을 열게 된다. 어떤 현상의 아우라를 경험한다는 것은 시선을 여는 능력을 그 현상에 부여하는 것을 의미한다(벤야민, 2010a: 240).

벤야민의 설명을 봐도 시선으로서의 아우라는 여전히 모호하다. 단지 분명한 것은 아우라적 경험은 시선의 능력이라는 점이다. 시선, 응시 그리고 교감 등은 모두 "시선의 능력(Vermögen des Blicks)"을 의미한다(Didi-Hubermann, 1999: 136). 좀 더 구체적으로 말하자면 '주고받는 능력'을 의미하는 것이다. 이 말은 시선의 능력은 시선을 줄 수 있는 능력과 또 받은 시선을 되돌려줄 수 있는 능력 그리고 시선을 준 대상을 묘사할 수 있는 능력 등을 의미한다는 것이다(Didi-Hubermann, 1999: 137). 단순히 보는 능력이 결코 아니다. 단순히 보는 데서 끝난다면, 이는 아우라적 경험이 아니다. 어쨌든 보기 위해서는 대상이 필요하다. 지각은 그 자체로 단독으로 존재할 수 없다. 지각은 지각하는 주체 외에도 지각하는 대상 또는 타자와 긴밀하게 연결될 수밖에 없다. 감성적 지각으로서의 아우라 해석을 매우 강조하는 디터 메르슈가 주목하는 지점도 바로 여기다. 바로 이 점에서 그는 아우라와 '타자(das Andere)'를 연결한다. 그에 따르면 타자의 존재를 인정하는 것은 바로 아우라적 경험과 연결된다. 왜냐하면 타자의 존재를 인정해야만 타자와 시선을 주고받을 수 있기 때문이다. 응답(Responsivität, Erwiderung)할 수 있는 타자가 존재하는 곳이 바로 시선으로서의 아우라가 존재하는 지점인 것이다(Mersch, 2002a: 51).

현대의 감성학적 논의에서 감성적 지각으로서의 아우라를 그 누구보다도 강조하는 사람이 바로 디터 메르슈다. 그의 논의에 대해서는 '사건과 아우라'를 다루는 제3부 4장에서 좀 더 자세히 이야기하겠지만, 여기서 잠깐 그의 아우라 이해에 대해 짧게나마 짚고 넘어가야 할 필요가 있다. 메르슈가 시선의 응답으로서의 아우라를 중심으로 벤야민의 아우라를 적극 해석하고 있기 때문이다. 메르슈는 아우라가 물질적 대상으로 주어지는 것이 아니라고 본다. 아우라는 생산되는 것이 아니라, 타자와의 만남을 통해 발생하는 것이기 때문이다. 아우라가 발생하는 바로 그곳이 사건이 발생하는 곳이다. 아우라는 둘 이상의 대상이 비임의적으로 주고받는 시선에서 비롯된 사건이다(Mersch, 2002a: 114). 여기서 알 수 있듯이 아우라에서 메르슈가 특히 주목하는 것은 '시선을 주고받는다는 것', 즉 타자의 시선에 대한 응답이다.

메르슈는 아우라를 타자의 시선에 대한 응답으로 해석함과 동시에 아우라를 대표적인 감성적 지각으로 본다. 이러한 이해를 기본으로 해서 메르슈는 감성적 지각이 타자에 대한 예민함을 의미한다고 규정한 후, 감성적 지각의 구조가 지향적이기보다는 응답적이라는 점을 강조한다. 이 주장이 내포하고 있는 의미는 매우 크다. 보통 지향적이라고 하면 주로 내부적 지향성을 의미하며, 응답적이라고 하면 이는 관계 지향적이기 때문이다. 메르슈가 주목하는 것은 관계 지향적인 응답으로서의 감성적 지각인 것이다. 결국 감성적 지각으로서의 아우라를 이렇게 해석하는 메르슈에게 아우라의 몰락은 있어서는 안 되는 일이며, 만약 일어난다면 그것은 큰 재앙이다. 타자의 존재도, 타자와의 관계도, 그리고 그 관계 속에서 발생하는 응답도 없기 때문이다. 그렇다면 바로 여기서 중요한 문제가 제기된다. 매체 예술에서 아우라의 몰락 여부가 그것이다. 다시 벤야민으로 돌아가 이야기해보자. 벤야민은 사진을 분석하면서 사진에는 시선을 주고받는 것, 즉 응답으로서의 아우라가 없다고 보았다. 그리고 이것을 아우라의 몰락으로 파악했다. 그렇다고 해서 벤야민이 사진 전반을 이렇게 해석한 것은 아니다. 초기 사진에는 아우라적 현상이 있었지만 후기 사진에는 아우라가 없어졌다고 보았던 것이다.

메르슈 또한 벤야민과 마찬가지로 매체와 연결시켜서 응답으로서의 아우라를 이야기한다. 벤야민이 후기 사진에 대해서 주장했듯이 그 또한 매체적인 것에서 응답으로서의 아우라는 산출되지 않는다고 보았다. 그러나 벤야민과는 달리 메르슈는 이것이 매우 큰 문제라고 지적하며(Mersch, 2002a: 53), 특히 디지털 매체 현상에서 이러한 경향이 더욱 두드러지게 나타나고 있다고 본다. 아우라의 몰락을 둘러싼 문제를 중심으로 메르슈는 매체 비판을 시도한다. 그의 매체 비판은 보드리야르(Baudirillard)와 비릴리오(Virilio)의 입장과 유사하다. 특히 매체에 의해서 반복되는 예술에서 그는 벤야민처럼 '아우라의 몰락'을 보았지만, 이에 대한 평가는 벤야민과 완전히 다르다. 벤야민에게 아우라의 몰락이 또 다른 예술의 시작을 의미했다면, 메르슈에게는 심미적 경험의 상실을 의미한다. 바로 이런 이유에서 그는 아우라와 관련해서 퍼포먼스를 주목한다. 이에 대해서는 뒤에서 좀 더 자세히 다루겠지만, 여기서 무엇보다도 중요한 것은 반복성을 전제로 한 매체 예술의 무응답이 가장 문제라는 것이다. 앞서 이야기했듯이 시선의 주고받음 그리고 응답은 타자의 존재를 전제로 한다. 즉 관계 지향적인 것이다.

이뿐만 아니라 그는 심미적 경험에서 '지금'과 '여기'라는 현존성도 결코 포기할 수 없는 것이라고 말한다. 지금과 여기는 바로 아우라적 현존을 구성한다(Mersch, 2002a: 109). 메르슈는 아우라적 경험에서 가장 중요한 것을 현존의 지각이라고 본 것이다. 아우라는 일회적 사건에서의 지각이며, 이러한 사건에서의 시선의 주고받음이 무엇보다도 중요하다. 그는 지각이 매체화된 기술 매체적 상황에서는 기본적으로 현존의 의미가 변화되고, 이러한 변화된 현실에서 시선은 기술에 의해 매개되고 사건은 반복되기 때문에 아우라의 몰락이 일어난다고 보았다. 결국 메르슈에게 아우라의 몰락은 궁극적으로 감성적 지각의 몰락이다. 매체에 의해서 현상과 사건이 일회적인 것으로 끝나지 않고 반복되고 지속되는 한, 이는 결국 감성적 지각의 파괴를 가져온다. 그는 매체가 과도할 정도로 현재적인 것을 보편화시킴으로써 감성적 지각은 점차 무력해지고 있다고 보았다(Mersch, 2002a: 112). 그는 이를 극복하기 위해서는 지각의 탈매체화가 그 어느 때보다도 필요하다고 단호하게 주장한다. 그런데 메르슈가 놓치고 있는 중요한 것들이 있다. 하나는 앞서 이야기한 진품성과 원본성 그리고 이로 인한 거리감에 관한 문제이고, 또 다른 하나는 자연과의 교감에 관한 것이다. 물론 메르슈는 이 둘을 아우라적 경험에 포함시키지 않지만, 벤야민에게 이것들은 그 무엇보다도 중요한 것이다. 자연과의 교감과 관련해서 벤야민은 다음과 같이 말한다.

> 우리는 자연적 대상의 아우라를 아무리 가까이 있더라도 멀리 떨어져 있는 어떤 것의 일회적인 현상이라고 정의 내릴 수가 있다. 어느 여름날 오후 휴식 상태에 있는 자에게 그늘을 드리우고 있는 지평선의 산맥이나 나뭇가지를 따라갈 때 — 이것은 우리가 산이나 나뭇가지의 아우라를 숨 쉰다는 뜻이다(벤야민, 2007c: 108-109).

벤야민은 시선의 응답으로서의 아우라를 강조하면서 무엇보다도 '교감'을 강조했다. 이 교감은 '자연과의 교감', '대상과의 교감' 그리고 인간과의 교감을 의미한다. 한낮의 나뭇가지가 흔들리는 것을 응시하고 있을 때, 그 나뭇가지가 숨 쉬고 있다는 것을 느끼는 그러한 교감은 아우라적 경험인 것이다. 여기서 알 수 있듯이 대상에 대한 주체적 경험으로서 아우라는 반드시 인공적이고 예술적인 대상에 대해서만 존재하는 것이 아니다. 자연과 인간의 교감에서도 아우라는 존재한다. 그런데 자연적 대상은 예술적 대상처럼 일회성이나 유일성 그리고 원본성을 갖지 않는다. 그렇다면 우리가 자연적 대상을 통해 경험하는 아우라는 어떻게 형성되는 것인가? 자연적 대상을 지각할 때, 인간은 예술적 대상을 지각할 때와 마찬가지로 아우라를 경험한다. 즉 어떤 감정을 느낄 수 있다. 왜냐하면 자연을 경험하는 인간이 자연과의 교감을 인식하고 그 과정에서 자연과 서로 시선을 주고받을 수 있기 때문이다. 인간이 자연과 교감할 때 느끼는 아우라는 전통적 예술 작품처럼 제의적 가치를 지닌 채 인간에게 다가오는 것이 아니라, 평등한 관계 속에서 다가온다. 이 또한 감성적 지각으로서의 아우라다.

제2부 　　또 다른 감성적 지각들

1장
프로이트의 두려운 낯섦

1. 감성학적 관점에서 본 프로이트의 예술 이론

　벤야민의 아우라 개념은 매우 독특하다. 아우라는 대상이 갖고 있는 특징임과 동시에 그 특징 때문에 발생하는 감성적 지각 방식이기도 하다. 벤야민은 이 둘을 분리하지 않고 동시에 파악하여 감성적 주체가 그 대상을 어떻게 지각하고 있는지를 중심으로 아우라를 묘사했다. 여기서 감성적 지각의 주체가 무엇보다도 중요하다. 벤야민 외에도 감성적 주체를 중심으로 예술, 더 나아가 이미지 전반의 수용과 지각 과정을 분석한 다른 사상가들도 있다. 이들은 벤야민과 유사하게 대상이 가지고 있는 물질적인 특성과 심미적 경험의 연관 관계, 일상적인 것과 특별한 것이 서로 교차하면서 발생하는 특이한 경험 구조들 그리고 다분히 이성적이며 합리적인 전통 철학적 개념들로는 설명되지 않는 어떤 감정들을 설명하려고 시도했다. 이들도 벤야민과 마찬가지로 자신만의 독특한 개념을 중심으로 일종의 감성적 지각을 묘사했다. 물론 감성학을 염두에 두고 한 작업은 아니다. 즉 미학이 아니라 감성학 그 자체를 전면에 내세운 것은 아니었다. 그럼에도 불구하고 재미있게도 이러한 시도를 한 사상가들은 거의 모두가 자신들이 활동했던 시기에 논의된 미학이 문제가 있음을 지적했다. 미학이 감성적 지각을 중요 문제로 다루지 않고 있음을 비판했던 것이다.

그들이 바로 지그문트 프로이트(Sigmund Freud), 롤랑 바르트(Roland Barthes) 그리고 장 프랑수아 리오타르(Jean-François Lyotard)이다. 이들은 벤야민이 아우라를 중심으로 이미지의 수용 과정을 설명하려고 했던 것처럼 각자 자신만의 개념을 가지고 예술만이 아니라 이미지 전반을 분석했다. 프로이트는 '두려운 낯섦(das Unheimlich, uncanny)'을, 바르트는 '푼크툼(punctum)'을 그리고 리오타르는 '숭고(sublime)'를 중심으로 독창적인 이론을 전개했다. 이들은 자신들의 이론적 토대 위에서 각자 이러한 감성적 지각들을 강조한 것이다. 물론 이들이 감성, 지각 그리고 감정 등을 중심으로 심미적 경험 등을 분석했음에도 불구하고 이 각각의 감성적 지각들은 동일한 개념으로 볼 수 없다. 그러나 상당히 유사한 속성들을 갖고 있는 것은 분명하다. 따라서 이들 각자가 이야기하는 감성적 지각들이 무엇을 의미하며, 어떻게 작용하는지 그리고 무엇에 대해 작용하는지를 살펴볼 필요가 있다. 그리고 나서 이들 간에 존재하는 일종의 '가족 유사성'에 대해 좀 더 면밀하게 살펴보아야 한다. 그리고 마지막으로 최근 논의되는 감성학을 중심으로 게르노트 뵈메의 '분위기(Atmosphäre)' 이론을 살펴볼 필요가 있다. 뵈메가 말하는 분위기는 바로 아우라의 현대적 확장이라고 볼 수 있기 때문이다. 이러한 작업들은 이후 아우라의 귀환 또는 복원을 이야기할 때 매우 중요한 이론적 전제로 작용할 것이다. 그렇다면 먼저 프로이트에서 시작해보자.

상품들과 마찬가지로 이론에도 유행이라는 게 있다. 물론 그 유행을 상품 세계에서의 유행과 동일하게 취급할 수는 없지만, 이론에서도 유행이라고 말할 수 있을 정도로 어느 특정한 사상적 조류에 휩쓸리거나 또는 한 이론가의 특정 개념에 관한 담론들이 지배적인 현상으로 등장하는 경우가 많다. 정신분석학도 현재 유행하고 있는 대표적인 담론 중의 하나라고 볼 수 있다. 프로이트에서 라캉(Lacan)에 이르기까지 정신분석학은 현대 철학뿐만 아니라 현대 문화 예술을 분석할 때 빈번하게 비평의 틀로 활용된다. 특히 시각 문화 예술에서 그러한 현상들이 더욱 눈에 띄게 나타난다. 심하게 이야기하면 정신분석학이 없었더라면 현대 시각 문화 예술을 어떻게 분석했을까라는 생각이 들 정도다. 물론 이에 대한 반대도 많다. 정신분석학적 예술 문화 비평이 막 본격적으로 시도되었던 때에도 역시 그러한 접근에 반대하는 이들은 있었다. 그 대표적인 인물이 아도르노다. 그는 프로이트식으로 예술가와 예술 작품을 분석하는 방법에 문제가 많다고 생각했다. 특히 그는 예술 작품이 한낱 예술가의 망상과 무의식의 발현으로 취급되는 것을 참을 수 없어 했다. 프로이트식으로 예술 작품을 분석하면 예술 작품은 정신 나간 예술가의 임상 기록 그 이상도 이하도 아닌 것으로 취급받는다는 것이었다(Adorno, 1993: 21-22). 아도르노가 비판한 정도까지는 아니더라도,

정신분석학적 예술 문화 비평은 지나치게 주관적 경험과 작가의 무의식을 강조하는 경향이 있다. 그러나 아도르노 등의 강한 반발에도 불구하고 정신분석학적 방법은 예술 작품을 보는 또 하나의 중요한 잣대로 확고하게 자리 잡았다.

그렇다면 정신분석학적 방법은 왜 예술비평에서 이토록 중요한 역할을 하는가? 이러한 접근은 '의식(Bewußtsein)'이 아닌 '무의식(Unbewußtsein)' 그리고 '보이는 것(Sichtbarkeit)'이 아닌 '보이지 않는 것(Unsichtbarkeit)'에 대한 분석이 본격적으로 시작되었다는 것을 의미한다. 드러나지 않았던 것들이 표면에 드러나게 되면서 이에 대한 분석이 필요해졌다. 과학기술의 발전은 많은 보이지 않는 것을 보이는 영역으로 가져왔다. 보이지 않았던 것들이 존재하지 않았던 것은 아니다. 마치 무의식처럼 단지 보이지 않았을 뿐이다. 이와 관련해서 벤야민도 프로이트의 영향을 받아 이러한 현상들을 '시각적 무의식(optische Unbewußtsein)'으로 표현한 바 있다. 아주 적절한 표현이다. 사진기든 현미경이든 망원경이든 과학기술의 발전이 일종의 무의식이 의식으로 드러나는 데 결정적인 역할을 한 것이다. 과학기술의 발전 외에도 예술 그 자체의 내적인 변화도 정신분석학을 방법론으로 채택하는 계기가 되었다. 대상과 재현의 관계를 떠난, 그리고 객관을 무시하고 주관의 세계에 빠진 예술을 기존의 이론으로는 도무지 해석할 길이 없었던 것이다. 정신분석학적 비평은 이렇게 예술의 내외부적 상황과 맞물려 유행하기 시작했다.

현대 문화 예술 이론과 비평에서 이렇게 중요한 역할을 하는 정신분석학을 만들고 발전시킨 프로이트 자신은 사실 예술에 그다지 큰 관심이 없었다고 말한다. 예술 작품에 대한 정신분석학적 분석들을 보면서 프로이트가 미학 또는 문화 예술에 관해 중요한 이론들을 전개했을 것이라고 오해할 수 있다. 학문적으로 예술에 큰 관심이 없었던 그는 당연히 예술에 대한 체계적인 이론을 남기지 않았다(Nida-Rümelin, Betzler, 1998: 289). 심지어 그는 1914년에 쓴「미켈란젤로의 모세 상(Der Moses des Michelangelo)」에서 자신이 예술에 대해 잘 알지 못하는 문외한이라고 먼저 고백하고 글을 시작한다. 물론 그의 고백을 곧이곧대로 받아들여서는 안 된다. 그가 고전과 문학작품을 분석한 글들, 조형예술을 접하고 감동을 표현한 글들을 보면 문외한이라는 고백은 도가 지나친 자기 겸손이라고 볼 수 있다. 그는 문외한이 아니라 거의 전문 비평가(Kritiker)에 가까워 보인다. 어쨌든 자칭 문외한인 그는 자신이 예술 작품에서 관심을 갖는 것은 작품의 형식과 기법이 아니라 작품의 내용일 뿐이라고 강조한다(프로이트, 2004c: 289). 그가 형식과 기법을 중심으로 한 표현 미학(Darstellungsästhetik)적 관점은 고려하지 않았다는 것을 알 수 있다(Nida-Rümelin, Betzler, 1998: 291). 그는 작가를 중심으로 한 생산 미학(Produkionsästhetik)적 관점 또는 작품에 작용하는 영향 미학(Wirkungsästhetik)적 관점에서 예술 작품을 분석했다고 볼 수 있다. 그가 작품 내용에 관심을 가진 것은 너무나도 당연하다. 그에게 예술이란 한마디로 말해서 "소망이 충족된 환상 세계(eine wunscherfüllende Phantasiewelt)"를 의미하기 때문이다(Nida-Rümelin, Betzler, 1998: 289). 그에게 작품을 이해하고 해석하는 데 무엇보다도 중요한 것은 작가의 의도와 동기, 그리고 의식 뒤에 숨겨진 무의식이다. 어떤 숨겨진 소망이 충족되어 나타난 것인지가 무엇보다도 중요한 것이다.

이러한 프로이트의 분석 경향은 레오나르도 다빈치(Leonardo da Vinci)에 대한 그의 글에서 잘 드러난다. 그는 「레오나르도 다빈치의 유년의 기억(Eine Kindheitserinnerung des Leonardo da Vinci)」이라는 글에서 다빈치의 작품과 그의 유년 시절의 기억을 연관시켜 작품을 분석했다. 다빈치는 현재 융합의 아이콘으로 통한다. 과학기술과 예술 그리고 인문학의 융합이 이야기될 때면 그는 빠짐없이 등장한다. 새로운 르네상스 시대에 융합적 천재로서 일종의 롤 모델이 된 것이다. 프로이트는 이러한 천재의 작업을 사생아로서 불우했던 어린 시절의 기억과 지금도 여전히 논쟁거리가 되고 있는 그의 성적 취향에 따른 억압의 결과로 해석한다(프로이트, 2004b: 170-176). 성적 충동(Sexualtrieb)이 자신의 직업 활동으로 성공적으로 승화(Sublimation)된 예로 본 것이다(프로이트, 2004b: 182). 프로이트는 이러한 해석의 근거로 다빈치가 어린 시절을 회상하면서 언급한 독수리에 관한 기억과 〈두 명의 성녀와 아기 예수(The Virgin and Child with St. Anne)〉(1503년경)라는 작품을 이야기한다. 먼저 독수리에 관한 기억을 살펴보자. 독수리에 관한 다빈치의 서술을 중심으로 프로이트는 다빈치의 성 정체성에 대해 이야기한다. 프로이트는 다빈치가 어린 시절에 독수리가 꽁지로 자신의 입을 열고 자신의 입을 내리친 적이 있다고 말한 사실에 주목한다. 독수리는 양성성의 상징이었다. 그리고 꽁지로 입을 내리치는 행위는 구강성교로 해석될 수 있다. 이러한 기이한 기억을 프로이트는 동성애적인 성향으로 파악했다. 억압된 성적 충동이 꿈인지 기억인지 모를 기이한 형태로 다빈치의 머릿속에 있었다는 것이다(프로이트, 2004b: 188-202 참조).

다빈치가 경험한 어린 시절의 결핍과 관련해서는 〈두 명의 성녀와 아기 예수〉를 중심으로 분석한다. 프로이트는 이 작품에 사생아로 태어나 친모와 헤어져 계모의 손에 컸던 다빈치의 어린 시절이 그대로 드러난다고 보았다. 프로이트가 이 그림에서 무엇보다도 주의 깊게 본 점은 두 명의 '젊은' 여성이 등장한다는 것이다. 한 명은 예수의 어머니 마리아이고, 또 다른 한 명은 마리아의 어머니인 안나이다. 그런데 그림을 보면, 마리아 뒤에서 마치 모나리자와 같은 미소를 띠고 있는 안나는 할머니라고 보기에는 지나치게 젊다. 프로이트는 바로 이 점에 주목해서, 그림에 할머니처럼 등장하는 안나는 사실 아주 어릴 때 다빈치를 사생아로 낳고, 다빈치가 더 나은 삶을 살도록 그를 아버지에게 보낸 그의 친모 카테리나를 의미하는 것이라고 해석한다. 다빈치가 자신을 낳은 생모와 자신을 잘 키워준 계모를 사이좋게 그림에 등장시켰다고 본 것이다. 프로이트는 특히 안나로 표현된 친모 카테리나의 미소에 주목했다. 자신의 아이를 버렸다는 죄책감에서 벗어나 신비한 미소를 띠고 있는 카테리나의 모습에서 프로이트는 다빈치의 무의식적 소망을 읽어낸 것이다(프로이트, 2004b: 221-237 참조). 이러한 프로이트의 분석은 무의식에 대한 자신의 이론을 예술에 적용해서 실천한 것이라고 볼 수 있다. 어떻게 무의식을 중심으로 예술 작품들을 해석할 수 있는지에 대한 예를 스스로 보여준 것이다.

프로이트가 체계적인 감성학은 아니지만, 감성학적 방법으로 예술 작품을 직접 분석한 글도 많다. 게다가 그 스스로 감성학적 시도를 할 것이라고 밝힌 글도 있다. 현대 시각예술에서 중요한 개념 중 하나인 '두려운 낯섦'에 대해 서술한 글이 바로 그것이다. 그는 감성학으로서의 미학의 중요성을 강조하면서 '두려운 낯섦'에 관한 논문의 첫 단락을 시작한다. 이어서 그는 그러한 중요성에도 불구하고 미학 내에서 감성학적 접근이 소외되고 있음을 지적하면서 자신은 이 글에서 감성적 지각을 중심으로 예술 작품을 분석할 것임을 분명히 밝히고 있다. 자신이 미학에 관심을 가지고 있는데, 이때 미학은 미에 관한 이론으로서의 한정된 미학이 아니라 감수성의 여러 특징을 다루는 미학, 즉 현대적 의미에서의 감성학적 미학임을 밝힌 것이다(프로이트, 2004a: 403). 그뿐만 아니라 「미켈란젤로의 모세 상」에서도 감성학적인 요소가 드러나고 있다. 이 글에서 그는 자기 나름대로 강한 인상을 받은 작품들이 있으며, 이에 대해 이야기할 것이라고 밝히고 있다. 여기서 중요한 것은 '강한 인상'을 받은 작품들이라는 것이다(프로이트, 2004c: 289). 이성적으로 논리적으로 설명되지는 않지만 이유 없이 강한 인상을 주는 작품들이 바로 그의 분석 대상이다. 그리고 바로 '강한 인상'은 일종의 '감성적 지각'이라고 볼 수 있다.

프로이트는 감성학과 마찬가지로 감성, 감정 그리고 지각이 미학의 중요한 문제라고 인식하고 있음을 알 수 있다. 그러나 프로이트는 감성적 지각 일반에 대해 전체적으로 관심을 가지고 논의를 전개하지는 않는다. 그는 좀 더 특화된 감성적 지각을 이야기한다. 왜냐하면 프로이트는 정신분석의로서 감성 중에서도 특히 "목적을 억압당한 감정"에 관심을 갖기 때문이다(프로이트, 2004a: 403). 그는 이러한 감정들이 정신분석학 내부에서도 그리고 미학 내부에서도 주목받지 못하고 있음을 지적한다. 이것들은 정신분석학에서도 미학에서도 주변적인 것으로 취급되고 있는 것이다. 이성적으로 설명할 수 없는 감정들, 주변적인 것으로 또 그렇기 때문에 사소한 것으로 취급되는 그러한 감정들에 대한 관심이야말로 감성학의 시작이라고 볼 수 있다. 그는 정신분석은 다른 사람들이 소홀하게 취급하는 것들, 더 나아가 관찰에서 제외되거나 거부된 것들을 찾아 분석하는 것이라고 말한다. 이 은밀하게 숨겨져 있는 거부된 것들을 찾아내는 일이 바로 정신분석가가 하는 일이다(프로이트, 2004c: 309).

이미 말했듯이 프로이트는 그 당시 미학자들이 분석하려고 했던 것들을 분석하지 않고, 예술 작품들도 지각을 중심으로 분석하겠다고 밝힌 바 있다. 미학자들과는 다른 태도, 지각을 중심으로 한 작품 수용과 해석 그리고 사소한 것들에 대한 분석, 이 모든 것은 벤야민과 매우 유사하다. 작품을 보는 프로이트의 시선은 "어떤 응집된 것을 그 개별 표면들로 해체시켜 보는 산만한 듯한 시선"이다(Plumpe, 2008: 250). 그리고 이러한 시선은 바로 벤야민이 말하는 탐정의 시선이자 산책자의 시선이기도 하다. 벤야민과 프로이트의 사유의 공통점이라는 주제는 결코 낯선 주제는 아니다. 이미 벤야민은 자신의 글들 속에서 프로이트의 사유의 흔적들, 즉 방어기제, 충격 체험, 꿈과 깨어남 그리고 시각적 무의식 등을 여과 없이 드러내 보여주었기 때문이다. 감성학 영역에서 보았을 때도 벤야민과 프로이트는 감성과 지각 그리고 인상 그 자체를 탐구해 들어갔다는 점에서 미학자(Ästhetiker)가 아니라 감성학자로 충분히 볼 수 있다. 감성학자로서 이들은 둘 다 사소하고 하찮은 것들에 대한 읽기를 시도했다. 벤야민은 역사철학적 관점에서 사소한 것들을 복원하기 위해서, 프로이트는 정신분석학적 측면에서 하찮은 것들에 숨겨진 무의식을 읽어내기 위해서 새로운 시도를 했던 것이다.

2. 두려운 낯섦의 의미들[1]

프로이트의 미학 아닌 미학, 즉 감성학적 시도는 「두려운 낯섦」이라는 글에서 가장 잘 드러난다. 그는 이 글에서 미학에서도 그리고 정신분석학에서도 소외된 감정이 '두려운 낯섦'이라고 주장한다(프로이트, 2004a: 403-404). 그는 왜 두려운 낯섦이라는 감정이 미학에서 소외되었다고 보았는가? 그는 두려운 낯섦이라는 감정이 일종의 공포감이며, 편하고 익숙한 감정 상태가 아니라는 점에서 그 이유를 찾았다. 즉 두려운 낯섦이라는 감정은 "극도의 불안과 공황 상태를 불러일으키는 감정"인데(프로이트, 2004a: 404), 미학은 "혐오스럽거나 고통스러운 감정보다는 일반적으로 그와는 반대되는 아름답고 위대하고 매력적인 감정들"과 그러한 감정들을 불러일으키는 조건들이나 대상들만을 주로 다루기 때문에 이러한 감정들은 미학에서 소외될 수밖에 없다는 것이다(프로이트, 2004a: 404). 프로이트는 전통 미학 내에서 소외되어온 감정인 '두려운 낯섦'을 또

---

[1] 이 절의 몇몇 부분은 심혜련(2011)의 일부를 수정·보완한 것이다.

다른 미학인 감성학의 영역에서 '감성적 지각'의 한 예로 분석했다고 말할 수 있다.

이제 '두려운 낯섦'이란 개념이 과연 어떤 의미를 가지고 있는지 본격적으로 살펴보기에 앞서, 한 가지 지적해야 하는 문제가 있다. 그것은 바로 번역과 관계된 문제다. 프로이트의 정신분석학에 관심이 있거나 혹은 정신분석학적 문화 예술비평에 관심이 있는 사람들을 제외하면 '두려운 낯섦'이란 개념은 우리에게 대체로 매우 생소하다. 게다가 이 개념도 벤야민의 아우라 못지않게 한마디로 명확히 정의하기가 어렵다. '두려운 낯섦'은 프로이트의 '운하임리히(Unheimlich)'를 번역한 말로, '운하임리히'는 우리말로 명확하게 번역하기가 어려워 이 개념을 사용하는 연구자들과 비평가들 사이에서도 번역어가 통일되어 있지 않고 각자가 자기 나름대로 번역어를 사용하는 실정이다. '운하임리히'는 때로는 '익숙하지만 두려움'이라고 해석되기도 하고, 또 어떤 경우에는 '낯선 두려움'으로 쓰이기도 한다. 그런데 이런 다양한 번역어에 빠지지 않고 공통적으로 들어가는 단어가 있으니 그것은 바로 '두려움'이다. 두려움이 핵심인 이 독일어를 어떤 두려움으로 보는지에 따라 번역이 조금씩 달라지는 것이다.

이러한 혼란을 줄이기 위해 독일어 '운하임리히'의 영어 번역어인 '언캐니(uncanny)'를 사용하는 경우도 매우 많다. 국내에는 두려운 낯섦이라는 개념이 프로이트에 대한 논의를 통해 직접 소개되기보다는 초현실주의에 대한 영미권의 문화 예술비평을 수용하는 과정에서 우회적으로 소개되었기 때문에 익숙한 영어 번역어를 그대로 사용하는 것이다. 결국 번역의 어려움을 피해 원 개념의 영어 번역어를 가져다 쓰는 셈인데 이것은 문제가 있다. 적절한 우리말 번역어를 찾거나 아니면 최소한 원어를 그대로 사용해야 한다. 예들 들어 이 책의 주제인 아우라나, 또 다른 감성적 지각의 예로 소개할 예정인 바르트의 '푼크툼'처럼 말이다. 이러한 이유에서 이 책에서는 프로이트의 『예술, 문학, 정신분석』(정장진 옮김, 2004, 열린책들)을 기준으로 '두려운 낯섦'이라는 용어를 사용할 것임을 밝힌다.

이 용어를 어떻게 이해하고 수용해야 할지에 관한 고민은 우리만 한 것이 아니었다. 프로이트 자신도 이 생경한 용어를 자신의 이론 체계로 가져오면서 이를 어떻게 설명하고 규정해야 할지에 대해 고민했다. 그래서 구체적인 이론을 전개하기에 앞서 이 용어에 대한 접근 방법부터 이야기한다. 그는 두 개의 접근 방법을 제시한다. 하나는 언어의 변천사를 중심으로 운하임리히의 의미가 어떻게 변화되어왔는지를 살펴보는 방법이다(프로이트, 2004a: 405). 또 다른 하나는 "사람들과 사건들 속에서, 또 감각적 인상과 경험과 상황 속에서 우리를 불안하게 하는 낯섦이라는 감정을 갖게 하는 모든 것을 수집한 다음 모든 경우에 공통된 요소에서부터 이 감정의 가려져 있는 특징을 도출"해내는 방법이다(프로이트, 2004a: 405). 그는 더 나아가 이 둘 중 어느 방법을 선택하든 간에 동일한 결론에 도달할 것이며, 이 동일한 결론은 바로 이 감정이 "공포감의 한 특이한 변종"이며, 또 이 감정은 "오래전부터 알고 있었던 것, 오래전부터 친숙했던 것에서 출발하는 감정"이라는 것이다(프로이트, 2004a: 406-407). 여기에서는 프로이트의 언어적 분석에 대해서 길게 언급하지 않겠다. 언어적 분석보다 중요한 것은 두 번째 방법, 즉 어떤 경우에 두려운 낯섦이라는 감정이 생기는지를 조사 수집하고 이를 분석하는 방법이라고 생각하기 때문이다. 프로이트 자신도 언어적 분석 방법보다는 두 번째 분석 방법에 훨씬 더 관심을 갖고, 이에 대해 좀 더 자세히 서술하고 있다.

그럼 이제 프로이트가 구체적으로 어떤 경우에 두려운 낯섦이라는 감정이 발생한다고 보았는지 살펴보자. 먼저 그는 옌치(Jentsch)의 글을 가지고 이 감정에 대해 분석하기 시작한다. 이는 너무나도 당연한 출발이다. 왜냐하면 프로이트 자신이 밝혔듯이 옌치는 이 감정을 분석한 단 하나의 심리학 논문을 쓴 연구자이기 때문이다(프로이트, 2004a: 404). 프로이트에 따르면 옌치는 두려운 낯섦이란 감정을 분석하면서 이러한 감정을 불러일으키는 예로 인형들, 즉 밀랍인형, 마네킹 그리고 자동인형을 들고 있다. 살아 있지만 영혼이 없는 것같이 느껴지는 경우 그리고 반대로 살아 있지 않지만 영혼이 있는 것같이 느껴지는 경우에 바로 두려운 낯섦이란 감정이 생긴다는 것이다(프로이트, 2004a: 412). 프로이트도 이러한 옌치의 주장을 받아들여서(프로이트, 2004a: 412), "죽어 있는 사물과 형상과 인형이 살아 움직일 때 두려운 낯섦의 감정이 유발"된다고 말한다(프로이트, 2004a: 442). 사실 인형은 두려운 낯섦이란 감정을 설명할 때 등장한다. 특히 시각예술에서 두려운 낯섦이란 감정을 보여주는 오브제로 인형이 빈번하게 등장한다. 시각예술이나 그 밖의 문학을 비롯한 예술 작품을 거론하지 않더라도 우리는 인형과 관련한 우리의 경험을 통해 충분히 두려운 낯섦이란 감정을 설명할 수 있다. 어린 시절, 혹은 그후에도 누구나 한 번쯤 내가 가지고 놀던 인형이 어느 날 괴물로 변한다든지 또는 그 인형이 사실 살아 있어서 내가 잠들면 깨어나서 활동을 할지 모른다는 상상을 해봤을 것이기 때문이다. 인형은 살아 있음과 살아 있지 않음의 경계에 있는 묘한 존재이기 때문에 이 감정과 매우 긴밀하게 연결된다.

인형 다음으로 프로이트가 주목하는 것은 호프만(Hoffmann)의 모래 사나이에 대한 이야기다. 이 이야기에서 프로이트는 눈을 잃어버릴 수 있다는 공포와 거세 불안을 연결시키고, 이를 두려운 낯섦의 감정으로 설명한다. 호프만의 소설에 나오는 모래 사나이는 아이들이 잠들지 않으면 아이들의 눈을 빼 가는 공포의 인물이다.[2] 눈을 빼앗기는 것과 남근을 거세당하는 것을 동일한 것으로 본 프로이트는 이를 어린 시절의 욕망과 불안으로 환원해서 분석한다(프로이트, 2004a: 420-423). 이러한 욕망과 불안이 두려운 낯섦을 불러일으키는 또 다른 요인인 것이다. 프로이트는 분신(Doppelgänger)도 또 다른 두려운 낯섦의 요인으로 언급한다(프로이트, 2004a: 425-426). 분신은 또 다른 나이며 분열된 자아다. 나는 예기치 않은 곳에서 나의 분신과 만난다. 문제는 이 만남에서 느껴지는 감정일 것이다. 나인데 내가 아닌 것 같은 느낌, 친숙하지만 낯설다는 느낌. 바로 두려운 낯섦의 감정인 것이다. 또 프로이트가 예로 드는 것은 일종의 상황이다. 즉 "동일한 것의 반복"이라는 상황 그 자체가 두려운 낯섦의 원인이라고 한다(프로이트, 2004a: 427). 그렇다고 동일한

---

2 소설 「모래 사나이」는 호프만(2013: 13-71)을 참조하길 바란다.

것이 반복되는 모든 상황이 두려운 낯섦의 원인이 되는 것은 아니다. 이러한 상황이 '비의도적'으로 반복될 때 비로소 두려운 낯섦의 원인으로 작용하는 것이다(프로이트, 2004a: 428). 프로이트는 비의도적으로 반복되는 상황뿐만 아니라 우리가 내적으로 가지고 있는 반복 강박 또한 두려운 낯섦의 원인으로 작용한다고 보았다. 프로이트가 마지막으로 이야기하는 것은 정령 사상(Animismus)이다. 무생물에 생명이 깃들어 있다고 믿는 이러한 사상은 인형과 비슷한 이유로 두려운 낯섦을 유발한다. 즉 살아 있지 않은 것이 살아 있다고 느껴질 때 두려운 낯섦이라는 감정이 생겨나는 것이다.

두려운 낯섦을 발생시키는 다양한 원인에 대해 언급한 후 프로이트는 비로소 이 감정의 핵심을 다음과 같이 두 가지로 정리한다. 첫째, "어떤 성격의 것이든 정서적인 움직임에 관련된 모든 정신적 충격은 억압 기제에 의해 고통으로 변형된다고 하는 정신분석의 이론이 옳은 것이라면, 억압된 그 무엇이 다시 회귀할 때 그것이 고통을 주는 것이 되는 경우들을 별도로 분리시킬 수 있을 것"이며, "이런 유형의 고통스러운 것이 바로 이상하게 두려운 것"이다(프로이트, 2004a: 434). 둘째, "실제로는 새로운 것도 낯선 것도 아니고 오히려 정신적 움직임에서는 언제나 친숙한 것이었고 또 낯선 것이 된다 해도 그것은 단지 억압 기제에 의해서 그렇게 된 것"이다(프로이트, 2004a: 434). 여기서 핵심은 낯섦, 친숙함 그리고 두려움이다. 특히 낯섦과 친숙함이 겹쳐지면서 발생하는 두려움이 문제인 것이다. 독일어 하임리히와 운하임리히가 그렇듯이 낯섦과 친숙함은 반대되는 것이다. 그런데 집처럼 또는 고향처럼 친숙하고 익숙한 것들이 문득 아주 낯선 것으로 느껴지는 경우가 있다. 이때 아마도 불안과 공포 그리고 섬뜩함이 강렬하게 느껴질 것이다. 그 외에 억압당한 채 있었던 그 어떤 것들이 무의식적으로 드러날 때도 우리는 불안과 공포를 느낀다. 이것이 바로 두려운 낯섦이란 다소 생소한 감정의 불투명한 정체다.

3. 두렵고 낯선 예술들

프로이트의 정신분석학과 초현실주의는 떼려야 뗄 수 없는 관계를 맺고 있다. 이는 초현실과 무의식을 단순하게 비교해봐도 알 수 있다. '-위에'라는 의미를 갖는 불어의 'sur'가 붙어 있는 초현실주의(surréalisme)는 부정의 의미를 갖는 독일어 접두어 'un'이 붙은 무의식(Unbewußtsein)과 어느 부분에서는 유사한 의미를 갖고 있다. 둘 다 현상 그 자체가 아니라, 하나는 현상을 넘어서는 것을 또 다른 하나는 현상 밑에 숨겨져 있는 것을 탐구한다는 의미에서 그렇다. 프로이트의 입장에서 보면, 사실 현실을 넘어서는 초(sur)현실이 아니라, 현실 아래 바닥에 깔려 있는(sub) 현실을 무의식과 연결하는 것이 더 적합할 것이다. 그런데 초현실주의자들이 이야기하는 '초(sur)'는 사실 '서브(sub)'와 구별되지 않는다. 어쨌든 초현실주의 문학과 시각예술, 특히 시각예술을 둘러싼 많은 이론적 전개와 비평은 프로이트의 정신분석학에 기대고 있다. 물론 이러한 관점이 일반적인 것은 아니다. 오히려 이러한 관점은 하나의 새로운 예술비평적 시도라고 할 수 있다. 정신분석학을 예술비평에 적극 활용하는 할 포스터(Hal Poster)의 경우만 봐도 알 수 있다. 그는 지금까지 예술비평에서 초현실주의가 그것이 가진 의의와 영향력에 비해 잘 다루어지지 않았을 뿐만 아니라, 초현실주의를 다룬 경우도 한계가 있다고 지적한다(포스터·크라우스·부아·부클로·조슬릿, 2007: 191-192 참조). 그래서 그는 초현실주의를 제대로 이해하기 위해서는 새로운 분석 틀이 필요하며, 이 분석 틀은 초현실주의 시대의 것임과 동시에 그 분야 내부의 것이어야 한다고 강조한다. 왜냐하면 초현실주의가 추구하는 예술 자체가 이미 전통 미학의 범주를 벗어나 있기 때문이라는 것이다(포스터, 2005: 104). 그래서 그는 바로 프로이트의 두려운 낯섦 개념을 새로운 분석 틀로 제시한다. 더 나아가 두려운 낯섦이야말로 초현실주의의 핵심 개념이라고 주장한다(포스터, 2005: 17). 할 포스터 외에도 로잘린드 크라우스(Rosalind Krauss)가 이와 유사한 입장을 갖는다. 그녀는 초현실주의, 특히 초현실주의적 사진들과 프로이트의 이론이 갖는 유사성을 다음과 같이 서술한다.

> 초현실주의가 뜨겁게 갈망하고, 프로이트가 마술에 대한 원시인의 믿음으로 분석한 상상과 현실을 구분하는 경계선의 붕괴와 애니미즘, 그리고 자아도취의 전능함은 모두 다 '두려운 낯섦'이 재현하는 형이상학적 전율을 잠재적으로 일깨우는 요소들이다. 이것들은 사실 현존재 이전의 진화 단계들이 의식을 꿰뚫고 지나는 것을 재현하며, 이 의식의 관통 속에서 강박관

넘은 반복적으로 드러나며, 죽음의 경험은 주체를 찔러 상처를 입힌다(크라우스, 2003: 282).[3]

　죽음의 경험, 찌름 그리고 상처 등은 푼크툼의 특징 그 자체를 의미한다고 볼 수 있기 때문이다. 여기서 주목해야 하는 것은 초현실주의에 흐르는 주된 정조가 바로 이 두려운 낯섦이라는 것이다. 앞서 설명한 것처럼 두려운 낯섦의 주된 계기는 억압당한 감정, 친숙함 그리고 반복이다. 포스터는 초현실주의를 분석하면서 이러한 계기들의 중요성을 강조한다. 그는 초현실주의자들이야말로 "억압된 것의 회귀로 이끌렸을 뿐만 아니라, 억압된 것의 회귀를 비판적인 방향으로 이끌어가려고 했던 사람들"이었다고 말한다(포스터, 2005: 104, 17). 구체적으로 초현실주의에서 매우 중요한 인물 중 하나인 한스 벨머(Hans Bellmer)의 작품을 해석할 때 두려운 낯섦은 비평의 핵심 역할을 할 수 있다. 벨머의 〈인형(Die Puppe)〉(1936) 연작들은 앞서 이야기한 두려운 낯섦의 다양한 예가 모두 적용될 수 있는 작품이다. 벨머의 〈인형〉들은 소재부터가 두려운 낯섦을 불러일으키기도 하지만 그의 작품이 이러한 감정을 불러일으키는 이유는 단지 주된 오브제가 인형이기 때문만은 아니다. 그의 〈인형〉 연작에 등장하는 인형들은 거의 눈이 없다. 눈이 있어야 할 자리만 있다. 인형

3　이 번역서에서는 uncanny를 '불안감을 안겨주는 기이함'으로 번역했다. 그러나 나는 이 책에서 운하임리히 또는 언캐니를 '두려운 낯섦'으로 번역하고 있으므로 인용문에서 번역어를 수정했다.

그리고 눈, 이 둘은 프로이트의 두려운 낯섦이라는 감성적 지각의 근본적인 원인이자 대상이다. '눈을 빼 감'이란 행위가 의미하는 것은 남근의 상실, 보다 정확히 말하자면 강제적인 거세이다.

1959년 처음으로 독일 TV에 아이들에게 이제 잠자리에 들 시간임을 알려주기 위해 '모래 사나이(Sandman)'가 등장했었다. 그 이후로 지금까지도 모래 사나이는 여전히 등장하고 있는데, 이 짧은 애니메이션 속의 모래 사나이는 마치 요정처럼 매우 귀엽다. 그런데 독일의 전래 동화에 근거한 호프만의 소설에 등장하는 모래 사나이는 이와는 전혀 다르다. 자야 할 시간에 자지 않고 있는 아이들의 눈을 빼 가는 잔혹하고 괴기스러운 인물인 것이다. 밤늦게까지 자지 않을 수 있는 권리는 어른들의 것이다. 자지 않고 더 놀고 싶은데 잠을 자라는 어른들의 명령은 아이들에게 도저히 거부할 수 없는 일종의 절대적 명령일 수 있다. 밤에 잠을 자지 않고 부모 몰래 무언가를 해봤던 이들은 지금도 기억할 수 있을 것이다. 그 긴장감과 두려움과 흥분이 주는 묘한 감정 상태를. 앞에서도 언급했듯이 프로이트는 잠을 자지 않는 아이들의 눈을 빼 가는 모래 사나이와 아버지를 동일화하고 있다. 눈을 빼 가는 모래 사나이는 거세를 집행하는 아버지인 것이다. 프로이트에게 눈과 남근은 밀접한 상호 관계를 맺고 있다. 그는 눈을 잃어버릴지 모른다는 공포가 바로 거세 불안이라고 말한다(프로이트, 2004a: 420). 거세 불안은 두려운 낯섦의 또 다른 기원이다(프로이트, 2004a: 438).

다시 벨머로 돌아가보자. 앞에서 말했듯이 벨머의 〈인형〉들에는 눈이 없다. 프로이트와 마찬가지로 벨머 또한 호프만의 「모래 사나이」를 읽었으며, 자신의 연작 〈인형〉 작업을 할 때 그로부터 많은 영감을 받았다고 한다(크라우스, 2003: 283). 눈을 빼앗기는 것과 거세당하는 것의 동일화는 벨머의 작품들에서도 잘 드러난다. 그의 작품에 등장하는 눈이 없는 인형들은 마치 거세당한 것처럼 성별이 모호하다. 아니면 여자도 남자도 아닌 제3의 성인지도 모른다. 모호한 것은 성뿐만이 아니다. 주된 오브제인 인형은 생명체인지 생명체가 아닌지 모호하며, 작품의 형식 또한 사진인지 회화인지 또는 조각인지 알 수 없다. 이러한 다중적인 모호함이 상호작용하면서 두려운 낯섦이라는 감정을 유발시킨다(Käufer, 2006: 9-10 참조). 또한 벨머의 작품에서는 프로이트가 두려운 낯섦이란 감정이 유발되는 상황으로 언급한 '반복 강박'이 두드러지게 나타난다. 그의 연작에 반복해서 등장하는 수많은 인형들은 두려운 낯섦 그 자체다(포스터·크라우스·부아·부클로·조슬릿, 2007: 195 참조). 게다가 이 인형들은 온전한 상태도 아니다. 벨머의 인형들은 모든 부위가 절단되어 있다. 이 절단된 신체 부위들은 어떤 경우에는 절단된 채로 너부러져 있기도 하고, 또 어떤 경우에는 인간의 신체와는 전혀 다르게 연결되어 있기도 하다. "떨어져 나온 팔다리들, 잘려진 머리" 등은 "두려운 낯섦의 감정을 불러일으킬 수 있는 탁월한 예들"인 것이다(프로이트, 2004a: 438).

사실 초현실주의와 프로이트, 특히 두려운 낯섦이란 감정과 연결시켜 보았을 때, 벨머의 작품은 너무도 익숙한 예다. 벨머와 만 레이(Man Ray)의 작품들 그리고 아라공(Aragon)의 소설에 등장하는 '반복적 우연' 등은 이와 관련해서 이미 많이 분석되었다. 프로이트가 두려운 낯섦의 원인으로 지목한 요소들이 그대로 등장하는 이들의 작업은 두려운 낯섦 그 자체라고 해도 과언이 아니다. 그렇다면 이러한 요소들이 반드시 있어야만 두려운 낯섦의 감정을 느낄 수 있을까? 그렇지 않다. 이러한 요소들을 갖추지 않은 모든 대상과 상황에서도 두려운 낯섦은 발생할 수 있다. 내 경험을 이야기하면, 나는 프로이트가 이야기하는 요소들이 등장하지 않는 조르조 데 키리코(Giorgio de Chirico)의 작품들에서 두려운 낯섦의 감정을 강하게 느낀다. 어떤 예술 작품이 두려운 낯섦의 감정을 불러일으키는지에 대해서 정답을 규정할 수는 없다. 정답을 규정한다는 것은 어떻게 보면 감성학적 차원에서 벗어나는 것일 수 있기 때문이다. 그렇다면 나는 왜 데 키리코의 작품들에서 두려운 낯섦을 느끼고, 또 때로는 충격을 받는가? 그의 작품들은 왠지 익숙한데, 또 뭔지 모르게 굉장히 낯설고 불안하다. 너무 익숙한데 너무 낯설게 느껴져서 때로는 기괴하기도 하다.

대표적으로 데 키리코의 〈거리의 우울과 신비(Melancholy and Mystery of a Street)(1914)라는 작품을 보자. 이 작품에는 도시 공간에서 익숙하게 볼 수 있는 골목이 표현되어 있다. 도시는 우리가 일상적인 삶을 보내는 곳이다. 도시 공간의 골목들은 그래서 누구에게나 매우 익숙하다. 그런데 사실 어린 시절 도시 공간의 골목만큼 무섭고 두려운 장소도 없다. 골목은 말 그대로 좁은 길이다. 넓은 대로와는 다르다. 도시 공간은 기본적으로 익명성이 전제된 공간이기에 대중들 사이에 섞여서 넓은 대로를 걸어갈 때 느끼는 어지러움과 묘한 해방감이 있다. 그런데 골목은 대로와는 다르다. 어린 시절 누구나 한 번쯤 해질 무렵 또는 밤에 심부름할 때 골목에서 두려움을 느껴본 적이 있을 것이다. 아무도 없는 골목은 아무도 없기 때문에 두렵다. 낯선 사람이 등장하면 그 두려움은 더욱 커진다. 특히 낯선 사람의 저벅저벅 울리는 발걸음 소리는 두려움을 증폭시킨다. 보이지 않는 대상이 소리만으로 그 존재를 알릴 때 타인이 느끼는 불안감은 배가되기 때문이다. 나 또한 어린 시절 골목에서 두려움 때문에 미친 듯이 집 쪽으로 뛰거나, 또 어떤 경우에는 뛰는 행위가 두려움을 드러내는 것 같아서 마음을 졸이면서 최대한 천천히 걸으려고 했던 기억이 있다. 바로 이러한 느낌이 데 키리코가 그린 거리를 보고 생생하게 되살아났다. 원근법을 무시한 골목의 풍경, 그림자들, 혼자 있는 아이, 이 모든 것이 나에게는 두려운 낯섦 그 자체였다.

재미있는 점은 앞에서 이미 이야기했듯이 프로이트 자신이 기존 미학과 자신이 두려운 낯섦을 중심으로 서술하고자 하는 새로운 미학의 차별성에 대해 분명히 언급했음에도 불구하고 벤야민의 경우와 달리 프로이트의 두려운 낯섦에 관한 논의가 감성학적 차원에서는 다루어지지 않았다는 것이다. 오히려 정신분석학적 방법론에 기초한 예술비평 쪽에서 이를 적극적으로 활용해서 작품 분석과 비평을 한다. 물론 비평 영역에서 두려운 낯섦을 명확히 감성적 지각의 한 예로 다루지는 않는다(에멀링, 2015: 42-43).[4] 그런데 정말 정신분

---

[4] 여기서 에멀링은 내가 이 책에서 프로이트를 해석하는 것과 거의 동일한 해석을 보여주고 있다. 즉 두려운 낯섦을 중심으로 프로이트가 전개하고 있는 미학은 전통적 미학이 아니라 "감정의 특성에 대한 이론"이라고 말하며, 또 두려운 낯섦은 아이스테시스라고 해석하고 있다.

석학에서는 감성학적인 접근이나 논의가 전혀 없었던 것인가? 그렇지 않다. 감성학적 분석을 시도하면서도 비평가가 이를 인지하지 못한 것이라고 볼 수 있다. 포스터나 크라우스가 아우라, 두려운 낯섦 그리고 더 나아가 바르트가 주장하는 '푼크툼'이라는 개념의 연관성을 논의한 것은 일종의 감성학적 접근이라고 볼 수 있다. 이들의 논의를 좀 더 확장해서 말한다면, 이들이 택하고 있는 방법론은 일종의 '감성학에 기반을 둔 정신분석학적 접근'이라고 할 수 있다. 감성학은 매체 미학이 그러했듯이 다양한 분과와 결합해서 다양한 방법론으로 발전할 수 있는 것이다.

2장
바르트의 푼크툼

1. 주관적 느끼기의 대상

이미지에 대한 재평가는 무엇보다도 철학을 중심으로 진행되어 온 이미지에 대한 가치 폄하로부터 이미지를 구해내는 것으로 시작되었다. 플라톤이 동굴의 비유를 통해 본질과 가상 그리고 그 가상의 가상을 분류한 이후, 이미지는 철학사에서 설 자리가 없었다. 주류가 된 적이 없었던 것이다. 이미지는 늘 존재와 본질에 비해 이차적인 것으로 취급되었고, 이 이미지를 다시 모방하는 예술로서의 이미지들은 문제가 있는 것으로 평가되고 취급되었다. 이러한 입장에 문제가 있다는 것을 알고 이미지에 대한 논의가 일부 이루어져 이미지가 재평가되었지만 상황이 급격하게 변하지는 않았다. 앞에서 살펴보았듯이 본격적으로 이미지에 대한 논의가 시작된 것은 거의 최근의 일이다. 이미지를 상호 학문적 대상으로 삼아 연구하는 이미지학이 감성학과 마찬가지로 1990년대 후반에 등장한 것이다. 이미지에 대한 이러한 일련의 재평가 과정에서 무엇보다 두드러지게 나타난 현상은 '이미지 읽기'다. 이는 이미지의 역사에서 보면 급진적인 발전이다. 본질과 무관한 것으로 여겨져 읽기의 대상에서 제외되었던 이미지가 이제 읽기의 주된 대상이 되었기 때문이다. 그런데 여기서 근본적인 물음이 제기될 수 있다. 이미지를 읽을 때 텍스트를 읽을 때와 같은 방법론이 적용될 수 있는 것일까? 소설을 비평하는 방법론을 그대로 회화 또는 영화에 적용시킬 수 있는지에 대한 물음이 제기될 수 있는 것이다. 사실 시각적 스펙터클을 극대화하는 액션 또는 SF 영화의 영상들을 문학비평의 방법론으로 평가하기는 어렵다. 또 다른 문제는 이미지를 텍스트화하면서 해석의 다양성이 축소되어 이미지를 협소하게 만들 수도 있다는 것이다. 이미지를 읽는다는 것이 옳은 것인지, 또 이미지를 읽어야만 하는 것인지에 대한 의문들이 제기될 수 있다.

  감성학적 차원에서 보면, 이미지가 읽기의 대상에 머물러서는 안 된다. 여기서 더 나아가야만 한다. 감성적 지각을 중심으로 이미지를 느끼는 것이 무엇보다도 중요하다. 이미지를 사유 대상으로 한정해서 이해와 해석을 통해 이해하려고 하지 말고, 그저 주관적으로 느끼는 것이 중요하다. 이미지가 어떻게 지각되고 수용되는가의 문제를 개인의 주관적 경험을 중심으로 파악해야 하는 것이다. 바로 바르트가 그러했듯이 이미지를 느껴야 한다. 사진과 관련해서 바르트가 한 역할은 매우 크다. 바르트 이전과 이후로 이야기할 수 있을 정도로 그는 사진 영역에 매우 지대한 영향을 미쳤다. 그는 사진을 중심으로 한 이미지 수용과 관련해서 이미지를 읽기의 대상에서 느끼기의 대상으로 만들었다. 그는 진정한 의미에서 사진을 느끼고 또 자신이 느낀 감정을 자유롭게 서술함으로써 자신만의 사진 이론을 전개했다. 바르트에 의해서 사진은 비로소 자연의 모방 또는 현실의 재현 또는 기록물로서의 사진 이미지에서 벗어나 지극히 주관적인 느끼기의 대상이 된 것이다.

프로이트가 그랬듯이 바르트 또한 체계적인 예술 이론을 제시한 적이 없다(Nida-Rümelin, Betzler, 1998: 51). 그런데 잘 알려진 것처럼 그의 기호학, 이미지학 그리고 수사학 등은 현대철학뿐만 아니라, 문화 예술비평에도 많은 영향을 주었다. 그뿐만 아니라 그도 프로이트와 마찬가지로 체계적인 예술 이론을 제시한 바는 없지만, 예술에 대한 중요한 이론적 진술들을 했다. 특히 그의 사진 에세이 『밝은 방(La Chambre Claire)』은 매우 탁월한 사진 비평서이다. 벤야민의 「사진의 작은 역사」, 지젤 프로인트(Gisèle Freund)의 『사진과 사회(Photographie et Société)』 그리고 수전 손택(Susan Sontag)의 사진에 관한 글들과 더불어 바르트의 사진 에세이 『밝은 방』은 사진 비평에서 여전히 중요하다. 바르트와 더불어 이들의 사진 이론을 분석하는 작업은 매우 흥미 있고 의미 있는 작업일 것이다. 아쉽지만, 이 책에서는 일단 바르트만을 이야기하고자 한다. 그가 사진과 관련해서 독특하게 제시한 '푼크툼'이라는 개념을 중심으로 그의 사진론을 분석할 것이다. 그의 사진에 대한 사유는 바로 푼크툼에서 시작된다.

바르트는 『밝은 방』에서 이 책을 서술한 의도와 지향점을 밝히면서 사진을 읽기의 대상으로 보지 않겠다고 분명히 말한다. 즉 사진에 대한 분석과 비평을 시도하지 않겠다는 것이다. 그는 사진에 대한 글을 쓸 때 어떤 이론을 중심으로 서술하는 것을 거부하겠다고 말하며, 이러한 자신의 태도는 "모든 환원적 체계에 대한 결사적 저항"이라고 주장한다(바르트, 2006: 21).[1] 그리고 자신을 위해 존재한다고 할 수 있는 몇몇 사진에 대해 본인이 주관적으로 느낀 것들을 이야기하겠다고 강조한다(바르트, 2006: 21). 그는 사진에 대한 주관적 서술 원칙, 즉 "어떤 사진들 앞에서 나라는 주체를 과학이 관심을 갖는 탈육화되고 탈정서화된 사회적 개인(socius)으로 결코 환원"시키지 않겠다는 원칙을 정한다. 그런데 바르트가 처음부터 이렇게 사진 또는 이미지를 수용하려고 했던 것은 아니다. 오히려 그는 잘 알려진 것처럼 이미지의 기호학을 심화시킨 '기호학자'다. 그는 이미지는 기호들로 가득 차 있기 때문에 이를 해석하는 것이 무엇보다도 중요하다고 강조했다(바르트, 2003: 87). 그랬던 그가, 사진에 대한 이야기를 하면서 입장을 바꾼 것이다. 물론 그가 사진에 대해 이야기하는 것을 이미지 전반에 대한 것으로 확대해서 해석할 수는 없다고 주장할 수도 있다. 그러나 현대사회에서 사진은 대표적인 이미지라고 볼 수 있으며, 또 많은 대중적 이미지에 사진이 활용되고 있기 때문에 바르트의 사진을 중심으로 한 논의를 이미지 전반으로 확대해서 이야기해도 큰 문제는 없을 것이다.

어쩌면 보는 이미지에서 읽는 이미지로 그리고 느끼는 이미지로

---

[1] 이 글에서는 부분적으로 독일어 번역본(Barthes, 1989)도 참조하여 번역문을 수정했다.

의 전환 과정에는 바르트의 성찰이 겹겹이 스며들어 있다고 볼 수 있다. 바르트의 이러한 성찰은 어머니 사진을 우연히 발견하면서부터 시작되었다. 바르트는 이 사진을 계기로 사진을 비평적 관점에서 보지 않고 단순히 주관적으로 느끼기 시작했다(바르트, 2003: 83-91 참조). 그는 이처럼 사진에서 주관적 감성으로서의 푼크툼을 느끼게 되는 과정을 매우 섬세하게 그리고 시적으로 묘사하고 있다. 그에게 어머니는 매우 특별한 존재였다. 유복자인 그가 어머니와 맺은 유대 관계는 상상도 할 수 없을 정도로 강했다. 그렇기 때문에 어머니가 돌아가신 후 온실에서 우연히 발견한 어머니의 사진은 그의 근본을 뒤흔들어놓았다. 이때 받은 충격을 그는 이론적 차원에서 해석하지 않고, 사진이 담고 있는 대상의 지나간 시간을 중심으로 그 느낌을 서술했다. 그를 충격에 빠뜨린 사진의 본질은 바로 사진 속 대상의 흘러간 시간들, 즉 과거의 시간들에 있다. 시간의 불가역성이 사진을 지배하고 있는 것이다. 그는 사진을 둘러싼 기존의 논의들, 특히 기호학적인 논의들이 별 의미가 없다고 평가한다. 그는 기호학적인 이론이나 유사성을 중심으로 사진을 해석하는 실재론적 사진 이론 모두 사진을 이해하는 데는 별로 도움이 되지 않는다고 말한다(바르트, 2003: 111-112). 그렇기 때문에 그는 그때까지 어느 누구도 시도하지 않았던 완전히 새로운 자신만의 방법으로 사진에 대한 글을 남긴 것이다. 그는 사진은 결코 분류할 수 없는 것이기 때문에 객관적 인상비평이 불가능하다고 본다(바르트, 2003: 16). 결국 사진의 본질은 객관적으로 정의할 수 없을 뿐 아니라, 정의하려고 시도하는 것 자체가 무의미하다고 본 것이다.

또한 그는 사진은 사물의 질서를 보여주는 것이 아니라, 사물의 방대한 무질서를 보여준다고 보았다(바르트, 2003: 18). 그에게 사진에서 무엇보다도 중요한 것은 그 사진이 어떻게 수용되는가와 그 사진이 담고 있는 지시 내용이 어떤 느낌을 전달해주는가의 문제였다(바르트, 2003: 18-21 참조). 여기서 중요한 것은 수용하는 자의 주관성이다. 이 주관성이야말로 사진의 존재론적 특수성의 근거가 될 수 있다(바르트, 2003: 15). 각각의 주체가 사진에서 주관적으로 느끼는 것이 무엇보다도 중요한 것이다. 이 주관적 느낌은 타인에게 표현한다고 해서 이해되거나 공유되는 것이 아니다. 그저 각자가 자신만의 느낌을 가질 뿐이다. 내가 내 어머니의 사진에서 읽은 존재의 흔적은 타인과 공유할 수 없을뿐더러 감정의 공유 또한 불필요하다. 개별적인 주체의 감정 또는 구경꾼(Spectator)의 취향만이 중요할 뿐이다. 사진을 보는 개별적인 주체 자체가 "사진에 관한 앎의 척도"로 작용하는 것이다(바르트, 2003: 22). 이러한 바르트의 시도는 이미지를 읽기의 대상이 아니라 느낌의 대상으로 보았기 때문에 가능한 것이다. 그는 아주 개인적인 감정을 중심으로 사진을 느낀다. 그리고 그 느낌을 서술한다. 그 느낌이 바로 그가 이야기하는 '푼크툼'이다. 푼크툼이야말로 이미지를 느낀다는 것이 무엇인가를 정확히 보여주는 것이다. 그렇다면 푼크툼이란 무엇인가? 또 어떻게 푼크툼이 사진을 느끼는 데 주된 작용이 되는가?

2. 푼크툼의 의미

바르트는 사진이 가지고 있는 이중적 요소 중 하나로 푼크툼을 언급한다. 또 다른 하나는 '스투디움(Studium)'이다. 스투디움은 사진이 가지고 있는 일반적인 정보 그리고 지식과 관련된 것이다. 이는 대부분의 사진이 가지고 있는 요소이며, 또 이러한 요소를 가지고 있기 때문에 일종의 도덕적·정치적 필터로서 사진이 작용할 수 있기도 하다. 스투디움은 "어떤 것에 대한 전념, 누군가에 대한 열정, 열정적이지만 특별히 격렬하지는 않은 일반적인 정신 집중을 의미"하기 때문이다(바르트, 2003: 41-42). 따라서 이렇게 해석되는 스투디움은 문화와 교육과 관련이 있다(바르트, 2003: 43). 그러나 이게 전부다. 왜냐하면 스투디움을 중심으로 해석되는 사진들은 사진을 보는 주체에게 감동은 물론이고, 별 재미도 주지 못하기 때문이다. 바르트가 사진을 받아들이는 데 있어서 중요한 것은 사진의 이러한 요소가 아니다. 그는 사진의 스투디움적 요소는 자신에게 그 어떤 감동도 주지 않는다고 말한다. 사진의 스투디움은 관심도 불러일으키고 즐거움도 주지만 결코 사진을 보는 주체의 쾌락과 고통과는 관계가 없다. 나에게 정보를 줄지언정, 나의 마음을 후벼 파는 듯한 고통스러운 느낌은 결코 주지 않는다는 것이다.

그에게 푼크툼이란 "장면으로부터 화살처럼 나와 나를 관통"하는 것이며(바르트, 2003: 42), 뾰족한 도구에 의한 상처를 의미한다. 즉 "찔린 자국이고, 작은 구멍이며, 조그만 얼룩이고, 작게 베인 상처"이다(바르트, 2003: 42). 결국 사진의 푼크툼은 "사진 안에서 나를 찌르는(그뿐만 아니라 나에게 상처를 주고 완력을 쓰는) 그 우연"인 것이다(바르트, 2003: 42). 우연히 접한 어떤 사진의 인물과 장면에 가슴이 싸해지는 느낌을 누구나 한 번쯤은 가져봤을 것이다. 가슴이 따끔따끔해지는 말로 설명할 수 없는 아픈 고통 말이다. 그것이 바로 푼크툼이다. 푼크툼을 프로이트의 두려운 낯섦과 같은 방식으로 굳이 번역한다면, 아마 '날카롭게 찌름' 또는 '가슴을 후벼파는 듯한 고통'이라고 할 수 있을 것이다.

사진에서의 푼크툼적인 작용과 요소를 분석하기에 앞서 먼저 이야기해야 하는 것은 사진에 대한 바르트의 자세다. 앞에서 이야기한 것처럼 바르트는 기존의 사진 읽기와 해석으로부터 탈피해 자신의 주관적 감정만으로 사진을 느끼겠다고 강조했다. 그는 구경꾼으로서 자신의 감정을 중심으로, 특히 상처를 중심으로 사진을 탐구하고 싶었다고 강조했다. 여기서 중요한 것은 '상처처럼 다가오는 감정'이다. '나를 찌르는' 사진은 그럼으로써 나의 영혼을 일깨운다. 이때 일깨워진 영혼은 슬픈 영혼이다. 과거의 상처 또는 아련한 기억, 슬픈 회상과 같은 것들이 일깨워진 것이다. 갑자기, 예기치 않았던 순간에 이 찌름은 섬광처럼 나에게 다가와, 걷잡을 수 없는 회상의 심연으로 나를 이끈다. 이 과정에는 그 어떤 계획도 없다. 단지 우연만이 있을 뿐이다. 이는 일종의 '무의지적 기억'과 유사하다. 프루스트(Marcel Proust)가 마들렌의 비유를 통해 말하고 싶었던 그런 기억과 유사한 것이다. 그런데 바르트의 푼크툼은 이와는 좀 다르게 '슬픈 무의지적 기억'이 주를 이룬다. 어쨌든 아픔과 상처를 주는 사진과 갑자기 마주하게 된 구경꾼들은 생기를 찾고, 사진을 보는 구경꾼들의 모험은 비로소 시작된다(바르트, 2003: 35).

누군가는 촬영자(Operator)로서 사진에서 스투디움적 요소를 볼 수도 있고, 또 다른 누군가는 관찰자로서 같은 사진에서 푼크툼적인 요소를 볼 수 있다. 촬영자이든 관찰자이든 둘 다 사진에서 매우 세부적인 것(detail)들을 본다. 문제는 이 세부적인 것을 어떻게 보는가이다. 바르트에 따르면 스투디움을 보는 촬영자가 사진에서 세부적인 것들을 보는 이유는 이를 통해 무언가를 인과적 관계로 설명하기 위함이다. 결코 세부적인 것 그 자체가 중요하지는 않다. 그러나 푼크툼을 느끼는 관찰자에게는 세부적인 것 그 자체가 중요하다. 바르트는 이러한 세부적인 것이야말로 관찰자를 사로잡고 또 그렇기 때문에 푼크툼이 된다고 보았다(바르트, 2003: 59). 이 세부적인 것은 사진이라는 이미지에서 지극히 우연적인 것이며 목적 없는 것이다. 따라서 인과적으로 설명될 수 있는 것이 아니라, 관찰자에 의해서 우연적으로 구성되는 것이다(바르트, 2003: 66 참조). 바르트는 이러한 예를 윌리엄 클라인(William Klein)의 사진과 앙드레 케르테즈(Andre Kertesz)의 몇몇 사진 등을 예로 들어 설명하고 있는데, 중요한 것은 그가 언급한 그 사진들 자체가 아니라 사진들로부터 생겨난 푼크툼이다.

바르트는 케르테즈의 〈방랑하는 바이올리니스트(Wandering Violinist)〉(1921)라는 사진에서 사진 속의 인물들이 아니라, 배경, 특히 비포장도로에서 푼크툼을 느꼈다(바르트, 2003: 61-62). 그 언젠가 자신이 여행했던 중부 유럽의 도로들이 생각났기 때문이다. 이렇듯 사진은 우연히 나의 기억을 건드리기도 하며, 또 그 기억은 회상과 추억 사이에서 일종의 푼크툼을 형성하기도 한다. 그 외에도 바르트는 몇몇 사진에서 세부적인 것들이 자신에게 푼크툼으로 작용한 경우를 보여준다. 이 점에서 벤야민과 프로이트에게 있었던 사소하며 일상적인 것들에 대한 관심이 바르트에게도 있었다고 볼 수 있다. 바르트는 사진을 푼크툼으로 지각한다는 것은 그 어떤 분석도 하지 않는 것이라고 강조한다. 그럴 때 사진은 갑자기 눈 속으로 뛰어 들어와 잊고 있었던 기억을 예기치 않게 불러일으킨다. 왜냐하면 푼크툼은 "시야 밖의 미묘한 영역" 같은 것이기 때문이다(바르트, 2003: 76). 사진에서 눈에 띄지 않았던 요소들이 우연히 시야 안으로 들어올 때, 관찰자는 푼크툼을 느낀다. 노골적으로 무언가를 보여주고자 시야 안으로 들이미는 것에는 푼크툼이 없다. 바르트는 그 예로 포르노 사진을 든다. 포르노 사진은 모든 것을 시야 안에 가두어두었기 때문에 그에게 결코 에로틱한 감정을 줄 수 없다는 것이다. 의도와 무관하게 시야 밖에 있다가 시야 안으로 뛰어 들어온 세부 요소들이 바로 푼크툼을 가능하게 하는 것이다. 이 과정에서 원하지 않았던 또는 망각 속에 묻혀 있던 기억의 다발들이 펼쳐진다. 이것이 바로 푼크툼이다. 즉 우연적이며, 목적 없고, 비판과 분석 없는 주관적 수용이 바로 푼크툼인 것이다. 결국 바르트는 사진에서 "모든 지식, 모든 교양을 몰아내고, 다른 시선을 물려받는 것"을 거부한다고 주장한 것이다(바르트, 2003: 68).

어떤 사진에 우연적으로 사로잡히는 것, 즉 푼크툼은 도덕이나 취향과도 무관하다. 앞서 살펴본 바와 같이 푼크툼은 스투디움과는 달리 도덕심과 교육의 정도 그리고 취향에 따라 느끼는 것은 아니다. 푼크툼은 마치 섬광처럼 관찰자에게 다가온다. 도대체 사진의 무엇이 이렇게 다가오는가? 다시 말해서 사진의 어떤 요소들이 푼크툼을 불러일으키는가? 우리는 왜 우연히 접한 사진에서 푼크툼을 느끼는가? 바르트는 이를 사진이 담고 있는 대상과 그 대상이 존재했던 시점, 그리고 나와 그 대상의 관련성에서 찾는다. 사진이 지시하는 대상은 '지금' '여기'에 존재하는 것이 아니라, '과거에 존재했던 것(Es-ist-so-gewesen)'이다(바르트, 2003: 99). 여기서 중요한 것은 바로 '과거'라는 것이다. 과거라는 시간은 그 자체만으로도 푼크툼으로 작용할 수 있으며, 과거의 시간으로서의 푼크툼은 사진이 가지고 있는 스투디움을 압도할 수도 있다. 결국 사진적 이미지가 가지고 있는 푼크툼의 근원은 대상의 지나간 시간인 것이다. 즉 사진은 "현존의 증명서"(바르트, 2003: 109)로서, "더 이상 존재하지 않는 것을 (반드시) 말하는 게 아니라, 존재했던 것"을 확실하게 말하는 것이다(바르트, 2003: 108-109). 과거에 존재했으나 지금은 존재하지 않는 대상을 담고 있는 사진들이 우리에게 푼크툼으로 작용한다. 지금 존재하지 않는다는 이유만으로 그리움의 대상이 될 수 있으며, 그립다는 이유만으로 싸해지는 아픔을 느낄 수 있다.

3. 날카롭게 나를 찌르는 사진들

바르트는 사진에서 느끼는 주관적 감정을 푼크툼이라고 정의한 후, 이를 토대로 자신만의 사진 읽기를 시도한다. 앞서 이야기했듯이 그가 이러한 작업을 시작하게 된 계기는 우연히 발견한 어머니의 사진에 있었다. 그 사진 속 어머니는 아주 어린 시절의 어머니로, 그가 경험한 어머니는 아니었다. 어머니의 어린 시절 사진을 본 순간, 그는 가슴 한쪽을 찌르는 듯한 통증을 느꼈다. 이 통증은 아픔이기도 하고 그리움이기도 한, 하나로 설명 불가능한 복합적인 감정이었을 것이다. 어머니라는 대상이 어린 시절이라는 과거의 시간 속에 고정되어 있는 사진이 아주 우연히 눈에 띄었을 때 푼크툼을 불러일으키는 대상과 시간 그리고 계기 등이 복합적으로 작용한 것이다(바르트, 2003: 83-91 참조). 물론 바르트가 어머니에 대한 각별한 감정 때문에 어머니의 사진에서 특히 푼크툼을 강하게 느꼈다고 볼 수도 있다. 그런데 여기서 중요한 것은 사진의 대상이라기보다는 사진 속 인물의 과거의 시간이다. 사진 속 인물의 과거의 시간이 현재 나에게 예기치 않게 다가올 경우, 특히 그 사진 속 인물이 현존하는 인물이 아닌 경우 푼크툼은 더욱 커진다고 할 수 있다.

아마 이러한 바르트의 푼크툼적인 경험을 한 번쯤은 해봤을 것이다. 지금은 곁에 없는 가까운 사람의 과거 사진을 우연히 보고 가슴 한편이 찌르르해지는 그런 경험 말이다. 바르트에게서는 사진을 볼 때 무엇보다도 중요한 것이 바로 그런 경험으로서의 푼크툼이다. 사진 속 인물들의 분위기를 느낄 때도 그러한 푼크툼을 느낄 수 있다. 어떤 사람의 분위기란 바로 그 사람 자체를 의미하는 것이기 때문이다(바르트, 2003: 134). 그렇다면 지극히 개인적인 사진, 즉 개인적 경험과 관련된 사진에서만 푼크툼을 느낄 수 있는가? 그렇지 않다. 어떤 이는 대중적으로 공개된 사진들에서 스투디움을 읽지만,

또 어떤 이는 우연히 발견한 그 사진의 세부 요소들에서 푼크툼을 느끼기도 한다. 이러한 푼크툼이 가능하기 위해서는 사진의 대상과 관찰자인 나의 시선이 만나야 한다. 아마 우리는 사진 속 인물들의 시선에 당혹감을 느껴본 적이 있을 것이다. 그저 사진에 불과하다고 생각하면서도 쉽게 사진을 손상시키지 못하는 것은 아마도 이런 당혹감과 관련이 있을 것이다. 우리는 흔히 오래된 인물 사진들, 특히 자기 사진이 아닌 가족이나 지인의 사진들을 쉽게 버리지 못하는 경향이 있다. 사진 속 인물들과의 시선의 엉킴, 그것은 매우 묘한 경험이다. 때로는 사진 속 인물들의 시선에서 나를 똑바로 쳐다보는 듯한 힘이 느껴진다. 그렇기 때문에 바르트 또한 사진에서의 시선의 중요성을 강조했다(바르트, 2003: 137). 나의 시선에 응답하는 사진들, 응답하기 위해서는 시선의 되받아침이 있어야 하는 사진들, 바로 그런 사진들이 날카롭게 나를 찌를 것이다. 푼크툼적으로 작용하면서 말이다.

사실 나의 마음에 날카로운 송곳으로 찌르는 듯한 느낌을 주는 것은 사진만이 아니다. 사진 외에 다른 시각 이미지들에서도 그런 느낌을 받을 수 있다. 더 나아가 이미지뿐만 아니라 사물들이나 특정한 장소에서도 그런 느낌을 받을 수 있다. 특정 장소에서 특정한 조형물들을 보면 그 장소를 벗어나서는 결코 체험할 수 없는 푼크툼이 작용할 때가 있다. 그 장소의 기억은 오랫동안 마음에 남아 이미지로 작용하기도 한다. 그 장소에 대한 기억 또는 푼크툼은 장소와 그 장소에 있었던 그 시간들이 서로 맞물려 작용하는 것이다. 우리는 대부분 마음속에 그런 장소와 그 장소에 있었던 시간들과 사람들에 대한 푼크툼적인 느낌을 가지고 있다. 그 느낌은 지극히 사적이다. 사적인 느낌은 과거라는 시간과 더불어 푼크툼의 또 다른 근원이다.

3장
리오타르의 숭고

1. 포스트모던 무대에 다시 등장한 숭고

굳이 시기를 분류해서 말하자면, 프로이트의 두려운 낯섦, 벤야민의 아우라 그리고 바르트의 푼크툼은 모더니즘 시대에 등장한 이론들이라고 할 수 있다. 하지만 모더니즘적 이론을 전개하고, 또 모더니즘 예술과 깊은 관련이 있는 이들의 논의를 모더니즘이라는 틀에만 묶어둘 수는 없다. 이들은 모더니즘을 넘어 포스트모더니즘에서도 끊임없이 다시 소환되고 있기 때문이다. 이들의 이론은 포스트모던 이후 오히려 더 주목받고 재해석되고 있다. 이들과 달리 리오타르는 포스트모던을 주장하면서, 이 시기의 대표적인 감성적 지각으로 '숭고'를 전면에 내세우고 있다. 리오타르는 우리에게 '포스트모던'이라는 용어와 함께 1980년대를 상징하는 대표적인 철학자이다. 사실 포스트모던이라는 용어를 리오타르가 처음 사용한 것도 아닌데, 그는 포스트모던 하면 바로 머리에 떠오를 정도로 이 시대의 상징적인 철학자가 되었다. 그런데 이러한 상징적인 명성과는 달리, 리오타르는 1980년대에 본격적으로 진행된 포스트모던 논쟁에 직접 뛰어들어 활발하게 자신의 의견을 주장하지는 않았다. 그의 글이 논쟁의 발화점이 되긴 했지만, 이 논쟁 과정에서 그는 방관자였고 또 비판자이기도 했다. 아마도 포스트모던 논쟁이 그가 생각했던 것과는 다른 방향으로 전개되었기 때문일 수도 있고, 그의 이론에 대한 오해와 곡해도 많았기 때문일 수도 있다.

포스트모던 논쟁이 아니라 감성학적 관점에서 보면 무엇보다도 중요한 것은 리오타르가 숭고라는 감정을 중심으로 예술 이론을 전개했다는 점이다. 리오타르 철학의 본질적인 문제를 덮어둔 채 예술에 관한 문제만 뚝 떼어내어 이야기하는 것은 분명 옳은 접근 방식은 아니다. 그뿐만 아니라 그의 예술철학은 상당 부분 아도르노와 같은 엄격한 부분이 있기 때문에 이렇게 숭고를 감성적 지각으로 해석해서 감성학적 차원에서 접근하는 것도 문제일 수 있다. 그럼에도 불구하고 지금까지 그랬듯이 논의를 감성적 지각에 한정하여 이 주제에 몰입하기 위해서는 이러한 가지치기를 할 수밖에 없다. 따라서 여기서도 리오타르의 사상 전반에 대해 이야기하지 않고 '숭고'만을 이야기하고자 한다. 숭고라는 개념은 그가 연출한 포스트모던이라는 무대에서 주연배우의 역할을 하고 있다. 아우라, 두려운 낯섦 그리고 푼크툼이 각각 벤야민, 프로이트 그리고 바르트에 의해서 비로소 미학의 역사에 등장했던 것과는 달리, 숭고는 포스트모던이라는 무대에 리오타르에 의해서 처음으로 주연으로 등장한 것은 아니다. 미학의 역사에서 숭고는 앞서 이야기한 감성적 지각과는 비교도 안 될 정도로 아주 오래전부터 매우 중요한 개념으로 다루어졌다. 롱기누스(Longinus)에서 시작된 숭고에 대한 고찰은 고대뿐만 아니라 중세 그리고 근대와 현대를 넘어 포스트모던이라고 칭해지는 시대에 이르기까지 핵심적인 미적 범주로 작용했다. 숭고한 경험, 숭고한 예술 등은 미학의 중요 문제였으며, 지금도 여전히 그렇다.

현대 미학에서 숭고가 재등장한 것은 전적으로 리오타르 덕이다. 그러나 앞서 숭고의 긴 역사를 언급했듯이 리오타르의 숭고의 미학이 갑자기 하늘에서 뚝 떨어진 것처럼 생겨난 것은 아니다. 리오타르의 숭고 개념을 면밀히 살펴보기 위해서는 너무나도 잘 알려진 칸트(Kant)와 버크(Burke) 등의 숭고 개념을 분석해야만 한다. 리오타르는 숭고를 둘러싼 이론의 역사를 재조명함으로써 숭고를 다시 포스트모던 무대에 소환했다고 할 수 있기 때문이다. 그런데 그가 숭고를 소환한 무대는 이전에 숭고가 논의되던 무대와는 다르다. 그가 숭고가 활동할 수 있는 무대를 변화시켰기 때문이다. 그는 자연에 대한 경험과 자연미를 중심으로 논의되던 숭고를 예술의 영역으로 가지고 들어왔다. 리오타르 이전의 숭고는 주로 자연에서 체험할 수 있는 미적 경험으로 이해되었다. 칸트가 말했던 것처럼 절대적으로 큰 무언가의 앞에서 인간이 그것에 압도당할 때 느끼는 감정이 바로 숭고였다. 이와 관련해서는 낭만주의의 대표적 화가인 카스파 다비트 프리드리히(Caspar David Friedrich)의 그림들을 떠올리면 쉽게 이해할 수 있다.

프리드리히의 〈안개 바다 위의 방랑자(Wanderer Above the Sea of

Fog〉〉(1918)와 〈지는 해를 마주보는 여인(Woman Before the Setting Sun)(1918)이라는 작품은 숭고와 관련해서 언급될 수 있는 고전적인 그림들이다. 일종의 전형인 것이다. 이 두 그림 속의 인물들은 우리에게 뒷모습만을 보인 채 자연경관을 보고 있다. 풍경으로서의 자연은 매우 압도적으로 묘사되고 있고, 이를 바라보는 인간들은 작고, 풍경이 주는 경이로움에 압도된 듯이 보인다. 이 그림 속의 인물들이 풍경 앞에서 느낀 감정은 무엇이었을까? 그것이 바로 숭고다. 숭고란 무한하고 절대적인 크기를 경험했을 때 발생하는 것으로, 그 경험의 근원은 자연이었다. 이처럼 자연을 중심으로 형성된 숭고 개념과 숭고 경험을 둘러싼 논의의 지평을 리오타르는 자연이 아닌 예술로 이전시킨다. 이제 현대 예술은 본격적으로 숭고의 문제를 다룬다. 그런데 프리드리히가 그의 그림에서 숭고를 다루었던 방식과는 전혀 다르게 숭고의 문제를 다루고, 숭고를 표현한다. 그렇다면 과연 현대 예술에서 다루는 숭고란 무엇인지를 살펴보자.

2. 표현할 수 없다는 것이 존재한다는 사실을 표현하기

이 세상에는 말로 표현할 수 없는 것이 너무 많다. 말뿐만 아니라 그 어떤 전달 매체, 즉 이미지와 음악 그리고 몸짓 등으로도 표현할 수 없는 것이 많다. 또 표현할 수 있다 하더라도 각자 표현하는 방법도 판이하게 다르고, 표현된 내용도 다르다. 표현이란, 한마디로 말해서 마음속에 품고 있는 생각이나 정서를 밖으로 드러내어 나타내는 행위다. 표현이라는 행위에서의 문제는, 표현할 수 있는 것인데도 표현하지 못한다는 데 있다. 즉 '잘 표현하지 못한다'는 데 있다. 무엇을 잘 표현하지 못하는가? 이 물음에서 핵심은 '무엇'이다. 즉 표현할 수 있는 대상이 존재한다는 것을 전제로 한 물음인 것이다. 리오타르의 문제의식은 이러한 '표현 불가능성'에서 출발하는 것이 아니다. 그는 애초에 표현할 수 없는 것이 존재한다는 점에서 출발한다. 여기서 더 나아가 그는 표현할 수 없는 것이 존재한다는 사실을 표현하는 것을 문제 삼는다. 그리고 그 표현을 접했을 때 갖게 되는 감정을 숭고라고 규정한다. 그리고 이러한 숭고를 비로소 예술과 연결시킨다. 리오타르의 예술과 관련된 숭고 분석에서 중요한 예술가와 예술 사조는 뉴먼(Barnett Baruch Newman)과 아방가르드(Avantgarde)이다. 아방가르드는 좀 더 뒤에서 살펴보기로 하고, 먼저 뉴먼의 작품을 중심으로 표현할 수 없는 것에 관해서 살펴보자. 뉴먼의 작품은 리오타르의 숭고의 미학을 이해하는 데 있어서 중요하다. 뉴먼이 그의 작품과 에세이 등에서 숭고를 중요하게 다루었으며, 또 뉴먼이 규정하는 숭고가 리오타르가 규정하는 숭고와 거의 일치하기 때문이다.

리오타르는 우리의 상상력으로 개념과 일치하는 대상을 표현하지 못할 때 숭고가 등장한다고 말한다(리오타르, 2011b: 33).[1] 즉 우리

---

[1] 이 책에서 나는 한국어 번역본의 몇몇 용어를, 예를 들어 '현시할 수 없는(imprésentables)'을 '표현할 수 없는'으로 그리고 '근대 예술'을 '현대 예술'로 수정해서 사용할 것이다. 그 외에 수정한 사항은 본문에 표시하겠다.

가 세계에 대해 이념을 가지고 있지만, 이를 표현할 수 없는 경우들이 있다는 것이다. '표현할 수 없는 것들(imprésentables)'의 존재함과 이를 표현하기가 숭고의 핵심인 것이다. 리오타르는 이처럼 표현할 수 없는 것이 존재한다는 사실을 표현하는 것이 바로 현대 예술이라고 한다. "우리가 생각할 수는 있으나 볼 수 없는 그리고 보이게 할 수도 없는 어떤 것이 존재한다는 것을 보이게 하는 것, 바로 여기에 현대 회화가 추구하는 목표가 있는 것이다."(리오타르, 2011b: 33) 표현할 수 없는 것들의 존재함을 표현하고자 한 대표적인 화가가 바로 뉴먼이다. 그는 표현할 수 없는 것들이 존재한다는 사실을 말해야 한다고 생각했다. 그래서 그 스스로 표현할 수 없는 것들이 존재한다는 사실을 작품으로 보여주고자 했다. 리오타르는 뉴먼이 쓴 에세이 『숭고한 것은 지금이다(The Sublime is now)』와 그의 작품 〈숭고한 영웅(Virheroicus sublims)〉과 〈저기가 아니라 여기(Not over there, here)〉 등을 언급하면서 자신의 숭고 이론을 전개해나간다.

뉴먼의 작품들은 대부분이 지극히 단순하다. 단일한 색이 캔버스를 가득 메우고 있고, 간혹 세로선 가로선이 등장해서 캔버스를 분할하고 있다. 이런 종류의 그림들은 감상자에게 당혹감을 불러일으킨다. 뭘 봐야 하는지, 그리고 뭘 읽어내야 하는지 도통 알 수 없기 때문이다. 더욱 당혹스러운 것은 이런 그림 앞에서 감정이 주체할 수 없이 벅차오른다는 것이다. 심지어 성스럽고 숭고한 감정까지도 느낄 수 있다. 상상해보자. 화이트 큐브라고 이야기되는 미술관의 흰 벽에 뉴먼의 이런 작품들이 걸려 있는 것을. 그리고 이 작품들 앞에 있는 나를. 이때 느끼는 감정은 표현할 길이 없을 것이다. 도대체 왜 그런가? 먼저 뉴먼의 작품들은 재현을 중심으로 한 전통적인 그림들과 확연히 구별된다. 그의 작품들에는 재현된 대상이 아무것도 없기 때문이다. 그뿐만 아니라 형태를 알 수 없는 추상적 형상들도 없다. 감상자가 추측을 통해 아마도 저 형상은 무엇을 표현하고 있을 거라고 상상할 만한 여지가 없는 것이다. 그는 캔버스에 뭔가를 표현하기를 포기한 것이다. 할 수 있는데 포기한 것이 아니라, 할 수 없기 때문에, 그 할 수 없다는 것을 표현하기 위해서 표현을 포기한 것이다. 그렇다면 그가 표현하기를 포기한 것은 무엇인가? 뉴먼은 그것이 '지금과 여기'라고 말한다(리오타르, 2011a: 154).

벤야민이 전통 예술 작품이 가지고 있던 원본성을 중심으로 한 아우라를 해석할 때 문제가 되었던 지금과 여기가 다시 등장한다. 아우라가 아니라 숭고를 중심으로, 게다가 표현할 수 없는 것의 존재함이라는 도무지 알 수 없는 모호한 것으로 재등장하는 것이다. 뉴먼에게 있어서 지금이라는 현재의 순간은 "의식에 알려지지 않은 것이며, 또한 의식에 의해 구성될 수 있는 것도 아니다. 그것은 오히려 의식을 분해시켜 즉위 해제시키는 것이고, 그것은 의식이 정립할 수 없는 것이며, 의식이 스스로를 구성하기 위해 잊어버려야 하는 것"이다(리오타르, 2011a: 156-157). 문제는 단지 지금 무언가가 발생하고 있다는 사실, 지금 여기에 표현할 수 없는 것들이 존재하고, 이것들이 발생하고 있다는 사실뿐이다. 뉴먼은 바로 이러한 것들이 그림으로 표현할 수 없는 것들이며, 더 나아가 이런 것들이 존재함을 표현해야만 했다. 그리고 이것이 바로 숭고로 표현된다. 지금이 숭고한 것이다(리오타르, 2011a: 163). 지금이 숭고한 것이라고 할 때,

중요한 것은 지금 무언가가 발생하고 있다는 사실이다. 아무 일도 일어나지 않는 것이 아니라, 무언가 일어나고 있다는 것이다. 즉 사건이 존재하는 것이다. 사건이 발생하는 과정도 숭고이며, 이를 받아들이는 과정도 숭고다.

미국에서 뉴먼이 이러한 숭고 회화를 시도했다면, 유럽에서는 아방가르드가 표현할 수 없는 것들이 존재함을 표현하고자 시도했다. 아방가르드는 회화의 기본적인 요소들을 모두 뒤흔들어놓았다(리오타르, 2011a: 183). 한마디로 말해서 "아방가르드의 작업은 지각할 수 있는 지금을 거대한 재현적 회화의 붕괴 속에, 표현될 수 없는 지금을 앞으로 표현되어야 하는 것으로 설정"했다(리오타르, 2011a: 184). 표현될 수 없는 것의 존재함에 몰두하는 현대 예술의 중심에 아방가르드가 서게 된 것이다. 아방가르드의 핵심은 표현할 수 없는 지금을 표현하는 것이다. 따라서 아방가르드의 경우 중요한 것은 '무엇'이 일어나고 있는가에 대한 물음이 아니라, 무엇이 '일어나고 있는가'에 대한 물음, 즉 '사건(Ereignis)'이 중요한 것이다. 표현할 수 없는 지금을 표현하기란, 일종의 일회적 사건으로 파악할 수 있다. 지금은 표현할 수 없는 것이며, 이 지금을 표현하는 일회적 사건은 일종의 심미적 사건이다. 이 사건은 일회적 현존재를 일회적 사건으로 표현한 것이라고 볼 수 있다. 이때 예술은 '작품'으로 존재하는 것이 아니라, '사건'으로 존재한다. 사건으로서의 예술은 전통 예술의 지형도를 뒤흔들어놓았다. 일회적인 사건으로 존재하는 아방가르드적 예술은 수용자에게 숭고한 감정을 불러일으킨다. 이제 숭고는 작가 중심에서 수용자 중심으로 넘어간다. 무엇보다도 수용자의 감성과 지각을 중요하게 생각하는 감성학의 차원에서 숭고를 봐야 할 때가 온 것이다.

3. 감성적 지각으로서의 숭고

그림에서 숭고라는 감정을 이야기할 때 언급되는 작가는 뉴먼뿐만이 아니다. 뉴먼은 스스로 숭고에 대해 공부하고, 또 이에 대한 글도 쓰고, 숭고와 관련된 작품을 제작해서 일종의 숭고 회화의 대명사가 되었지만, 작가 중심이 아니라 수용자 중심으로 숭고를 이야기한다면 오히려 말레비치(Kazimir Malevich)나 로스코(Mark Rothko)의 작품 등이 더 적합할 수 있다. 검정 또는 흰색으로 캔버스를 가득 메우거나 두서너 개의 색깔로만 캔버스를 가득 채운 작품들은 숭고라는 감정과 직접 연관된다. 재미있게도 이들의 작품들을 실제로 접하면, 실제로 뉴먼이나 리오타르가 숭고를 어떻게 정의했는지 모르더라도 숭고를 느끼게 된다. 구체적인 그 무엇도 표현되어 있지 않은 커다란 캔버스를 한참을 보고 서 있으면 가슴속에 뭔지 모를 두려움, 죄의식 또는 거룩함 등이 느껴지는 것이다. 물론 이는 지극히 주관적인 경험일 수도 있지만, 적어도 대부분의 감상자가 당혹감이나 불편함은 느낄 것이다. 온통 검은색으로만 칠해져 있는 말레비치의 작품 〈검은 사각형(Black Square)〉(1915)을 보고 있으면 매우 당황스럽고, 무엇을 읽어야 할지 암담할 것이다. 또 로스코의 그림들을 보고 있노라면 뭔지 모를 비애감도 느껴진다. 구체적으로 표현할 수 없는 복합적인 감정들이 생겨나며 때로는 모순된 여러 감정이 동시에 일어나기도 한다.

  표현할 수 없는 것들이 존재한다는 사실을 표현하는 것은 현대 예술가들의 당면 과제다. 어떻게 표현할까를 넘어 그리고 무엇을 표현할까도 넘어 무엇을 표현할 수 있을까 또는 표현할 수 없는 것들을 어떻게 표현할까를 끊임없이 고민해야 하는 것이다. 사실 표현할 수 없는 것들이 존재한다는 것을 인정하는 과정은 쉽지도 않고, 즐겁지도 않을 것이다. 이때의 감정은 내가 표상한 이미지가 애초에 내가 의도한 대상이나 개념과 일치할 때와는 전혀 다른 감정일 것이다. 이 후자의 감정을 리오타르는 칸트의 이론을 가지고 와서 설명한다. 즉 칸트에게 있어 미를 느끼는 감정은 "이미지의 능력과 개념의 능력 간의 자유로운 합치로부터 나오는 쾌"라고 말한다(리오타르, 2011a: 171). 바로 이 점에서 숭고와 미가 구별된다. 숭고의 감정은 단순한 쾌가 아니라 불쾌와 혼합된 쾌이며, 이러한 불쾌로부터 나오는 기쁨이기도 하다고 말한다. 숭고는 이렇게 경계에 있는 감정이다(낭시, 2005: 67-68 참조).[2] 즉 숭고는 "쾌와 불쾌, 즐거움과 두려움, 감정의 강화와 저하가 결합"된 모순적인 감정인 것이다(리오타르, 2011a: 161). 모순은 여기서 그치지 않는다. 인식과 인식 대상의 불일치 그리고 그 사이에서 어찌할 바 모르는 상상력의 분열 사이에서 숭고는 발생한다. 우리가 상식적으로 알고 있는 숭고와

---

[2] 여기서 낭시는 이러한 경계가 해체되는 과정과 상반된 감정들이 모순을 일으키는 과정에 주목하면서, 숭고의 미학을 탈경계에서의 움직임이라고 규정한다.

는 조금 다르다. 일종의 '거룩함'을 느끼는 숭고가 아니라, 오히려 뭔지 모를 '거북함'을 느끼는 것이 숭고인 것이다. 이러한 규정은 숭고의 미학사를 보면 낯선 것은 아니다. 리오타르 또한 버크의 숭고 개념을 다루면서 이러한 숭고의 측면을 언급하고 있다(리오타르, 2011a: 173-174). 버크에게 숭고는 공포와 쾌와 연관된 감정이며, 또 박탈에서 오는 환희를 의미한다(리오타르, 2011a: 174-175).

이런 복합적인 감정으로서의 숭고는 숭고의 역사에서 지속적으로 등장한다. 즉 숭고를 감성적 지각으로서 바라보는 역사는 꽤 오래된 것이라고 볼 수 있다. 리오타르 또한 숭고 이론의 역사를 살펴보면서 이를 강조하며(융, 2006: 251 참조),[3] 숭고를 "예술적인 감성의 양식"으로 파악하고 있다(리오타르, 2011a: 164). 그는 특히 1674년에 출판된 부알로-데프레오(Nicolas Boileau-Despréaux)의 롱기누스의 필사본이자 번역본인 글에 등장하는 숭고 개념에 대해 이야기하고 있는데, 리오타르에 의하면 부알로는 숭고를 가르칠 수 없는 것으로 보았다. 따라서 "숭고는 시학에서 확립될 수 있는 규칙들과 아무 관계가 없다. 숭고는 파악 능력, 취미 및 '모든 세계를 지각하기 위한 감각'만을 독자나 청자에게 요구"할 뿐이다(리오타르, 2011a: 167). 이러한 감각으로서의 숭고는 "증명되거나 제시될 수 있는 것이 아니라, 갑자기 다가와서 흔들어놓고 느끼게 하는 어떤 경이로운 것"이

---

3 여기서 베르너 융은 리오타르의 미학이 모호한 이중성을 내포하고 있다고 한다. 즉 "한편으로는 18세기의 미학 이론 형성의 출발점으로 되돌아가서 미학적인 것의 개념을 새로운 종류의 감각적 지각으로 이해"하며, 다른 한편으로는 "미학을 바로 고전적인 의미에서 예술철학으로 이해"한다고 주장한다.

다(리오타르, 2011a: 169). 이 경이로운 것은 수용자의 충격 효과에도 관여한다. 이러한 부알로의 숭고에 대한 서술에서 분명히 드러나는 것은 감성적 지각으로서의 숭고다. 리오타르 또한 이러한 충격과 긴장 강화로서의 숭고를 받아들임과 동시에, 예술을 수용자의 예술 경험을 중심으로 볼 것을 강조한다(리오타르, 2011a: 170). 한마디로 말해서 감성학적 차원에서의 감성적 지각을 강조한 것이다.

4장
감성적 지각들 간의 가족 유사성

1. 아우라와 두려운 낯섦

프로이트의 이론이 벤야민에게 미친 영향은 매우 크다. 벤야민은 당대의 많은 지식인이 그러했듯이 프로이트를 연구했으며, 또 그로부터 영향을 받았음을 숨기지 않았다. 벤야민의 글에 등장하는 적지 않은 프로이트식 용어들이 바로 그 증거다. 사실 지각 구조에 관심을 갖고 변화된 사회적 상황과 예술들이 지각에 어떻게 영향을 미치는가를 연구한 벤야민이 프로이트에게 관심을 가진 것은 너무나 당연하다. 벤야민은 초현실주의 이전의 다다(Dada)에도 관심을 갖고 이를 긍정적으로 표현한 바 있으며, 초현실주의를 당대의 유럽 지식인들의 지적 흐름을 파악할 수 있는 척도로 보았다. 그는 초현실주의자들이야말로 그들이 살고 있는 현실을 가장 잘 읽고 있는 지식인들이라고 평가했다(벤야민, 2008c: 167). 이러한 벤야민의 지적 성향을 보았을 때 프로이트와 벤야민은 긴밀한 관계를 가지고 있다고 볼 수 있으며, 미술 이론가들은 이 둘의 유사성을 중심으로 초현실주의적 작품들을 분석하기도 한다. 할 포스터, 로잘린드 크라우스가 그 대표적인 이론가들이다. 그런데 철학과 미학 내에서는 벤야민과 프로이트의 관계를 집중적으로 분석하려고 한 시도가 거의 없을뿐더러 정신분석학과 벤야민의 관계를 다룬다고 하더라도 벤야민 연구에서 이는 중심이 아니라 주변부적인 것으로 취급받아왔다. 이러한 현상은 충분히 "벤야민에 대한 탈정신분석학적 해석"으로 볼 수 있다(홍준기, 2010: 59). 최근에는 상황이 좀 달라져서, 정신분석학과 벤야민의 이론의 관계를 좀 더 적극적으로 파악하려는 시도들이 나타나고 있다.

이런 현상은 감성학과 프로이트를 연관시켜 볼 때도 나타난다. 즉 '프로이트에 대한 탈감성학적 해석'의 경향이 있다고 볼 수 있다. 프로이트가 말한 여러 근원적인 감정이나 욕구가 감성적 지각의 범주에 속함에도 불구하고 그를 정신분석학적 틀에서만 보는 경향이 분명 있다. 벤야민에 대한 정신분석학적 연구가 주변적이었듯이 프로이트에 대한 감성학적 연구는 현재 주변적이다. 이 둘은 자신들이 예술과 관련해서 이야기하고자 하는 이론이 미학이 아니라 일종의 감성학임을 분명히 밝혔음에도 불구하고 이 둘의 이론을 감성학적 차원에서 적극 비교하려는 시도는 거의 없다. 그러나 앞에서 분석했듯이 프로이트의 두려운 낯섦은 감성적 지각의 특징을 가지고 있다. 감성학자로서의 프로이트와 벤야민 그리고 감성적 지각으로서의 두려운 낯섦과 아우라는 많은 공통점을 가지고 있다. 그러므로 초현실주의에 대한 정신분석학적 접근을 시도하면서 이와 더불어 벤야민과의 비교를 시도하는 방법론도 중요하지만, 감성학적 차원에서 이 둘을 비교하는 것도 필요하다.

이미 앞에서 이야기했듯이 벤야민과 프로이트는 감성학적 차원에서 하나의 체계적인 감성적 지각 이론으로서 아우라와 두려운 낯섦을 언급하지는 않았지만 아우라와 두려운 낯섦은 대표적인 감성적 지각의 한 예로 논의할 가치가 충분하다. 이 둘은 감성적 지각으로서 의미를 갖고 있을 뿐만 아니라, 서로 중첩되는 내용을 갖고 있다(Menninghaus, 2009: 55). 이 중첩되는 내용이 무엇인지 밝히는 것은 감성학에서 매우 중요한 작업이 될 것이다. 이로 인해 감성적 지각의 구체적 내용들이 좀 더 명확해질 것이기 때문이다. 그 밖에 벤야민의 도시인상학도 프로이트와 연결될 수 있다. 특히 벤야민이 대도시 경험을 분석한 글과 복제 예술이 시각에 미친 영향 등을 분석한 글에서는 프로이트적 색깔이 드러난다. 대도시에서의 혼잡함과 새로운 집단인 대중에게서 받는 충격과 방어기제에 대한 분석 그리고 사진에서 드러나는 시각적 무의식성 등이 그 예라고 볼 수 있다. 또한 이 둘 모두 거창하고 위대한 것이 아니라 일상에서 늘 접할 수 있는 사소하며 하찮은 것에 주의를 집중했다는 점이 중요하다. 일상의 행위에서 느끼는 감정들 그리고 일상에서 자주 접하는 환경과 사물들에서 비롯되는 감성들이 이들이 말하는 감성적 지각의 주된 내용으로 등장한 것이다. 예술 작품을 분석하는 과정에서도 벤야민과 프로이트의 공통점이 드러난다. 이 둘은 전통 미학적 관점에서 예술 작품을 분석하지 않았다. 때로는 쾌와 불쾌를 중심으로 또 때로는 예술 작품이 권위를 가지고 작동하는 방식에 주목했다. 이제 본격적으로 아우라와 두려운 낯섦이 공유하고 있는 특징이 무엇인지 그리고 다른 점은 무엇인지 분석해보자.

아우라와 두려운 낯섦은 일상생활에서 느끼는 감성적 지각임과 동시에 특별한 예술 체험이기도 하다. 이 두 감성적 지각은 공통적으로 '거리감'과 관련이 있다. 그러나 아우라에서의 거리감과 두려운 낯섦에서의 거리감은 다르다. 먼저 아우라에서 거리감은 무엇보다도 공간적·시간적 거리감이다. 그리고 이 공간적·시간적 거리감이 심리적 거리감에 영향을 미친다. 아우라는 한마디로 말해 멀리 떨어져 있던 낯선 것이 지금 가까이 다가와 있다는 것을 의미한다. 뒤집어 이야기하면 지금은 친숙하게 가까이 있지만, 사실은 매우 멀리 있는 낯섦이라는 것이다. 본질적으로 아우라는 '가까이 하기에 너무 먼 것'이다. 이는 '특별한(sonderbar) 것'이 '일회적(einmalig)'으로 나타난 것이며, 이 과정에서 아우라적인 지각 방식이 작동한 것이다(Didi-Hubermann, 1999: 136). 공간적·시간적 거리감이 존재하는 한 낯선 것이 지금 우리 옆에 친숙한 것으로 존재한다고 하더라도 이는 일회적 현상에 그친다. 이 일회적 현상을 접할 때 우리는 아우라를 경험할 수 있다. 특히 그것이 예술 작품일 경우 더욱 그렇다. 왜냐하면 예술 작품이 지금 여기에 있다는 것은 아주 특별한 순간이기 때문이다.

이와는 반대로 두려운 낯섦은 '억압된 친숙한 것'이다. 친숙한 것이 억압된 것이 아니라면, 두려운 낯섦은 발생하지 않는다. 그저 낯설기만 할 뿐이다. 친숙하고 익숙한 것들이 뒤틀린 채, 또는 낯선 것보다 더 낯설게 나타날 때 두려운 낯섦은 상상할 수 없이 커진다. 그렇기 때문에 많은 공포 영화에서 주인공을 위협하는 공포의 대상은 아주 낯선 인물이나 대상이 아니라, 주인공에게 친숙하며 익숙한 인물과 대상인 것이다. 가족 또는 반려동물 또는 늘 가지고 있던 인형 등이 위협적인 것으로 등장할 때 공포는 배가된다. 반면 아우라는 '친숙하고 싶지만 억압된 것' 또는 "가까이 있더라도 멀리 떨어져 있는 것"처럼, '친숙한 듯하지만 사실 낯선 것'이라고 말할 수 있다(포스터, 2005: 270 참조). 그렇기 때문에 전통적인 예술 작품은 숭배 가치를 가지면서, 수용자에게 아우라적인 지각 방식을 요구하게 된다. 가까이 하기엔 너무 멀고, 또 가까이 있더라도 심미적인 거리감이 존재한다. 물리적인 접근 불가능성은 감성적으로 작용할 수밖에 없다(포스터, 2005: 270-277 참조).[1] 그러나 두려운 낯섦이란 감정은 아우라의 경우와는 달리, 그 감정의 원인이 되는 대상에 대해 숭배 가치를 갖지는 않는다. 그것이 어떤 두려움이든 간에 기본적으로 두려움의 대상은 소유하고 싶지 않기 때문이다. 요약하자면 아우라의 핵심은 '낯섦'이고, 두려운 낯섦의 핵심은 '친숙함'이다. 즉 아우라는 아무리 지금 친숙하게 가까이 와 있어도 본질은 먼 곳의 낯섦인 것이고, 반대로 두려운 낯섦은 지금은 낯설지만 과거에는 본질적으로 친숙했던 것이다.

---

1 여기서 할 포스터는 벤야민과 프로이트의 공통점을 적극적으로 찾아 분석하면서 초현실주의에 대한 재평가를 시도하고 있다. 특히 할 포스터는 아우라를 프로이트의 토템과 연결시켜 토템이나 아우라나 둘 다 접근 불가능성이라는 이미지의 특성을 가지고 있다고 말하며, 아우라와 두려운 낯섦은 불안이라는 공통점을 가지고 있다고 이야기한다.

친숙함과 낯섦이라는 감정 외에도 아우라와 두려운 낯섦은 '응시(Blick)'라는 공통분모를 갖는다. 감성적 지각으로서의 아우라에서 무엇보다도 중요한 것은 '응시'이다. 응시하기 위해서는 거리감이 존재해야만 한다. 시각이라는 것은 원거리 감각, 즉 서로 간에 거리가 존재하지 않으면 성립할 수 없는 감각이기 때문이다. 사실 먼 곳을 응시한다는 것은 기본적으로 낯섦과 긴밀하게 연결되어 있다(Mersch, 2002b: 76). 응시와 거리감은 한편으로는 아우라를, 또 다른 한편으로는 두려운 낯섦을 만들어낸다. 지금 옆에 두고 보고 있지만, 사실 먼 곳에 있는 것이라는 것을 안다면 응시를 제대로 할 수 없다. 왜? 한낮 꿈처럼 사라지리라는 것, 일종의 신기루라는 사실을 알기 때문이다. 그렇기 때문에 이때 응시는 불안하다. 곧 사라질 것 같아서 불안해하면서 응시의 대상을 바라보는 응시의 주체와 응시의 과정들. 이것은 바로 두려운 낯섦이라는 감정과 연결될 수 있다. 두려운 낯섦도 기본적으로 불안을 전제로 하기 때문이다. 그러나 아우라와는 조금 다르게, 프로이트가 말하는 두려운 낯섦에서는 응시가 막연한 불안이 아니라 공포에 가깝다. 모래 사나이 이야기에서처럼 잠을 안 자는 아이들의 눈을 빼버린다는 것은 금지된 응시의 공포스러운 결과인 것이다. 그래서 앞에서 언급한 것처럼 벨머의 〈인형〉 연작의 인형들도 눈이 없다. 이미 모래 사나이를 만나기라도 한 것처럼 눈이 있었던 자리만 있다. 응시할 수 있는 능력을 상실한 눈, 그것은 두려운 낯섦 그 자체다. 그런데 이러한 응시의 불가능성은 벤야민도 이야기한다. 아우라가 아니라 아우라의 몰락이 바로 응시의 불가능성인 것이다. 프로이트의 두려운 낯섦은 시선을 주고받을 수 있는 눈이 없는 것, 즉 눈 그 자체를 빼앗긴 것이며, 벤야민의 아우라의 몰락은 시선을 맞받아칠 수 있는 능력과 기회를 상실한 것이다.

2. 아우라와 푼크툼

아우라와 푼크툼, 이 둘은 현재 사진 이론에서 가장 빈번히 사용되는 개념일 것이다. 사진에서의 아우라를 둘러싼 논쟁은 끊이지 않으며, 푼크툼은 늘 사진에서 뜨거운 주제다. 지금의 논의가 어떻든 간에 분명한 사실은 벤야민은 사진에서 아우라의 몰락을 보았다는 것이다. 아우라가 몰락한 사진은 비로소 사진으로서 존재할 가능성이 열리게 된 것이다. 예술로서의 사진이 아닌, 사진으로서의 예술이 의미하는 바도 바로 이것이다. 그런데 아우라의 몰락이라는 바로 그 사진의 특징을 바르트는 스투디움이라는 말로 다시 거부한다. 그리고 나서 지극히 주관적인 감성을 강조하는 푼크툼을 이야기한다. 현재 사진을 이야기할 때 매우 중요한 개념 중 하나로 이야기되는 푼크툼은, 뒤집어 보면 사진의 종말과 관련이 있다. 앞에서 살펴본 것처럼 바르트는 사진 읽기에서 기본적으로 얻을 수 있는 스투디움을 거부하고, 지극히 주관적인 사진 느끼기, 즉 푼크툼을 강조한다. 구체적인 하나의 사진에서 푼크툼은 공유될 수 없다. 바르트가 케르테츠의 사진에서 발견한 우연적인 세부 요소들은 그에게만 푼크툼으로 작용하기 때문이다. 바르트에게 푼크툼으로 작용한 사진들에 대한 그의 주관적인 서술들을 독자가 읽게 되면 그것은 이미 푼크툼이 아니라 스투디움, 즉 바르트가 느낀 사진들의 스투디움인 것이다. 이로써 사진이 전통적으로 가지고 있던 존재론적 의미와 본질은 손상된다. 남은 것은 그저 개인적인 찌르기로서의 사진뿐인 것이다. 이것은 일종의 사진의 종말이다.

그런데 현대의 사진들에서는 종종 재미있는 현상이 나타난다. 그것은 바로 인위적인 푼크툼을 사진에 덮어씌우는 것이다. 분명 바르트에게 푼크툼이란, 과거에 존재했음이 현재 나의 주관적인 감성을 건드리며, 순간적으로 후벼 파는 듯한 깊은 인상을 남기는 감성적 지각이다. 그런데 어떻게 이것을 인위적으로 만드는가? 괜히 찌를 것 같은, 또는 상처가 될 것 같은 또는 향수 어린 이미지들을 연출해, 마치 분위기로 존재하는 듯한 푼크툼을 만들어내는 것이다. 이러한 현상은 두려운 낯섦과 아우라에서도 나타난다. 즉 이 세 종류의 감성적 지각이 예술 수용의 고유한 감성이 되면서 이를 인위적으로 만들어내려는 움직임이 생겨난 것이다. 일종의 강박 또는 익숙함과 관련 있는 두려운 낯섦은 기묘한 이미지로 표현된다. 현대 예술에서 각각 중요한 개념으로서 영향력을 발휘하고 있는 이 감성적 지각들이 애초에 그것을 이야기한 사상가들의 의도와는 다르게 받아들여지고 있는 것이다. 결국 아우라, 두려운 낯섦 그리고 푼크툼은 다르지만 비슷한 수용의 길을 걷고 있다.

그런데 잊지 말아야 할 것은 이들 간에는 유사성만큼이나 차이점들이 존재한다는 것이다. 예를 들어서 벤야민은 앗제(Eugnen Atget)와 잔더(August Sander)의 사진들을 긍정적으로 평가한다. 벤야민은 이 둘이 사진에서 아우라를 없애버렸다고 보기 때문이다. 벤야민에 따르면 앗제는 텅 빈 도시 공간과 그 공간에서 살아가는 하층민들을 사진에 담아냄으로써 초기 사진이 가지고 있었던 아우라적인 요소들을 없앴다. 그런가 하면 잔더는 사진 초기의 특정 계급에 속한 인물들의 초상 사진이나 가족사진과는 다른 인물 사진을 찍었다. 그는 마치 인상학자처럼 다양한 직업을 가진 사람들과 대중들의 일상의 모습을 사진으로 담아 인상학적 앨범을 만든 것이다. 벤야민은 이러한 잔더의 사진을 아우라와는 거리가 먼 것으로 보았다. 그런데 벤야민이 아우라를 없앴다는 점에서 긍정한 이들의 사진을 바르트는 푼크툼이 없는 사진이라는 이유로 비판한다. 그는 자신과 아무런 관련이 없는 사진들을 심지어 혐오한다고 말하며, 앗제의 고목 사진 등이 자신과 도대체 무슨 관계가 있냐고 물으며 분노한다(바르트, 2006: 36). 그러면서 그는 자신만의 사진작가를 찾아야 한다고 강조한다.

벤야민은 초기 사진에 아우라의 흔적이 남아 있다고 보았다. 그리고 그 아우라의 원인을 초기 사진의 대상과 기술적 한계에서 찾았다. 즉 이미 세상을 떠난 가족의 사진 그리고 기술적 제약 때문에 묘한 분위기를 갖게 된 사진은 여전히 아우라적일 수 있었던 것이다. 이때까지만 하더라도 한 장의 사진을 찍기 위해서는 상상도 할 수 없는 긴 시간이 소요되었고, 이 시간의 흐름은 고스란히 사진에 담겼다. 그러나 점차 기술적 한계가 극복되고 사진이 진정한 의미에서 대중화되면서 아우라의 흔적도 사라지게 된다. 아우라의 흔적이 사라진 사진은 시선의 응답으로 작용할 수 있는 묘한 매질을 상실한다. 즉 시선의 응답으로서의 아우라가 사라진 것이다. 점차 사라진 '시선의 응답'으로서의 아우라는 바르트에게서 다시 등장한다. 시선의 응답으로서의 아우라는 푼크툼과 겹쳐는 부분이 상당히 많다. 특히 응시와 관련된 부분이 그렇다. 감성적 지각으로서의 아우라에서 무엇보다도 중요한 것은 '시선의 주고받음'이다. 내가 무언가를 볼 때 그 대상이 살아 있는 것이든 죽어 있는 것이든, 아니면 그것이 이미지이든 나의 시선에 대한 응답이 있어야 한다. 무언가를 관찰한다는 것은 단지 어떤 대상에 시선을 주는 것이 아니라, 나를 바라보는 그 대상의 시선에 응답하는 것이다(Mersch, 2002a: 184). 바르트의 푼크툼을 구성하는 요소로서의 시선은 바로 이런 아우라적인 지각 요소와 일맥상통한다. 찌르는 듯한 고통을 준다는 것은 일종의 시선에 대한 응답이기 때문이다(Mersch, 2002a: 185). 결국 벤야민이 아우라의 몰락을 이야기하면서 그 예로 든 사진들은 바르트에게는 별 의미 없는 스투디움의 대상인 것이다. 이렇듯 아우라와 아우라의 몰락을 바르트의 개념을 가지고 이야기하면, 아우라는 푼크툼 그리고 아우라의 몰락은 스투디움이라고 말할 수 있다. 벤야민은 아우라적인 사진에서 탈아우라적인 사진으로의 이행을 긍정적 현상으로 보았다면, 바르트는 이를 다시 되돌린다. 그에게 무엇보다도 중요한 것은 '나 자신'이다. 나만의 푼크툼이 사진에서 무엇보다도 중요한 것이다.

3. 아우라와 숭고

　아우라와 숭고에 관해 본격적으로 논의하기에 앞서 숭고에 대한 내 경험을 잠깐 이야기하겠다. 1990년대 중반 파리의 오르세미술관에 간 적이 있다. 그곳에서 빈센트 반 고흐, 〈별이 빛나는 밤(Starry Night over the Rhone)〉(1888)을 볼 기회가 있었다. 생각보다 작품은 작았고, 또 유명한 작품 앞이 늘 그러하듯이 많은 관람객이 북적거리고 있어서 작품에 몰입할 수가 없었다. 그래서 별 다른 감흥 없이 유명한 작품의 원작을 봤다는 뿌듯함만 얻고 그 작품을 지나쳤다. 그후 세월이 흘러 2012년에 다시 오르세미술관에 갔고, 그곳에서 다시 고흐의 바로 그 작품을 보았다. 그런데 반전이 일어났다. 거의 20년의 세월이 흐른 후 다시 보게 된 고흐의 그림은 나에게 말로 설명할 수 없는 감동을 주었다. 조그마한 그림이 마치 미술관의 벽면 하나를 가득 채우고 있는 듯했고, 별들이 나에게 쏟아지는 것 같았다. 고흐의 붓질 하나하나가 꿈틀거리며 살아 움직이는 것 같기도 했다. 뭐라 표현할 수 없는 감동이 나를 지배했고, 난 그 그림 앞을 쉽게 떠날 수 없었다. 미술관에 사람이 많고 적고도 문제가 되지 않았다. 마치 그 공간에 나 혼자만 있는 것 같았고, 그 그림 속의 빛나는 별들은 나에게만 보이는 것 같았다. 이때 느낀 감정은 단순한 감동이 아니었다. 말로 형언할 수 없는 감정이었고, 내가 무척 작아지는 느낌이었다. 리오타르식으로 말하면 일종의 숭고를 느낀 것이다. 예기치 않게 갑자기 나에게 닥친 이 감정은 일종의 사건이었다. 리오타르가 이야기하는 숭고 또한 벤야민의 아우라나 바르트의 푼크툼과 마찬가지로 관객 또는 수용자의 수용이 중요하다. 왜냐하면 숭고는 예술 그 자체이거나 어떤 작품이 아니라 예술이나 작품이 수용되는 과정에서 관객에게 발생하는 감정이기 때문이다. 리오타르도 오늘날 중요한 것은 예술가가 어떻게 작품을 생산하는가가 아니라, 예술이 어떻게 경험되는가라고 강조했다. 바로 이 지점에서 리오타르의 미학 또한 일종의 감성학이며, 그가 말하는 숭고는 감성적 지각이라는 사실을 알 수 있다.

그런데 내가 고흐의 그림을 보고 느낀 감정은 아우라라고 해도 전혀 이상할 게 없다. 실제로 우리는 일상생활에서 예술 경험을 이야기할 때 숭고와 아우라를 어느 정도 비슷하게 사용하는 경향이 있다. 흔히 예술로부터 뭔가 말로 설명할 수 없는 그러한 감정을 느꼈을 때 '아우라를 느꼈다' 또는 '숭고를 느꼈다'라고 말한다. 감성적 지각으로서의 아우라와 숭고는 기본적으로 유사성을 갖고 있다고 볼 수 있다. 그 유사성은 바로 "사태의 말 없는 마술"에서 비롯된다고 볼 수 있다(Mersch, 2002a: 131). 이 '사태의 말 없는 마술'은 바로 사건으로서 그 모습을 드러낸다. 앞서 보았듯이 숭고는 사건이다. 특히 '지금'이라는 시간성과 '여기'라는 공간성을 중심으로 한 사건이다. 우리는 이미 앞에서 벤야민의 아우라에서 무엇보다도 중요한 것은 지금과 여기임을 확인했다. 그리고 뉴먼의 작품을 중심으로 감성적 지각으로서의 숭고와 아우라는 사건으로서 지금 여기서 '일어나는 것'을 느끼는 것임을 살펴보았다. 이처럼 아우라와 숭고는 일회적 사건 속에서 느끼는 감성적 지각이라는 유사한 속성을 갖는다. 아우라는 숭고의 다른 측면이자 재상징화일 수 있는 것이다(Didi-Hubermann, 1999: 148). 따라서 사건으로서의 예술을 이야기하면서 강력하게 감성적 지각으로서의 아우라를 주장하는 퍼포먼스 미학은 아우라와 숭고의 차이성을 강조하기보다는 유사성을 강조할 수밖에 없을 것이다.

4. 두려운 낯섦, 푼크툼 그리고 숭고의 유사성

지금까지 감성학적 차원에서 감성적 지각의 대표적인 유형들을 살펴보았다. 무엇보다도 이 책의 주제는 아우라이기 때문에 아우라와 두려운 낯섦, 아우라와 푼크툼 그리고 아우라와 숭고의 유사성을 염두에 두고 논의를 전개했다. 이러한 논의를 통해 간접적으로 확인할 수 있는 것은 아우라를 공약수로 한 나머지 감성적 지각들의 관계다. 직접 비교를 하지 않더라도 이들이 유사성을 갖고 있다는 사실을 알 수 있다. 이들은 출발점에서부터 유사성을 가질 수밖에 없다. 감성적 지각을 이야기한 프로이트, 벤야민, 바르트 그리고 리오타르 모두는 수용자 중심의 감성학으로서의 미학에서 출발했기 때문이다. 출발점이 감성학이고, 강조점이 감성적 지각인 이상 이들의 예술 이론이 공통점을 갖는 것은 당연하다. 또한 이들은 모두 작가 중심의 생산 미학 또는 작품 중심의 작품 미학이 아니라 수용자 중심의 수용미학적 요소를 강조하고 있다. 예술비평 또는 예술철학에서 예술을 분석할 때 예술가, 작품 그리고 관객은 모두 없어서는 안 되는 요소들이다. 단지 강조점을 어디에 두느냐에 따라

생산 미학, 작품 미학, 수용미학이 나뉠 뿐, 이 셋은 마치 트라이앵글처럼 서로 맞물려 예술비평 또는 예술철학을 발전시켰다. 그런데 최근 예술을 둘러싼 이론 추세를 보면 강조점이 예술가에서 작품으로 그리고 관객으로 변화하고 있다는 사실을 알 수 있다. 이러한 변화 속에서 감성적 지각이 그 어느 때보다도 부각되고 있다. 감성적 지각인 아우라, 두려운 낯섦, 푼크툼 그리고 숭고는 미학 내에서 일상적으로 사용되던 개념은 결코 아니었다. 아우라는 종교적 색채가 강했고, 두려운 낯섦은 말 그대로 기괴함을 의미하기 때문에 예술비평 언어로는 사실 적절하지 않았다. 푼크툼도 바르트가 자신이 이야기하고자 하는 감정을 표현할 적절한 단어가 없어서 라틴어에서 가져온 개념이다. 숭고는 리오타르 이전에 주로 예술보다는 자연적 경험과 관련된 개념이었다. 이렇듯 미학 안에서 볼 때 일종의 외인구단일 수 있는 이러한 개념들이 이제 주류가 되었다.

이들이 비주류에서 주류가 되었다고 주장할 수 있는 근거는 또 있다. 전통적인 미학의 주제였던 '미'를 생각해보면 알 수 있다. 현대 예술에서 과연 미가 존재하는가? 아니면 미적 대상이라는 게 존재하는가? 사실 지금은 아름다운 예술이라는 것도 존재하지 않고, 또 아름다운 대상이라는 것도 객관적으로 존재하지 않는다. 그렇다면 존재하는 것은 무엇인가? 특히 예술과 문화에서? 그것은 아우라적인 것, 두려운 낯선 것, 푼크툼적인 것 그리고 숭고함일 것이다. 객관적인 어떤 성질을 가지고 있는 대상은 이제 없다. 남은 것은 어떤 대상에 대한 지각 현상인 것이다. 따라서 대상을 때로는 아우라적으로 받아들일 수 있고, 또 때로는 푼크툼적으로 받아들일 수 있다. 나머지 감성적 지각들의 경우도 마찬가지다. 그렇기 때문에 변화된 문화 예술의 지형 속에서도 이러한 감성적 지각들은 모든 매체적 상황에서 여전히 유효한 범주로 작용할 수 있는 것이다. 그리고 이들 각각은 앞에서도 지적했듯이 명확히 구별되지 않기도 한다. 다시 말해서 아우라적인 것을 아우라적인 것으로만 이야기할 수는 없다. 아우라적인 것이 동시에 푼크툼으로 작용하기도 하고, 또 두려운 낯선 것이 동시에 숭고로 작용하기도 한다. 이 각각의 감성적 지각이 동시에 가능한 것이다.

그뿐만 아니라 앞에서 이미 살펴보았듯이 이 각각의 감성적 지각들은 서로 가족 유사성을 갖는다. 먼저 숭고를 보자. 숭고는 아우라뿐만 아니라 두려운 낯섦과도 유사한 감정이다. 리오타르가 버크의 숭고 개념을 분석할 때 주목한 것은 쾌와 불쾌였다. 그렇기 때문에 리오타르 자신도 숭고 이론을 전개하면서, 이 개념이 프로이트나 라캉의 이론과 접합되어 해석될 수 있다고 이야기한 것이다(리오타르, 201: 177). 좀 더 구체적으로 살펴보면, 우리는 앞에서 프로이트가 많은 예술 작품 중에서 분석 대상을 선택하는 기준은 그저 자신에게 이유 없이 강한 인상을 주는 작품들이라고 밝혔음을 확인했다. '강한 인상', 이는 다른 말로 하면 숭고이다. 예술 작품 또는 자연환경에서 숭고만큼 강한 인상이 또 있겠는가? 동시에 이 강한 인상은 나의 마음을 후벼 파듯이 다가온다. 즉 나에게 무의식적인 푼크툼으로 작용할 수 있는 것이다. 따라서 프로이트가 말한 강한 인상은 아우라이자 숭고이자 푼크툼일 수 있다. 한마디로 말해서 '강한 인상'은 감성적 지각이다.

푼크툼도 두려운 낯섦의 요소를 충분히 가지고 있다. 두려운 낯섦의 예로 든 작품에 푼크툼이란 개념을 그대로 적용해도 전혀 이질적이지 않다. 두려운 낯섦은 푼크툼을 불러일으키며, 푼크툼은 두려운 낯섦을 불러일으킨다. 벨머의 작품은 푼크툼과 함께 두려운 낯섦의 감정을 준다. 이 두 감성적 지각은 모두 뭔지 모를 불안감과 관계있기 때문이다(크라우스, 2003: 288). "푼크툼은 불안감을 안겨주는 기이함, 유기체의 보호 본능을 꿰뚫는 일종의 갑작스런 공포 혹은 운명을 예고하는 전율에 연결되면서 정의"될 수 있다(크라우스, 2003: 289). 개념 규정에서의 유사성 외에도 이 두 개념은 둘 다 새로운 예술형식이 등장하면 매번 언급된다는 공통점을 갖는다. 따라서 현대예술에서도 이러한 감성적 지각을 둘러싼 논의는 여전히 활발하게 진행되고 있는 것이다. 이런 논의들이 활성화되는 것은 매우 바람직한 현상이다. 어떤 특정한 시대에 논의되었던 특정 개념들을 반드시 그 시대에 묶어둘 필요는 없다. 특히 그 개념들이 시대를 초월해 여전히 현재성을 가질 수 있을 정도로 매력적인 경우에는 더욱 그렇다. 지금 우리가 논의하는 이 개념들이 모두 그런 경우다.

　이들이 매력적인 이유는 그다지 복잡하지 않다. 이 감성적 지각에 대한 논의가 절대적인 것을 고수하지 않고 변화를 외면하지 않고 받아들이면서 예술을 둘러싼 상황의 변화에 호응하고 있기 때문이다. 진리는 이미 사라진 지 오래다. 진리의 자리에 진리에 대한 여러 관점이 들어와 있다. 이런 상황 속에서 미학이 미를 '진', '선'과 연결시키는 것은 무리다. 또한 진리가 그렇듯이 미도 이제 미에 대한 여러 관점으로 존재한다. 그런데 이러한 변화뿐만 아니라, 또 중요한 변화가 포착된다. 그것은 바로 미에 대한 여러 관점을 가시화시키는 영역 또는 장소가 어디인가라는 문제다. 예술? 아니다. 미가 표현되는 장소로서의 예술은 이미 허물어졌다. 오히려 미는 예술이 아닌 생활 세계에서 또는 자본주의의 꽃인 상품과 그 상품을 과대포장하는 광고 속에서 훨씬 더 잘 드러난다. 그 결과 예술은 미에 대해 다른 방식으로 고민한다. 예술은 여러 관점으로 존재하는 미에 대한 물음을 가지기보다는 '미' 자체에 의문을 제기한다. 도대체 미가 무엇이며, 이것을 왜 예술이 표현해야 하는지를 고민하는 것이다. 다른 한편에서는 이런 근원적인 물음들 때문에 무거워진 예술 그 자체를 버거워한다. 왜 이토록 예술이 무겁고 힘들어야 하는지, 또는 왜 예술의 창작과 수용의 과정이 고통스러워야 하는지를 문제 삼는다.

5. 감성학에서의 아우라의 변형[2]

지금까지 감성학적 차원에서 대표적인 감성적 지각에 대해 살펴보았다. 가장 최근인 1980년대에 집중적으로 논의된 리오타르의 숭고를 포함해 감성적 지각에 관한 논의들은 주로 20세기에 이루어졌는데, 우리가 지금까지 살펴본 것은 어떻게 보면 감성학과 감성적 지각의 역사일 수 있다. 그런데 자신만의 감성적 지각에 대한 논

---

[2] 이 절의 몇몇 부분은 심혜련(2011)과 일부 내용이 중복된다.

의를 전개한 벤야민을 비롯한 이 학자들은 감성학과 감성적 지각에 대한 복원에 관심이 많았지만 감성학 그 자체에 대한 논의는 거의 하지 않았다. 이들은 감성학이라는 용어를 사용하지 않고, 지각과 감정을 중심으로 새로운 미학, 즉 감성학의 기초를 마련했다고 볼 수 있는 것이다. 그런데 이제 감성적 지각의 여러 유형과 관련해서 마지막으로 다루게 될 뵈메의 경우는 좀 다르다. 그는 감성학에 대한 논의가 활성화되는 시기에 감성학과 감성적 지각에 대한 논의를 주도적으로 이끌었기 때문이다. 그에게 미학이란 이제 감성학인 것이다. 그는 감성학으로서의 미학을 주장함과 동시에, 감성학의 대상을 예술로만 제한하지 말고 일상 영역까지 확대할 것을 제안한다(Böhme, 2001: 7-8). 그에게 감성학은 특별히 예술과 관련된 심미적 지각만을 다루는 것이 아니라 지각 일반을 다루는 일종의 '지각 이론'이기 때문이다. 감성학을 지각 일반에 관한 이론으로 해석하는 뵈메는 감성학의 외연을 넓혀서, 감성학의 대상을 자연, 디자인, 건축 그리고 예술이라고 본다(Böhme, 2001: 18). 그런데 사실상 뵈메에게 중요한 것은 감성학의 대상이 아니라 감성적 지각이다. 그는 특히 아우라를 대표적인 감성적 지각으로 이해하고 분석했으며, 이를 현대적 의미로 확장하려고 시도했다.

뵈메가 주장하는 감성학의 핵심은 바로 감성적 지각으로서의 '분위기(Atmosphere, Atmosphäre)'다(Böhme, 1995: 21). 앞에서 살펴본 감성적 지각의 여러 유형이 그랬듯이 뵈메가 주장하는 분위기라는 개념도 번역하기가 좀 애매하다. 왜냐하면 '아트모스페어'는 분위기(Stimmung)라는 뜻 외에도 느낌 또는 공기라는 뜻도 가지고 있고,

또 뵈메가 말하는 분위기는 이러한 뜻을 모두 포함하고 있기 때문이다. 어떤 사람이나 대상 그리고 장소에 대해서 우리는 '분위기가 좋다'라는 말을 할 수 있다. 생각해보면 어떤 사람에게 '분위기가 좋다'라고 말하는 것은 최고의 칭찬일 것이다. 분위기가 좋다는 것은 느낌이 좋다는 말일 수도 있고, 그 사람을 에워싸고 있는 공기가 좋다는 말일 수도 있다. 즉 아우라가 있다는 말로 해석될 수도 있는 것이다. 그러나 감성학적 차원에서 엄밀하게 분석하면, 분위기가 그저 좋은 느낌만을 의미하는 것은 아니다. 아우라를 비롯해서 두려운 낯섦, 푼크툼 그리고 숭고가 다 이중적 의미를 가졌듯이 분위기 또한 그렇다. 이는 사실 당연한데, 좋은 분위기가 있으면 안 좋은 분위기도 있고, 불편하고 공포스러운 분위기도 있기 때문이다. 좋은 분위기란 우리가 지향해야 하는 것이지, 주어진 것은 아니다. 그렇기 때문에 뵈메도 좋은 분위기를 지향하기 위해 감성학적 교육에서 분위기를 지각하고 만들고 유지하는 것에 대해 강조한다(Böhme, 2007: 31-32).

분위기는 지각 과정을 통해 수용된다. 뵈메가 분위기를 중심으로 지각에 주목하는 것은 당연하다고 할 수 있다. 지각이란 기본적으로 주체인 내가 객체인 무언가를 느끼는 것이다. 그러기 위해서는 먼저 주체와 객체의 분리가 전제되어야 한다(Böhme, 2007: 45 참조). 뵈메가 주목하는 것은 이 관계에서 발생하는 어떤 것의 분위기에 대한 느낌이다. 어떤 것의 분위기에 대한 느낌은 기억과도 관계가 있다. 그렇기 때문에 우리는 그 어떤 것이 부재한 상황에서도 그 느낌을 다시 지각할 수 있다. 뵈메는 바로 그 어떤 것이 부재한 상황에서도 그 느낌을 다시 지각할 수 있는 것을 분위기 때문이라고 설명한다. 그는 이러한 상황을 사이렌의 소리로 설명한다. 불이 나거나 적이 공습해 온 것 같은 위급 상황이 되면 사이렌이 울린다. 이런 소리를 들은 사람들은 공포감을 느낄 것이다. 그런데 한 번 사이렌 소리에 공포감을 느꼈던 사람들은 다음에 또 사이렌 소리를 들으면 상황과는 무관하게 다시 공포감을 느끼게 된다. 즉 공포감을 주었던 존재감의 흔적을 다시 지각하는 것이다(Böhme, 2007: 45). 이것이 바로 분위기다.

뵈메는 이러한 분위기를 진입(Ingression)과 불일치(Diskrepanz)라는 두 가지 특징으로 설명한다. 첫 번째 특징인 진입은 공간과 장소 경험(Orterfahrung)과 연결된다(Böhme, 2007: 47). 즉 어떤 공간과 장소로 들어갔을 때, 그 공간이 가지고 있는 분위기를 느끼는 경우를 말한다(Böhme, 2007: 47). 이 또한 사물과 관계된 측면과 주체와 관계된 측면 두 가지로 나누어볼 수 있다. 즉 공간 자체가 분위기를 가지고 있고, 또 주체는 이 "분위기의 징후(Anflug von Stimmung)"를 지각하기 때문에 분위기에 빠지거나 심취하게 되는 것이다(Böhme, 2007: 47). 분위기가 갖는 또 다른 특징은 불일치이다. 불일치로서의 분위기는 느낌(Gefühl)과 관계된 것이다(Böhme, 2007: 49). 예를 들어서 우리는 매우 화창한 봄날 아침에, 그 화창함에 감탄함과 동시에 우울함을 느끼는 경우가 있다. 또 반대로 매우 우울한 기분이었는데, 화창한 날씨 때문에 일시적으로 기분이 좋아지는 경우도 있다. 이 두 경우 다, 자신이 지각하는 대상과 자신의 느낌이 불일치하는 것이다. 이러한 분위기에 대한 지각은 주체와 객체 간에 발생하는 일종의 "공감 현상(Pesonanzphänomen)"으로 이해할 수 있다(Böhme, 2007: 47). 이러한 공감 현상은 "감정 상태(Gemütszustände)"임과 동시에 그 자체가 분위기이다. 진입으로서의 분위기와 불일치로서의 분위기는 느낌과 감정이라는 특징을 갖는다. 뵈메가 주장하는 이러한 분위기는 프로이트의 두려운 낯섦이라는 감정을 포함하고 있다. 앞서 설명한 사이렌의 경우가 바로 공간의 분위기이자 두려운 낯섦을 의미한다(Böhme, 2007: 49-50 참조). 공간에 진입함으로써 그리고 공간과 상황의 불일치 속에서 지각하는 개인은 위협받는 듯한 감정과 좋지 않은 감정을 가질 수 있다.

예술은 뵈메의 감성학의 대상 중 하나로, 그는 자신의 이론을 다양한 예술 분야에 적용하고자 시도한다. 특히 그는 현대건축과 음악 비평에 자신의 분위기 이론이 매우 적절한 비평적 범주로 작용할 수 있으리라고 보았다. 그가 특히 주목하는 것은 공간에 대한 지각으로서의 분위기이다. 또한 그는 건축과 음악이라는 예술 장르 외에도 자연과 환경에 주목한다. 그는 자연과의 교감과 느낌을 자연 미학과 환경 미학의 기본 전제로 삼아 논의하기도 한다. 이런 그가 예술 영역에서 건축과 음악을 중심으로 분위기를 적용해서 비평하는 이유는 무엇보다도 건축과 음악이 공간과 연결되어 있다고 보기 때문이다(Böhme, 2007: 66-84). 그는 특히 건축이야말로 현재 도시 공간에서 중요한 심미적 역할을 수행하고 있다고 본다. 건축은 이제 단지 건축물로서만 존재하는 것이 아니라, 일종의 심미적 욕구를 실현하고 있다. 즉 "연출 가치(Inszenierungswert)"를 갖는 것이다(Böhme, 2006: 10). 게다가 건축 공간은 이미 실용성을 넘어서 매체로 작용하며 또 예술적 표현 그 자체이기도 하다. 뵈메는 진입과 불일치로서의 분위기라는 개념을 건축 비평뿐만 아니라 이미지 읽기와 사운드 아트(Sound art) 분석에도 적용하며, 이미지와 소리를 적극적으로 감성학적 차원에서 지각할 것을 강조한다. 이러한 그의 이론은 이제 감성학의 중요한 한 부분이 되었으며, 분위기는 감성적 지각들의 여러 유형 중 하나로 확고히 자리매김했다. 분위기는 두려운 낯섦의 분위기가 될 수도 있고, 푼크툼을 주는 분위기가 될 수도 있고, 아우라적인 분위기가 될 수도 있고, 숭고한 경험을 주는 분위기가 될 수도 있다.

제3부   아우라의 귀환과 복원

1장
아우라의 몰락 이후 아우라를 둘러싼 논쟁들

1. 아우라의 몰락이 가져온 후폭풍

　벤야민에 의해 몰락을 선언당한 이후의 아우라처럼 치열하게 논의된 개념은 없을 것이다. 몰락이라는 선언이 논쟁에 불을 붙인 격이 되었다. 벤야민이 종교적이며 신학적인 측면에서 분리해 예술의 영역으로 데리고 들어온 아우라는 이제 벤야민의 의도와는 무관하게 나름의 진화 과정을 겪고 있다. 어떤 부분은 도태되고, 어떤 부분은 이상할 정도로 확대되고, 또 어떤 부분은 의외의 것들과 결합해 독특한 아우라적 현상을 형성한다. 이 과정에서 아우라는 다시 한 번 몰락을 확인하기도 하고, 귀환하기도 하고, 의도적으로 복원되기도 하고, 또 심지어는 완전히 새롭게 만들어지기도 한다. 이 모든 것이 아우라의 진화다. 그렇다면 이제 본격적으로 현대 문화 예술 현상에서 아우라가 어떻게 진화하고 있는지를 살펴봐야 할 때다. 감성학과 감성적 지각에 대한 지금까지의 분석은 아우라의 진화를 설명하기 위한 이론적 토대였다.

　이미 이야기했듯이 벤야민은 감성학자다. 그가 전개한 미학은 엄밀히 말하면 감성학이다. 그는 감성학적 차원에서 아우라를 감성적 지각으로 파악했다. 우리는 감성적 지각으로서의 아우라가 아날로그 매체 시대를 거쳐 디지털 매체 시대인 지금 과연 어떤 모습으로 살고 있는지를 본격적으로 살펴봐야 한다. 이에 대한 구체적인 논의를 시작하기에 앞서 한 가지만 이야기하고 넘어가고자 한다. 나는 이미 앞에서 아우라를 비롯해 감성적 지각의 다른 여러 유형, 즉 두려운 낯섦, 푼크툼 그리고 숭고 등을 이야기했다. 그뿐만 아니라 이들의 가족 유사성에 대해서도 이야기했다. 이제부터는 다른 감성적 지각들은 논의 과정에서 배제하고 아우라의 진화만을 다룰 것이다. 물론 필요에 따라서는 아우라 외에 다른 감성적 지각을 끌어들여 설명하겠지만, 논의의 중심은 아우라로 한정할 것이다. 이 책은 아우라에 대한 문제의식에서 시작되었으니, 아우라로 끝내겠다.

　아우라를 논의의 중심에 두고자 하는 또 다른 이유도 있다. 두려운 낯섦, 푼크툼 그리고 숭고 등이 지금의 문화 예술 상황에 적용할 수 없는 것이기 때문은 결코 아니다. 오히려 이들은 디지털 매체를 넘어 디지털 이후(post-digital)라고 하는 현재 상황에서 중요한 심미적 지각으로 적극 수용되고 논의되고 있다. 디지털 사진에서의 푼크툼, 두려운 낯섦 또는 설치 예술과 퍼포먼스에서의 숭고 체험 등이 바로 그 예다. 그런데 재미있게도, 거의 동일한 개념적 무게에도 불구하고 이들을 둘러싼 논쟁들은 아우라만큼 뜨겁지도, 또 대중적으로 널리 확산되지도 않는다. 아우라는 벤야민이 예술 영역으로 가지고 와서 예술 작품의 주요 특징으로 설명한 이후부터 지금까지 특별한 문제적 개념으로 다루어지고 있지만, 다른 감성적 지각들은 그렇지 않다. '두려운 낯섦의 몰락', '푼크툼의 몰락' 또는 '숭고의 몰락' 등은 제기되지 않았다. 그렇다면 왜 유독 아우라 주변만 시끌시끌한 것일까? 그 이유는 바로 '아우라의 몰락'이라는 선언적 주장 때문이다. 아우라를 둘러싼 논쟁이 계속되는 또 다른 이유는 아우라의 몰락이라는 주장에도 불구하고 아우라는 여전히 존속하고 있으며, 또 때로는 그 영향력이 놀라울 정도로 확대되고 있기 때문이다.

무엇에 대한 종말, 죽음 그리고 몰락 등의 선언은 정반대의 현상들을 불러일으킨다. 종말이 아니라 또 다른 시작을, 죽음이 아니라 탄생을, 그리고 몰락이 아니라 활성화를 가져온다. 결정적인 패러다임의 변화 시기마다 거의 매번 등장한 예술을 둘러싼 다양한 종말론을 보면 그 사실을 알 수 있다. 예술의 죽음은 결코 예술이 죽을 수 없음을 보여주는 가장 탁월한 반어법이다. 예술의 '종말'이 선언됨과 동시에 그것을 둘러싼 치열한 논쟁이 시작되고 예술의 또 다른 시작을 알린다. 프로이트와 바르트, 그리고 리오타르의 경우에는 두려운 낯섦, 푼크툼 그리고 숭고를 이야기하면서 결코 이것들의 몰락을 이야기하지 않았다. 단지 이러한 감성적 지각의 본질이 무엇이며, 어떻게 작용하며 또 어떤 예술에서 가장 잘 드러날 수 있는가를 이야기했을 뿐이다. 그런데 벤야민은 아우라에 대한 논의를 이들과는 다른 방식으로 풀어갔다. 과거의 예술과 그가 살았던 시대에 새로운 형식으로 등장한 예술을 비교하면서, 이 둘의 차이를 아우라의 유무로 설명했다. 아우라의 본질이 무엇이며, 어떻게 작용하며, 또 어떤 예술에 가장 적합한지를 중심으로 설명한 것이 아니라, 낡음과 새로움을 중심으로 예술 전반에 대해 재평가를 시도한 것이다. 그러므로 적어도 벤야민에게는 아우라가 있었던 시대의 예술과 아우라가 몰락한 이후의 예술이 확연하게 구분된다. 감성학적 차원에서도 그에게 지각은 "아우라적 지각"과 "탈아우라적 지각"으로 구분된다(플룸페, 2008: 204). 그런데 앞서 이야기했듯이 벤야민에게 몰락을 선언당한 아우라는 쉽게 사라지지 않았다. 오히려 몰락 이후의 아우라는 '재아우라화'를 위하여 놀라울 정도로 힘을 발휘하는 기이한 현상을 보였다. 문화 예술 전반에서 재아우라화를 위한 전략들은 무엇이며, 또 무엇을 재아우라의 현상들로 볼 수 있는지에 대한 논의가 진행되기도 했다.

벤야민은 예술에서의 아우라의 문제를 미학 전반의 문제로 확대함과 동시에 이를 정치적 문제로 만들어버렸다. '예술의 정치화(Politisierung der Kunst)'와 '정치의 심미화(Ästhetisierung der Politik)' 논쟁이 바로 그것이다.[1] 예술의 정치화는 탈아우라를 의미하며, 이는 전통 미학과 예술의 부정이다. 즉 관념적인 예술 이해를 벗어날 것을 요구하는 것이다. 예술의 정치화라는 주장은 기본적으로 예술은 순수하지 않고, 항상 사회적 상황과 긴밀하게 연결되어 있다는 점에서 출발한다. 정치와 무관한 예술은 애초부터 존재하지 않는다는 것이다. 이와 달리 정치의 심미화는 사회 전반에 깔린 모순을 은

---

1 이와 관련된 자세한 논의는 심혜련(2010c: 423-446)을 참조하라.

폐하기 위해서, 순수예술이라는 가상을 기반으로 정치를 심미적으로 꾸미는 것이다. 예술을 특정 정치적 목적을 위해 적극적으로 사용하는 프로파간다 역시 정치의 심미화 현상이다. 정치를 심미화할 때, 마치 종교가 그랬듯이 예술의 아우라는 매우 필요한 요소다. 이와 달리 예술의 정치화는 아우라의 몰락을 전제로 한다. 이렇듯 예술과 정치를 연결시켜 설명하면 문제는 더욱 복잡해진다. 게다가 아우라의 정의를 둘러싼 논쟁은 논쟁에 참여하는 사상가들의 정치적 입장에 따라 다르게 전개되기도 해서, 아우라를 해석하는 방법에 따라 해석자의 정치적 입장을 유추할 수도 있다. 명확하게 정의 내리기 어려운 개념인 아우라를 둘러싼 논쟁들은 이렇게 점점 더 복잡해진다. 그렇기 때문에 아우라의 궤적을 따라 지형도를 그리려고 하면 할수록 점점 더 미로에 빠지게 된다. 여기서 필요한 것은 바로 '아리아드네(Ariadne)의 실'이다. 벤야민이 도시에서 길을 잃었을 때 필요하다고 이야기한 바로 그 실이 '아우라의 지형도 그리기(mapping aura)'의 시작을 위해서 필요하다(벤야민, 2007a: 36). 그 실을 찾기 위해서는 그가 말하고 있는 아우라와 아우라의 몰락으로 돌아가야 한다. 이것이 앞에서 감성학과 감성적 지각 그리고 감성적 지각으로서의 아우라를 이야기한 이유이다.

그다음 문제는 바로 아우라의 몰락 이후다. 이제 이 문제를 '아우라의 귀환과 복원'이라는 이름으로 본격적으로 다루려고 한다. 현대 문화 예술 상황에서 아우라는 어떻게 다시 등장하며, 그 배경과 맥락은 무엇인지, 또 의도적으로 아우라를 복원하는 이유는 무엇인지에 대해 살펴봐야 한다. 이제는 너무나도 잘 알려진 아우라라는 개념은 20세기 후반까지만 해도 생소한 개념이었다. 특히 한국에서는 더욱 그랬다. 지금은 상황이 완전 달라져서, 이제 우리는 아우라의 구체적인 의미를 몰라도, 또 누가 처음 아우라를 이야기했는지 몰라도 아우라를 이야기한다. 꼭 알아야만 이야기할 수 있는 것은 물론 아니다. 문제는 아우라가 이야기되는 정도가 아니라, 일종의 트랜드적 개념이 되었다는 것이다. 각종 TV 프로그램과 대중 잡지들 그리고 광고와 상품 이름 등에서 아우라가 사용되고 있다. 이런 경우 아우라는 뭔가 분위기 있고, 고급스럽고, 카리스마 있고 그리고 느낌이 남다르게 좋은 것을 의미한다. 그래서 아우라는 뭔가 고급스러운 이미지를 형성하는 데 활용되고 있다. 그 활용의 결과가 나쁘지 않기 때문에 자본은 결코 아우라를 포기하지 않는다. 계속 의도적으로 복원하고 또 확대할 뿐이다.

문화 산업과 상품 시장에서 이렇게 의도적으로 아우라를 복원하려고 하는 시도와는 다르지만, 예술 영역에서도 아우라의 몰락을 쉽게 인정하지 않고 아우라를 복원하려는 시도가 있다. 상품으로서의 예술이 존재하기 위해서는 반드시 아우라가 필요하기 때문이기도 하지만, 이와는 다른 이유로 적지 않은 사상가들이 아우라의 몰락을 부정하며 아우라의 지속과 귀환을 주장하기도 한다. 이들은 아우라를 일종의 지각 가능성으로서 파악함과 동시에 특별한 심미적 경험으로 이해한다. 이런 입장에서 보면 지각이며 심미적 경험인 아우라는 결코 몰락할 수도 없고, 또 몰락하지도 않았던 것이다. 벤야민과 논쟁을 벌였던 아도르노가 바로 이 입장에 속하며, 아도르노 이후에도 그의 입장을 따르는 많은 이론가가 이와 유사한 주장을 펼치고 있다.² 또는 복제 예술에 의해 아우라가 몰락했다는 점을 인정하고 그렇기 때문에 더더욱 아우라의 귀환을 적극 주장하는 입장도 있다.

이러한 상이한 해석에서 아우라라는 개념은 어느 부분은 정확하게 사용되고 있고, 또 어느 부분은 본래적 개념과는 전혀 다른 맥락에서 사용되고 있다. 굳이 본래적 의미의 회복만을 주장할 필요는 없다. 철학은 시대를 반영하며, 철학적 개념 또한 특정 시대적 상황과 긴밀한 관계를 맺을 수밖에 없기 때문이다. 개념의 쓰임새는 변하기 마련이다. 지금 그리고 여기라는 시대적 상황에서 어떤 개념을 이렇게 사용하고 있는데, 사실 과거에는 '그렇지 않았다'라고 주장하는 것이 과연 큰 의미가 있을까? 물론 그렇다고 해서, 과거의 개념에 대한 정의를 완전히 폐기하자는 것은 결코 아니다. 과거의 개념에 대한 연구를 토대로 지금 그리고 여기에서 논의되는 개념의 변화를 일종의 개념의 진화 또는 발전으로 보고 개념의 과거와 현재를 살펴봐야 된다. 아우라의 귀환과 복원을 연구하고자 하는 이유도 바로 여기에 있다.

2. 재아우라화의 여러 전략³

기술 복제 시대 이후 재아우라화의 여러 전략에 대해 본격적으로

---

2   이와 관련된 자세한 논의는 심혜련(2001)을 참조하라.

살펴보기 전에, 다시 처음으로 돌아가 이야기를 시작해보자. 1930년 대에 발터 벤야민은 지금까지도 첨예한 논쟁을 불러일으키는 「기술 복제 시대의 예술 작품」을 발표했다. 그가 이 글을 쓴 후 세월은 거의 80년이나 흘렀다. 따라서 지금의 예술 상황과 매체 상황은 그때와는 완전히 다르다. 그가 이 논문을 바탕으로 새로운 예술 이론 또는 지각 이론인 감성학을 정립하려고 했던 기술 복제 시대는 한마디로 말해서 대중매체를 중심으로 한 아날로그 매체 시대이다. 그래서 그는 특히 사진과 영화를 중심으로 이러한 새로운 매체 상황이 예술에 가져온 변화를 분석하려 했다. 한마디로 말해서 벤야민의 이론은 "모던 시대의 매체" 이론 그 자체였던 것이다(Wagner, 1992: 8). 그후 많은 시간이 흘러 아날로그를 넘어 디지털을 거쳐 포스트 디지털이 논의되고 있는 시대가 왔다. 아날로그와 디지털이 딱히 구별되지도 않고, 또 낡은 매체와 새로운 매체의 구분마저도 불필요하다고 논의되는 지금(심혜련, 2015: 3-6 참조), 아우라를 둘러싼 논쟁들은 여전히 뜨겁다. 빠르게 변화하는 매체 상황에도 불구하고 아직도 그가 선언적으로 제시했던 예술 작품에서의 아우라의 문제 그리고 기술 복제 시대의 아우라의 몰락에 관한 문제를 둘러싼 논쟁은 끊이지 않고 있다. 그가 말하고 있는 아우라가 과연 무엇인지 또는 아우라의 몰락에 대해 그가 기뻐했는지 아니면 한탄했는지에 대해서도 아직 많은 이견이 나오고 있다. 그뿐만 아니라 예술과 기술의 관계에 관해 이야기할 때 과연 그의 사실 이해, 즉 기술

---

3 이 절의 몇몇 부분은 심혜련(2010a: 316-323)의 일부를 수정·보완한 것이다.

복제 시대에 아우라가 몰락했다는 이해가 과연 옳은 것인지에 대해서도 의견이 분분하다.

이러한 지속되는 논쟁들과 더불어 또 다른 문제들이 제기되고 있다. 그것은 현재의 매체 상황에서 벤야민의 아우라 이론의 적용 가능성에 대한 문제다. 그러나 사실 대중매체에서 개인 매체로 그리고 아날로그에서 디지털로 또 복제와 재생산에서 변형이 중심이 된 지금의 매체 상황에서 벤야민의 아우라의 몰락에 대한 전망이 틀렸는가 맞았는가라는 식으로 논의를 진행하는 것은 옳지 않다. 옳지 않은 정도가 아니라, 이러한 접근 방식은 그의 논의를 잘못 이해하고 있는 것이며, 또 그의 의도를 왜곡하는 것이라고까지 말할 수 있다. 왜냐하면 그는 무엇보다도 예술을 사회적 산물로 이해했으며, 따라서 사회적 산물로서의 예술을 이해하기 위해서는 그 예술이 처한 사회적 상황에 대한 이해가 있어야 한다고 생각했기 때문이다. 그는 변화된 사회 기술적 상황에서 예술 작품의 근본적인 변화가 어떻게 발생하는가를 연구했고, 그 근본적인 변화를 바로 아우라의 몰락으로 규정한 것이다. 다시 말해서 벤야민이 앞서 언급한 논문을 썼던 시기는 '기술 복제 시대'이다. 그가 '기술 복제 시대'를 중심으로 분석한 예술 작품과 그에 관한 이론을 지금, 즉 '디지털 매체 시대' 또는 '포스트 디지털 매체 시대'에 그대로 적용해서 그의 논의를 검증한다는 것 자체가 말이 안 된다.

지금 이 시대에 벤야민의 논지를 살려 이야기하려면, 그의 논의가 정당한가 또는 그렇지 않은가에 대해 논의하기보다는 그가 '기술 복제 시대의 예술 작품'을 분석했던 것처럼 '디지털 매체 시대의 예술 작품'을 중심으로 현재 진행 중인 예술 작품을 둘러싼 변화에 대해 이야기해야 한다. 마치 벤야민이 기술적 재생산과 예술 작품의 기술적 복제를 가능하게 한 사진의 등장으로 인하여 새롭게 변화된 예술과 기술의 관계 그리고 그 당시의 문화를 고려했던 것처럼 디지털 매체 시대에 디지털 매체 기술로 인하여 변화된 예술과 기술의 관계 그리고 지금의 매체 문화에서 출발해야 하는 것이다. 벤야민은 20세기 초에 그가 직면한 매체 상황을 결코 기술적이며 매체적인 차원에서만 접근한 것이 아니라, 예술과 문화의 관계 속에서 파악했다(Schöttker, 2002: 412). 디지털 매체 시대에 벤야민의 문제의식이 유효하기 위해서는 바로 이런 방식으로 아우라에 접근해야 한다.

벤야민이 기술 복제 시대의 예술 작품인 사진과 영화를 중심으로 아우라의 몰락을 선언한 이후, 역설적으로 아우라는 비로소 자신만의 '아우라'를 가지면서 예술 작품을 이야기할 때 주도적인 위치를 차지하게 되었다. 그런데 문제는 아우라를 둘러싼 논쟁이 예술 작품만을 중심으로 진행되지 않는다는 데 있다. 그 이유는 이제 아우라라는 개념은 하나의 문화적 코드가 되었기 때문이다. 마치 예술 작품이 세속화되면서 탈아우라화(Entauratisierung)되었듯이 아우라도 나름대로 세속화 과정을 겪으면서 탈아우라화된 것이다. 아우라를 둘러싼 상황이 이렇게 되면서, 아우라를 둘러싼 논란들은 크게 두 영역에서 두 방향으로 진행된다. 하나는 예술 영역에서의 아우라의 귀환과 복원에 관한 논란이고, 다른 하나는 대중문화와 상품에서의 아우라의 귀환과 복원에 관한 논란이다. 벤야민이 아우라가 몰락했다고 한 전통 예술 영역과 또 그가 아우라로부터 해방되었다고 본 사진과 영화 등 기술 매체와 연관된 논란이 바로 여기에 해당한다. 즉 벤야민이 이러한 기술 매체와 연관된 새로운 예술형식을 중심으로 탈아우라화를 선언했는데, 과연 그런가 하는 문제 제기가 있는 것이다. 이 문제는 '매체 아우라'라는 이름으로 논의될 수 있다. 예술 영역에서 제기되는 또 다른 문제는 과연 기술 복제 시대 이후 새로운 예술형식이 아닌, 전통적인 예술형식을 고수하고 있는 예술 작품들에서 아우라가 몰락했는가에 관한 것이다. 이러한 논란뿐만 아니라, 진정한 예술 경험이 소멸하고 있는 지금이야말로 아우라적 지각이 필요하다고 하면서, 아우라의 귀환을 주장하는 입장도 있다. 같은 영역에서 다른 맥락으로 이해한 아우라는 귀환과 복원을 중심으로 다시 등장한다.

예술 영역과 관련해서 요제프 퓌른케스(Josef Fürnkäs)는 이러한 논란을 해결하기 위해서는 아우라라는 개념의 외연을 확장해야만 한다고 말한다. 그뿐만 아니라 현재 많은 이론가가 확장된 의미에서의 아우라를 다루고 있다. 이러한 시도들은 타당하다. 그러나 아우라의 외연을 확장하는 데는 큰 어려움이 있다. 즉 확장되어야 하는 아우라 그 자체를 규정하기가 어려운 것이다. 따라서 퓌른케스는 벤야민의 비철학적 서술 방식 때문에 아우라 개념을 규정하는 데 어려움이 있다고 전제하고(Fürnkäs, 2000: 103), 벤야민이 말한 아우라와는 별도로 또 다른 아우라, 즉 벤야민 이후의 아우라를 인정할 것을 제안한다. 퓌른케스는 벤야민이 아우라의 몰락을 이야기한 이후 예술 영역에서 논의되는 아우라 개념을 포함해서 논의를 확장하는 것이다. 그는 첫째, 예술 작품의 원본이 가지는 아우라를 이야기한다(Fürnkäs, 2000: 141). 이는 앞서 설명한 대상이 가지는 객관적 특성으로의 아우라와 같은 것이다. 기술 복제에 의해서 몰락했다고 이야기되는 아우라가 바로 이 아우라다. 그는 둘째, 아우라의 몰락 테제와 반대되는 내용을 갖는 아우라를 이야기한다. 원본이 몰락하거나 또는 원본 자체가 없는데 발생하는 아우라다. 퓌른케스는 이런 아우라를 "원본에 대한 숭배 아우라(originalen Kult-Aura)"가 아니라, 일종의 "유사 아우라(Pseudo-Aura)"로 규정한다(Fürnkäs, 2000: 141). 유사 아우라는 사진이 담아내는 대상과 기술적 한계 때문에 초기 사진에 존속했던 아우라와 그 이후에도 사진에서 복원하려고 한 아우라와 직접 연관된다. 이는 의도적으로 만들어낸 아우라로, 일종의 '가상의 아우라(Scheinsaura)'이다. 문화 산업과 상품 시장에서 만들어내는 아우라가 이런 성격의 아우라라고 볼 수 있다. 마지막으로 그는 디지털 매체 시대의 현대적인 미적 경험과 관련해서 아우라를 이야기한다. 디지털 매체 시대의 작품 없는 예술에서도 충분히 아우라적인 경험이 가능하다고 보고, 이러한 아우라를 "다른 아우라(anderen Aura)" 또는 "아우라 없는 아우라(Aura ohne Aura)"라고 규정한다(Fürnkäs, 2000: 142). 아우라 없는 아우라는 현대의 심미적 경험과 지각의 구조와 연관된다(Schöttker, 2002: 413). 장소, 흔적 그리고 사건 등에서 체험할 수 있는 아우라가 바로 이런 아우라이다.

퓌른케스가 아우라의 몰락 대신 아우라를 둘러싼 외연의 확대를 이야기했다면, 미카 엘로(Mika Elo)는 아우라의 귀환에 대해 이야기한다. 그는 현재 매체 미학 또는 매체 철학의 관점에서 아우라의 몰락이 논의되는 것을 "아우라의 귀환(Wiederkehr der Aura)"이라고 규정한다(Elo, 2005: 117). 그는 디지털 매체 상황에서의 아우라에 관해 다음과 같이 물음을 제기한다. "아우라는 완전히 사라졌는가 또는 단지 변화했을 뿐인가? 아우라의 귀환에 대해 말할 수 있는가? 벤야민의 아우라 개념을 가지고 현재의 새로운 매체들을 어떻게 분석할 수 있는가?"(Elo, 2005: 117) 본질적으로 엘로의 입장은 아우라의 귀환에 있다. 즉 그는 어쨌든 벤야민이 주장한 아우라의 몰락을 일단은 인정한다. 그렇기 때문에 몰락했던 아우라가 귀환하고 있다고 주장하는 것이다.

이와 달리 새뮤얼 웨버(Samuel Weber)는 아우라는 애초에 몰락한 적이 없다고 주장한다. 어떻게 보면 그렇기 때문에 웨버의 주장은 엘로의 주장보다 훨씬 강하다. 더 나아가 웨버는 아우라는 결코 몰락하지 않았을 뿐만 아니라 아우라의 몰락이라는 테제 덕분에 오히려 더 본격적으로 가시화되면서 논의될 수 있었다고 주장한다. 아우라의 몰락을 둘러싼 논쟁이 아우라를 활성화시켰다는 것이다. 어쨌든 그의 주장의 핵심은 아우라를 하나의 고정된 것으로 파악할 수 없다는 데 있다. 즉 아우라 개념의 상대성과 시대성을 강조한 것이다. 그에 따르면 아우라는 상황에 따라서 다른 모습으로 드러날 뿐이다(Weber, *Mass Mediauras: Form, Technics, Media*; Elo, 2005: 126에서 재인용). 어떤 경우에는 원본성으로 또 어떤 경우에는 심미적 교감으로 또 어떤 경우에는 카리스마 등으로 변형된 모습으로 자신을 드러낸다는 것이다. 이러한 아우라에 대한 논의들 속에서 중요한 점은, 그것이 몰락 이후의 귀환이든 또는 변형이든 간에 벤야민이 아우라의 몰락을 기술 복제 시대의 예술 작품이 가지는 가장 큰 특징으로 규정한 이후로 논의가 계속되었고, 또 아우라의 몰락을 의도적으로 방해하는 많은 경우가 있었다는 사실이다.

따라서 나는 이 문제를 크게 두 방향으로 나누어 살펴볼 것을 제안한다. 하나는 '아우라의 귀환'이고 또 다른 하나는 '아우라의 복원'이다. 귀환한 아우라나 복원된 아우라나 둘 다 결국 감성적 지각이다. 앞에서 이야기한 것처럼, 의도하지 않았지만 감성적 지각이기 때문에 몰락하지 않고 계속 남아 있는 아우라가 있다. 반면 아우라가 이미 몰락했거나 없는데도 의도적으로 아우라를 생산하는 경우도 있다. 이 경우 대부분 물질성을 갖고 있는 대상으로서의 아우라와 관계를 맺는다. 귀환은 비의도적이다. 반면 복원은 의도적이다. 따라서 귀환에서는 상황이 중요하며, 복원에서는 복원하려는 의도가 중요하다. 물론 어떤 경우가 귀환이며, 또 어떤 경우가 복원인지 명확히 구분하기는 어렵다. 우리는 앞에서 이미 예술 작품이 갖고 있는 물질적 대상성이 지각 작용에 바로 직접적으로 영향을 준다는 사실을 살펴보았다. 즉 감성적 지각과 물질적 대상은 서로 씨실과 날실처럼 긴밀하게 얽혀 있다. 그럼에도 불구하고 이 둘을 나누어 살펴보는 이유는 그 작용 방식이 너무나도 다르기 때문이다. 그 작용 방식이 어떻게 다른지를 이제 본격적으로 살펴보자. 어떻게 귀환하고 또 어떻게 복원되는지 그리고 왜 귀환을 이야기하고 또 왜 복원을 말할 수 있는지를 현대의 문화 예술 상황에서 하나하나 살펴볼 필요가 있다.

2장
혼적과 아우라[1]

1. 새로운 철학적 방법론으로서의 혼적 읽기

   존재하는 모든 것은 흔적(Spur)을 남긴다. 자의든 타의든 간에 흔적을 남길 수밖에 없다. 세상에 존재하게 된 이상, 흔적도 없이 사라지는 것은 불가능하다. 의도적으로 흔적을 지우지 않는 한 흔적은 남는다. 반면 흔적을 보존하기는 어렵다. 사라지기 때문이다. 흔적을 둘러싼 모순이 발생한다. 흔적은 사라지기 쉽기 때문에 한쪽에서는 흔적을 보존 또는 복원하려고 애를 쓴다. 다른 한편에서는 흔적은 사라지기 어렵기 때문에 흔적을 깨끗이 제거하려고 애를 쓴다. 사라지는 흔적을 보존하기 그리고 없어지지 않는 흔적을 제거하기, 이것이 바로 최근의 흔적을 둘러싼 논쟁의 출발점이다. 흔적의 문제는 매체 공간을 중심으로 해서 심각하게 제기되기도 하고,

---

[1] 이 장의 몇몇 부분은 심혜련(2008; 2012a)의 일부를 수정·보완한 것이다.

또 일상생활이 이루어지는 생활공간을 중심으로 제기되기도 한다. 또한 예술 영역에서도 흔적은 중요한 문제다. 이러한 대상적 세계에서 제기되는 흔적의 문제 외에도 주체의 사유 및 경험과 관련된 흔적 문제도 중요하다. 기억과 망각의 문제가 바로 그것이다. 상흔(傷痕)이라는 말이 그대로 보여주듯이 상처의 흔적들이 기억의 형태로 남는다. 또 때로는 기억과 망각 사이에서 트라우마(Trauma)로 또 때로는 두려운 낯섦으로 '기억흔적'의 모습을 드러내기도 한다. 매체 공간, 일상 공간 그리고 주체의 사유가 뒤섞이면서 흔적의 문제는 점점 복잡해진다.

이런 상황 속에서 흔적과 흔적 읽기가 인문학에서 새로운 방법론으로 등장하고 있다. 현재 흔적 읽기를 하나의 철학적 방법론으로 적극 수용해서 전개해나가는 연구자들은 에마뉘엘 레비나스(Emmanuel Levinas)와 자크 데리다(Jacques Derrida)를 강조한다(Krämer, 2007b: 23-24). 특히 흔적 읽기를 시도하는 많은 이론은 레비나스의 흔적 이론으로부터 출발한다고 해도 과언이 아니다. 이들은 레비나스의 흔적 이론이 존재론뿐만 아니라, 흔적과 기호의 관계를 중시하는 인식론적 측면에서도 매우 중요하다고 강조한다. 그뿐만 아니라 이들은 레비나스와 데리다의 흔적 이론의 유사성과 차이점에도 주목한다(Levy, 2007: 146). 데리다가 『그라마톨로지(Grammatologie)』에서 문자를 일종의 '발화된 흔적(als gesprochen Spuren)'으로 보는 것은 레비나스의 흔적 개념을 문자와 음성의 관계로 풀고 있기 때문이라고 보는 것이다. 또한 바로 이 점에서 레비나스와 데리다를 구별할 수 있기도 하다. 레비나스는 타자의 흔적(Spur des Anderen)을 형이상학적으로 분석한 반면 데리다는 텍스트에 있는 흔적(Spur in Texten)에 집중했기 때문이다(Levy, 2007: 150-152).

흔적 읽기에서 이들의 이론이 주목받는 이유는 간단하다. 사실 흔적을 읽는다는 것은 고전적 의미에서의 철학적 연구 방법은 아니었기 때문에 흔적에 관심을 갖고 연구한 이론 자체가 매우 드물기 때문이다. 학문 영역에서 보면 흔적 읽기는 문화지리학이나 고고학 또는 인류학 등에서 많이 쓰는 방법이다. 문화지리학은 장소를 "흔적의 지속적인 구성물(ongoing composition of traces)"로 이해하면서 적극적으로 읽기를 시도한 대표적인 학문이며(앤더슨, 2013: 17), 고고학과 인류학은 전통적으로 현장을 중심으로 한 흔적 읽기를 시도한 학문이라고 할 수 있다. 학문 영역에서만 하나의 방법론으로서 흔적 읽기가 중요한 것은 아니다. 학문 영역에서 흔적 읽기가 하나의 방법론으로 본격적으로 도입되기 이전에도 흔적 찾기와 지우기는 일상생활에서 늘 문제가 되곤 했다. 그 외에 흔적은 탐정소설 또는 '믿거나 말거나' 식의 이야기들에서 많이 등장한다. 어린 시절 친구들 사이에서 나름 뜨거운 논쟁의 대상이었던 히말라야 산의 '설인'이나 '네스호의 괴물'도 늘 흔적을 중심으로 이야기되곤 했다. 범죄 현장에서 셜록 홈즈는 흔적을 쫓고 루팡은 흔적을 감춘다. 기억에 관한 연구, 기호학, 매체 철학, 예술철학, 과학 이론, 윤리학 등의 학문 영역에서 새로운 방법론으로 도입되고 있는 흔적도 일상 공간에서 이야기되는 이러한 흔적과 크게 다르지 않다.[2]

---

2 이와 관련된 논의는 페어만 등(Fehrmann, Linz, Epping-Jäger, 2005: 9)을 참조하라.

일상 공간에서 인간의 존재 뒤에 남겨진 흔적은 어떤 경우에는 독이 되고, 또 어떤 경우에는 약이 된다. 흔적은 독과 약이라는 두 가지 요소를 다 가지고 있다. 디지털 공간에서도 마찬가지다. 처음에는 이 공간에서는 모든 것이 쉽게 '삭제'되기 때문에 흔적이 문제가 될 줄 몰랐다. 이 공간에 남는 사라지지 않는 흔적이 어떻게 작용할지에 대해 아무런 생각이 없었던 것이다. 디지털 매체 공간에 남는 흔적은 이제 중요한 문제가 되었다. 어떤 경우에도 또 어떤 방식으로도 흔적을 남기는 디지털의 매체적 속성 때문에 우리는 이제 잊힐 권리마저 잃어버리게 된 것이다. 따라서 흔적과 망각 등은 디지털 매체 철학의 하나의 중요한 주제가 되었다.

하나의 방법론으로서의 흔적 읽기에 대한 관심이 증가하면서, 흔적의 철학적 의미 규명에 대한 작업도 동시에 활발해지고 있다. 흔적 읽기에서 놓치지 말아야 하는 것 중 하나는 흔적을 남기는 것이 반드시 인간만이 아니라는 것이다. 하얀 눈 위에 흔적을 남기는 것은 인간의 발자국일 수도 있고 또 동물들의 발자국일 수도 있다. 생명체 외의 물질들도 장소에 흔적을 남긴다. 특정 시대의 사건들도 흔적을 남긴다. 흔적을 남기지 않는 것은 없다. 거의 모든 것이 흔적을 남기는데, 이 흔적이 존재하는 방식이 독특하다. 흔적은 존재함의 증거임과 동시에 현재는 존재하지 않아야 가능한 것이다. 존재의 비존재가 전제되어야 하는 것이다. 따라서 이러한 존재론적 모

페어만 등은 여기서 앞서 이야기한 것처럼 매체 철학, 문학, 기호학 그리고 예술 이론에서 흔적 읽기가 어떻게 가능한지를 다양한 글을 통해 보여주고 있다.

순 때문에 꼼꼼한 읽기가 필요하다. 이 읽기가 바로 흔적에 대한 철학적 탐구의 시작이다.

흔적 읽기라는 구체적 방법론이 논의되기 이전에도 흔적에 대한 연구는 있었다. 단지 흔적 읽기라는 하나의 학문적 방법론으로 구체화되지 않았을 뿐이다. 특히 형이상학과 존재론에 대한 비판이라는 측면에서 마르틴 하이데거(Martin Heidegger)와 레비나스는 각각 '차이의 장소로서의 흔적' 그리고 '타자의 흔적'을 언급했다(Krämer, 2007b: 24). 이들과는 다른 관점에서 벤야민은 역사철학적 그리고 미학적 관점에서 실내 공간과 도시 공간의 흔적을 중심으로 흔적 읽기를 시도했다고 볼 수 있다. 그리고 또 다른 관점이긴 하지만, 프로이트의 정신분석 또한 정신적 흔적 읽기의 한 예라고 볼 수 있다(Wirth, 2007: 70-79 참조). 물론 이러한 사상가들의 흔적에 대한 사유가 지금의 흔적 읽기라는 새로운 방법론에 그대로 적용되는 것은 아니지만, 이들의 사유가 다시 조명되고 있는 것은 분명한 사실이다. 이들은 각각 자신의 관점에서 흔적을 전면에 내세우기도 하고 또 때로는 스쳐 지나가듯이 언급하면서 흔적 읽기에 대한 일종의 철학적 시도를 했기 때문이다.

1990년대 후반부터 본격적으로 진행된 새로운 학문적 방법론으로서의 흔적 읽기에서는 두 가지 측면에서 흔적에 접근하고 있다. 하나는 존재론적인 측면이고, 또 다른 하나는 인식론적인 측면이다. 먼저 존재론적인 측면에서는 흔적이 차지하고 있는 독특한 위치에 주목한다. 존재론적 측면에서 보았을 때 흔적은 굉장히 모호하다. 흔적은 현재는 존재하지 않지만 과거에 존재했던 것을 보여준다는 점에서 애매한 존재론적 위상을 갖는다. 한마디로 말해서 흔적은 존재와 비존재 사이에 낀 '틈새적 존재'라고 할 수 있다. 흔적은 과거의 흘러간 시간을 다시 지금이라는 시간과 여기라는 공간으로 가져온다. 이렇듯 존재와 비존재 그리고 현존과 부재라는 특성을 모두 갖는 흔적의 특징을 한마디로 말한다면 존재론적인 모호함이라고 할 수 있을 것이다. 현재 흔적 읽기를 새로운 학문적 방법론으로 적극 주장하고 있는 시빌레 크레머는 흔적의 이러한 존재론적인 모호함을 "흔적의 야누스적 성격"이라고 규정한다(Krämer, 2007a: 158).

존재론적 모호함을 갖는 흔적은 흔적 읽기를 통해 가시화된다. 중요한 것은 흔적 그 자체가 아니라 흔적 읽기라고 볼 수 있다. 예를 들어 고고학자가 고대 유물의 흔적을 읽어내지 않으면, 그 흔적은 흔적으로 존재할 수 없다. 또 흔적 읽기에서 무엇보다도 중요한 것은 흔적 읽기의 결과보다는 과정이다. 흔적은 일종의 매개체로서 우리를 다양한 해석의 가능성으로 초대하기 때문에 발견된 흔적들을 어떻게 읽을 것인가가 좀 더 중요하다(Holtorf, 2007: 342-344). 흔적 읽기가 중요한 이유는 흔적이 지니고 있는 고유한 특성과 연관이 있다. 앞에서 살펴보았듯이 흔적은 기본적으로 '방해'라는 성격을 지니고 있다. 즉 지나간 것을 있는 그대로 읽기 쉽게 보여주는 것이 아니라, 오히려 읽기를 방해하는 모호함을 내적으로 지니고 있는 것이다(Krämer, 2007b: 16).

흔적 읽기의 과정에서는 읽는 행위자가 이 흔적들을 어떤 방향으로 읽어내려갈 것인지가 중요하다. 흔적을 읽는 주체는 분명 특정한 방향성을 가지고 흔적을 읽는다. 아무 방향성 없이도 흔적을 볼 수는 있다. 그러나 읽기는 불가능하다. 예를 들어 바위에 남겨진 화석을 발견해서 보는 것과 읽는 것은 전혀 차원이 다른 문제다. 또한 탐정의 눈에 드러난 많은 범죄의 흔적은 탐정 외의 사람들에게는 아무것도 아닌 것일 수 있다. 흔적은 실천적이며 이론적인 행위의 방향을 보여주며(Krämer, 2007b: 15), 흔적 읽기는 관찰자의 행위 그리고 주의와 긴밀하게 연결되어 있다. 한마디로 말해서 흔적은 관찰자의 눈에서 생성된다고 할 수 있다(Krämer, 2007b: 16). 관찰자는 일종의 "흔적을 쫓는 사람(Spurenverfolger)"이다(Schaub, 2007: 123). 앞서 이야기했듯이 흔적은 의미의 다의성을 가지고 있는 열린 구조이다. 그렇기 때문에 흔적에 대한 해석이야말로 관찰자에 의해서 완성된다. 즉 흔적은 해석에 의해서 비로소 온전히 자기 모습을 드러내면서 그 서사적 구조를 보여준다고 할 수 있다(Krämer, 2007b: 17). 흔적 읽기에서 제기되는 문제는 단순히 인과성 법칙을 중심으로 사물 세계를 원인으로 그리고 그 사물 세계의 흔적을 결과로 해석할 수 있는지 또는 그 사물 세계의 흔적을 다양하게 해석할 수 있는 가능성이 있는지에 대한 것이다.

흔적은 모호한 것이며 불확실한 것이다. 그렇기 때문에 흔적은 단순히 주어지는 것이 아니라 발견되는 것이며 또 의미가 생성되는 것이다(Grube, 2007: 229). 바로 이런 의미에서 흔적 읽기에서 무엇보다도 중요한 것은 흔적이 가지는 비의도성이다. 흔적은 누군가에 의해서 만들어지는 것도 또 누군가를 위해서 만들어지는 것도 아니다. 흔적은 발견되고, 드러나고 그리고 읽힐 뿐이다. 이러한 흔적은 비록 처음에는 기호가 아니지만, 흔적을 읽는 자에 의해서 점차 기호가 될 수 있다(Grube, 2007: 231). 흔적을 발견하고 읽는 자를 일종의 수취인으로, 그리고 흔적을 비의도적으로 남긴 자를 발신인으로 볼 수 있다. 더 나아가 수취인은 적극적인 흔적 읽기를 통해 발신인을 재구성할 수 있다. 이것이 바로 흔적 읽기다(Grube, 2007: 231).

흔적 읽기를 위해서는 무엇보다도 흔적을 먼저 발견하고, 또 이를 읽어야 한다. 그러나 있는 그대로, 즉 남겨진 그대로 흔적을 발견하기란 매우 어렵다. 왜냐하면 공간에서 흔적은 또 다른 흔적 그리고 다른 것과 뒤섞여 있는 혼돈의 상태로 남겨지기 때문이다(Grube, 2007: 232). 따라서 흔적 읽기는 다음과 같은 단계로 순차적으로 진행된다. 첫 번째 단계는 흔적을 발견하는 것이다. 다른 사람이 미처 발견하지 못한 범인의 흔적을 찾아내기 위해 범행 장소를 꼼꼼히 살펴보는 탐정과 같은 태도로 흔적을 발견해야 한다. 두 번째 단계는 이렇게 발견한 흔적을 정리하는 것이다. 흔적은 지나간 과거의 질서를 그대로 보여주지 않는다. 흔적은 단지 과거를 지시할 뿐이다. 그러므로 흔적을 읽는다는 것은 "비(非)현재적인 것의 지시(Verweisen Auf Nicht-Gegenwärtiges)"라는 의미를 갖는다(Fehrmann, Linz, Epping-Jäger, 2005: 9). 또 앞에서 말했듯이 흔적은 과거의 내용이 그대로 드러나는 것을 방해한다. 발견된 흔적은 특정한 방향성 아래에서 정리되어야 한다.

마지막 단계는 흔적을 추적하는 것이다. 발견하고 정리한 흔적을 가지고 흔적을 해석하고 이를 토대로 범인을 쫓거나 지식의 근원을 쫓는 등의 작업이 이루어져야 하는 것이다(Grube, 2007: 233). 흔적을 쫓으며, 흔적 읽기를 시도하는 여러 유형의 사람들이 있다. 학자, 탐정과 경찰 그리고 기자 등이 그 대표적인 예라고 볼 수 있다. 그러나 딱히 이러한 사람들이 아니더라도 우리는 일상에서 개인적으로 흔적 읽기를 한다. 직업적으로 흔적 읽기를 하는 사람들은 남다른 주의력을 가지고 흔적을 읽어낸다. 다른 사람들이 전혀 발견하지 못한 흔적들을 발견하고, 이를 읽고, 판단한다. 흔적을 발견하고 읽고 판단하는 과정에 철학이 개입한다. 이 과정은 일종의 세밀한 사유의 과정이기 때문이다. 그런데 이러한 흔적 읽기는 대상과 거리를 두는 관조적인 방식으로 이루어지지 않는다. 오히려 흔적 읽기는 대상에 집중적으로 반응해야 하는 행위인 것이다(Kogge, 2007: 188). 예를 들어 도시 공간에서의 흔적 읽기를 시도하는 산책자는 도시와 거리를 두는 방식으로는 도시의 흔적을 읽을 수 없다. 도시 공간 안으로 깊숙이 들어가야 흔적을 읽을 수 있는 것이다.

앞서 이야기했듯이 부재와 현존을 동시에 보여주는 흔적은 존재론적 모호함을 갖는다. 존재하면서도 부재하기 때문이다. 여기서 특히 중요한 점은 존재보다는 부재다. 흔적의 가장 본질적인 특징은 '부재함(Abwesenheit)'이다(Krämer, 2007b: 14). 부재함은 과거에 존재했던 것을 의미하기도 하고, 이와 동시에 지금 여기에 없고 멀리 있는 것을 의미하기도 한다. 반대로 지금 여기에 존재하지만 본질적으로 멀리 있을 수밖에 없는 것을 의미할 수도 있다. 우리는 여기서 감성적 지각으로서의 아우라가 갖는 '거리감'을 떠올릴 수 있다. 흔적과 아우라가 연결될 수 있는 점이 바로 거리감인 것이다. 아우라는 바로 이 거리감을 통해 흔적과 연결될 수 있다. 벤야민 이후,

앞서 말했듯이 흔적은 중요한 철학적 개념이 되었고, 또 흔적과 아우라를 연결시켜 파악하려는 시도들이 등장하고 있다. 일단 감성학적 차원에서 제기될 수 있는 흔적과 아우라의 문제를 다루기 전에 먼저 벤야민으로 다시 돌아가 그가 흔적과 아우라를 어떻게 파악했는지를 살펴볼 필요가 있다.

2. 흔적 대 아우라

감성학자인 벤야민은 예술에 대한 이론을 전개함과 동시에 일상생활에 대한 연구도 진행했다. 근본적으로 예술의 자율성이라는 가상을 끊임없이 비판한 그가 일상에 관한 연구를 한 것은 너무나도 당연하다고 할 수 있다. 앞서 이야기했듯이 흔적 또한 아우라처럼 애매하고 모호한데(이글턴, 2009: 62), 그러나 그 애매모호함이 발생하는 지점이 다르다. 아우라는 정의하는 과정에서 모호함이 발생한다면, 흔적은 존재론적 차원에서 모호함이 발생한다. 각기 다른 지평에서 발생하는 모호함에도 불구하고 벤야민은 이 둘을 묶어서 이야기하는데, 이 이야기의 핵심은 유사성이 아니라 차이다. 즉 흔적 대(對) 아우라인 것이다. 먼저 벤야민이 이 둘을 어떻게 규정했는지 살펴보자.

흔적과 아우라. 흔적은 흔적을 남긴 것이 아무리 멀리 떨어져 있더라도 가까이 있는 것의 현상이다. 아우라는 설령 그것을 불러일으키는 것이 아무리 가까이 있더라도 멀리 있는 것의 현상이다. 흔적 속에서는 우리가 사물을 소유한다. 아우라에서는 사물이 우리를 자기 것으로 만든다(벤야민, 2005: 1026).

위의 인용문에서 알 수 있듯이 벤야민에게 흔적과 아우라는 둘 다 '거리감'과 관계있는 것이다. 우리는 감성적 지각으로서의 아우라에서 거리감이 얼마나 중요하게 작용하는지는 이미 살펴보았다. 흔적은 아우라와는 정반대로 "아무리 멀리 떨어져 있더라도 가까이 있는 것의 현상"이다. '아무리 멀리 떨어져 있더라도'가 의미하는 것은 무엇일까? 그것은 지금 여기에 없다는 것이다. 지금 여기에 없는 것이 '가까이 있는 것의 현상'으로 그 모습을 드러낸다. 이 또한 얼마나 모순인가? 그런데 그 모순적인 성격이 바로 흔적 그 자체이다. 즉 흔적은 "현재에 있는 과거의 현존(Präsenz der Vergangenheit in der Gegenwart)"인 것이다(Augé, 2011: 81). 무엇보다도 벤야민은 공간에서의 흔적, 즉 과거의 현존에 관심을 갖고 있었다.

흔적과 아우라는 거리감뿐만 아니라 사물과의 관계에서도 대립한다. 흔적의 경우 우리가 사물을 소유하는 주인이 되지만, 아우라에서는 주객이 전도된다. 즉 사물이 우리를 자기 것으로 만든다. 그 예로 숭배 가치를 지니고 있었던 예술 작품을 들 수 있다. 숭배의 대상이 된 예술은 인간을 자신에게 복종하게 만들었다. 결국 인간이 만든 예술이 인간을 지배하게 된 것이다. 흔적은 이와 정반대다. 일상 공간에 남겨진 흔적들은 숭배 가치를 갖지 않는다. 오히려 우리는 흔적 읽기를 통해서 사물에 소유당하는 것이 아니라, 사물을 소유할 수 있게 된다. 이렇듯 벤야민은 사물 세계와 일상 공간의 관계를 분석하면서 "사물들을 생생하게 현전시키는 진정한 방법"은 "우리를 사물들의 공간 안에서 재현하는 것이 아니라, 그것들을 우리의 공간 안에서 재현하는 것"이라고 말한다. 이는 "우리가 그들 속으로 침잠하는 것이 아니라 그들이 우리의 삶 속으로 침투해 들어오는 것"을 의미한다(벤야민, 2005: 536). 이러한 사물 세계와 공간에 관한 벤야민의 분석은 일상적인 도시 공간과 흔적 이론에도 적용시킬 수 있다. 도시 공간을 사는 우리가 도시 공간으로 침잠하는 것이 아니라, 자연스러운 흔적과 더불어 도시 공간이 우리의 삶 속으로 침투해 들어오게끔 해야 한다.

최근 아우라와 다른 감성적 지각들, 즉 푼크툼이나 두려운 낯섦과의 유사성을 이야기함과 동시에, 아우라와 흔적, 특히 아우라의 흔적을 이야기하기도 한다. 할 포스터가 바로 이 경우에 해당된다(포스터, 2005: 270). 그뿐만 아니라 테리 이글턴(Terry Eagleton)도 일찍이 흔적과 아우라를 연결시켜 이야기했다. 그도 물론 흔적과 아우라가 상반되는 개념이라는 것을 잘 알고 있다. 그래서 그는 흔적을 "석화된 아우라의 물리적 잔여"일 수도 있고(이글턴, 2009: 64), 또 "아우라의 대용품"일 수도 있다고 주장하는 것이다(이글턴, 2009: 63). 아우라와 흔적을 이렇게 파악하는 데 전제가 되는 것은 정신분석학이다. 흔적을 기억과 망각 사이에 존재하는 것으로 보고, 포스터와 이글턴은 회상(Eingedenken)을 중심으로 흔적과 아우라를 이야기한다. 이 둘의 입장에서 보면 아우라는 사실 몰락한 것이 아니기 때문에 귀환했다고도 볼 수 없다. 그러나 감성적 지각으로서의 아우라를 이야기하면서 거리감 또는 시선의 응답으로서의 아우라를 재강조한다는 점에서 아우라의 귀환을 말한다고 봐도 틀린 것은 아니다. 회상을 중심으로 흔적과 아우라를 이야기할 때의 접근 방식으로는 정신분석학적 접근 외에도 장소 흔적과 기억흔적을 중심으로 한 접근 방식이 있다. 장소 흔적은 다시 장소성을 둘러싼 아우라의 문제를 제기한다. 도시 공간에서의 '아우라의 흔적' 그리고 남겨진 흔적이 '아우라화'되는 문제를 제기하는 것이다.

3. 도시 공간에서의 흔적들

벤야민에게 흔적과 아우라의 문제는 도시 공간을 중심으로 본격적으로 제기된다. 벤야민은 공간을 사유하는 철학자이다. 그가 사유하는 공간은 추상적인 공간이 아니라 구체적이며 일상적인 공간이다. 그는 기존의 전형적인 접근 방식이 아닌 독자적인 방법론, 즉 감성학을 통해 도시 공간을 사유한다. 이 감성학을 도시 공간과 관련해서 좀 더 특화시켜 이야기하면 도시 인상학(Physiognomik)이다. 도시 인상학은 말 그대로 도시의 인상을 읽어가는 학문이다. 한 사람의 얼굴에는 그 사람의 인생이 고스란히 담긴다. 나이가 들면 자신의 얼굴에 책임을 져야 한다는 말이 그래서 나왔다. 벤야민도 이와 유사한 이야기를 한 적이 있는데, 오래된 연인을 기억할 때 "어떠한 아름다움보다 그의 마음을 더욱더 오래, 더욱더 사정없이 붙잡는 것은 얼굴의 주름살, 기미, 낡은 옷, 그리고 기울어진 걸음걸이"라고 했다(벤야민, 2007h: 80). 이 얼마나 흔적에 대한 아름다운 회상인가? 사람의 얼굴처럼 도시에도 그 도시가 살아온 흔적이 그대로 남아 있고, 도시 인상학자는 이를 추적하고 읽는다. 이와 관련해서도 도시 인상학자로서 벤야민은 "창문, 구름, 나무에 대한 우리의 감정은 머릿속이 아니라 그것들을 본 장소에 깃들어 있다는 학설이 맞다면" 이를 받아들여야 한다고 말한다(벤야민, 2007h: 80). 도시 인상학자인 그는 무엇보다도 흔적과 그 흔적을 남긴 사람들을 추적한다. 그는 흔적 사냥꾼이자, 흔적이 있는 공간을 일종의 범행 현상으로 보고 꼼꼼히 읽는 탐정과 같다. 그렇다고 해서 늘 탐정과 같은 태도로 도시를 읽을 필요는 없다. 산책자처럼 도시를 배회하면서 흔적을 읽을 수도 있다. 중요한 것은 보이는 것만 보는 것이 아니라, 도시에 숨겨진 내밀한 것들을 찾아내는 것이다.

벤야민은 도시라는 외부 공간을 분석할 때 흔적이라는 개념을 사용하기보다는 내부 공간, 즉 실내를 분석할 때 이를 사용한다. 잘 알려진 것처럼 산업이 발전해서 대도시가 형성되기 전에는 사적 공간과 공적 공간의 구별이 명확하지 않았다. 자신이 사는 곳이 곧 자신의 일터였기 때문이다. 대규모의 공장들이 들어서고, 공장을 중심으로 대도시가 형성되면서 사람들은 사적 공간에서 나와 공적 공간으로 일을 하러 가기 시작했다. 비로소 온전한 사적 공간에 대한 개념이 생기게 된 것이다. 공적 공간과는 달리 사적 공간, 즉 실내는 고스란히 개인의 흔적을 남길 수 있는 곳이다. 자신만의 내밀한 추억이 형성될 수 있는 곳인 것이다. 취향의 문제와 관련된 실내와 흔적에 관한 분석에서 벤야민은 늘 그렇듯이 자신의 이론을 명확히 정리하지 않는다. 단지 19세기 부르주아의 실내에 남겨진 흔적들에 대해 여러 가지 자료를 자신만의 방식으로 나열할 뿐이다. 이중에서 특히 주목할 만한 것은 천에 대한 분석이다. 주름 잡힌 커튼과 옷의 장식들 그리고 가구의 천들을 그는 주목했다. 천이야말로 그 당시 도시 공간, 즉 유리와 철로 이루어진 공간과 비교될 수 있는 것이었기 때문이다. 그는 "유리와 철의 장비에 맞서 실내장식 기술은 천으로 몸을 보호한다"고 말한다(벤야민, 2005: 561).

나만의 흔적이 남겨진 천으로 장식된 실내 공간은 나의 회상과 긴밀하게 연결된다. 그래서 집 내부에 있으면서, 집 내부에 있는 사물의 흔적들을 통해 회상에 잠길 수 있게 된다. 벤야민은 키르케고르(Kierkegaard)의 "그러나 자기 집에 있으면서도 향수를 느끼는 것, 그것이야말로 회상의 기술인 것이다"라는 말을 인용하면서 이것이 바로 "실내에 대한 정식[Formel]"이라고 규정한다(벤야민, 2005: 562). 그런데 실내에서 가능했던 이러한 흔적 읽기는 이제 도시 공간에서도 가능하다. 왜냐하면 도시인들은 산책을 통해 도시 "거리를 실내로 바꾸어"버렸기 때문이다(벤야민, 2005: 974). 이에 대해 벤야민은 다음과 같이 말한다. 산책자에 의해서 파리가 하나의 실내가 될 수도 있고, 또 다른 한편으로 주변 풍경처럼 전개될 수도 있다고 말이다(벤야민, 2005: 975). 이제 도시 공간에서도 실내의 사물 세계에서와 마찬가지로 향수를 느낄 수 있는 것이다.

우리는 종종 흔적도 없이 사라졌다는 말을 한다. 그런데 과연 흔적도 없이 사라지는 것이 가능할까? 범행 현장에서 그 어떤 흔적도 남기지 않으려는 범인의 시도가 때로 성공하기도 하지만 그런 특수한 경우가 아니라면 일반적으로 모든 존재했던 것은 흔적을 남긴다. 일상 공간에서는 특히 그러하다. 그러나 도시 공간은 이 경우와는 아주 다르다. 도시라는 일상 공간에 남겨진 흔적은 기본적으로 연출된 흔적이 아니라 의도되지 않은 흔적이라는 성격을 갖는다. 그런데 만약 도시 공간에서 이러한 비의도적 흔적이 의도적으로 없어진다면, 과연 그것은 무엇을 의미하는 것일까? 이때 사라지는 것은 단지 도시 공간에서의 흔적만은 아니다. 흔적이 사라짐과 동시에 기억과 추억 그리고 회상의 대상으로서의 도시 공간도 사라진다. 중환자실처럼 말끔히 소독된 도시 공간에서 과연 흔적 읽기를 위한 탐사가 가능할지 의심스럽다.

도시 공간만큼 많은 흔적을 간직하고 있는 공간은 없을 것이다. 도시 공간에 남겨진 대부분의 개인적 흔적들은 비의도적이며, 물질적이며 그리고 부재함의 현존 그 자체다. 그러나 도시는 이러한 사소한 개인적 흔적뿐만 아니라 역사적 흔적도 간직하고 있는 흔적의 보고다. 따라서 도시 공간은 개인의 흔적과 기억뿐만 아니라 집단의 흔적과 집단적 기억과 관계 맺으며, 도시 공간 곳곳에는 이러한 집단의 흔적을 보호하기 위한 여러 장치와 집단적 기억을 상기시키기 위한 많은 기념물이 있다. 그 기념물들을 통해 우리는 이곳에서 과거에 어떤 일들이 있었는지, 그리고 그 일들을 왜 기억해야 하는지에 대해 다시 한번 생각하게 된다. 이 과정에서 일상적이며 소소한 흔적들은 쉽게 무시되기도 한다. 그러나 일상성을 무시한 흔적 읽기는 공허할 수 있다. 도시 공간은 일상성과 분리해서 생각할 수 없기 때문이다. 따라서 공공 공간인 도시에서 이러한 일상적인 흔적을 읽는 작업이 바로 도시 공간에 대한 또 다른 철학적 탐색의 시작이라고 볼 수 있다.

4. 흔적의 아우라화

일상적인 흔적의 소멸뿐만 아니라 역사적·문화적 흔적을 중심으로 한 흔적의 가상화 또한 문제다. 흔적의 가상화 작업에서 흔적을 아우라로, 즉 지금 가까이 있지만 본질적으로 멀리 있는 것이라는 특징을 가진 아우라로 변형시키는 일들이 도처에서 발생한다. 이는 '흔적의 아우라화'이다. 우리는 이러한 흔적의 아우라화 현상들을 곳곳에서 볼 수 있다. 대표적으로 어디에서나 쉽게 접할 수 있는 각종 기념비들이 이에 해당한다. 특정 인물을 기리기 위해 복원되는 그 인물의 생가도 마찬가지다. 물론 도시 공간에는 우리가 역사적으로 반드시 기억해야 하는 장소가 있다. 그렇기 때문에 그 장소에 흔적들을 보존할 필요가 있는 것이다. 그러한 장소에 대부분 기념비나 기념관, 예술품 등의 기념물들이 설치된다. 문제는 그러한 것들이 주변 환경을 고려하지 않은 채 지나치게 '기억'과 '기념'을 강조하며, 적극적으로 흔적을 아우라화한다는 것이다. 그렇다고 역사적으로 기억해야 할 장소와 흔적들을 보존하지 않을 수는 없다. 그렇다면 어떤 방식으로 이러한 작업이 진행되어야 하는가? 당연히 이러한 보존 작업은 최소화되어야 마땅하며, 기념물은 장소성을 고려해서 설치되어야 한다. 주변 환경과 어우러지지 않고 마치 주변을 제압하듯 고압적으로 서 있는 각종 기념비들은 사실 아우라를 갖는다고 보기 어렵다. 이는 일종의 아우라의 수난이자 모욕이다.

물론 흔적이 남아 있는 공간이 아우라적인 공간으로 또는 아우라적인 지각 방식으로 체험될 수 있다. 문제는 도시 공간을 인위적인 가상의 아우라로 지나치게 심미화한다는 데 있다. 대표적인 예로 강제적인 일상 공간의 재정비와 공간의 역사적·문화적 맥락을 무시한 공공 예술을 들 수 있다. 인위적인 공간의 재정비, 즉 흔적을 고려하지 않은 재개발은 기억과 관계에서 일종의 '강제적인 망각'을 강요한다. 이러한 도시 공간에서는 흔적 읽기가 불가능할 뿐만 아니라 흔적과 관계된 그 어떤 기억과 회상 능력도 제대로 작용할 수 없다. 기억과 회상 능력은 매우 중요한 인간 고유의 능력이다. 그래서 인간을 사이보그나 로봇과 구별하는 기준을 기억에 두기도 한다. 영화 〈블레이드 러너(Blade Runner)〉(1993)에서 자신이 복제 인간인지 모르는 레이첼이 자신이 복제 인간이 아님을 주장하는 근거로 어린 시절에 대한 기억을 가지고 있다는 점을 들며, 몇 살 때 피아노를 배웠고, 누구와 놀았고 하는 등의 기억들이 있는데 자신이 어떻게 복제 인간인지 반문하는 장면이 나온다. 그때 레이첼에게 전직 블레이드 러너였던 데커드는 그 기억이 주입된 것이라고 이야기해 준다. 즉 진짜 기억이 아니라 인위적으로 만들어진 정보에 불과하다는 것이다. 여기서 문제는 기억도 인위적으로 그리고 필요에 의해서 연출될 수 있다는 점이다.

그렇다면 인위적으로 만들어진 기억이 직접 주입되지 않고 연출된 흔적으로 간접적으로 주입되는 경우는 어떠한가? 크레머는 "연출된 흔적은 절대 흔적이 아니다"라고 강조한다(Krämer, 2007a: 160). 즉 이 말은 흔적이 가지고 있는 비의도성과 관련이 있다. 그는 흔적은 의도, 프로그램 그리고 그 어떤 통제로부터도 벗어난 것임을 강조한 것이다. 그러나 인위적 기억이 직접 주입된 레이첼의 경우와는 다르게, 도시 공간은 인위적으로 연출된 흔적이 넘치는 공간이 됨으로써 인위적 기억을 간접 주입하는 데 결정적인 역할을 하고 있다. 그렇다면 흔적의 인위적 연출을 피하기 위해, 비의도적인 흔적의 특징을 보존하기 위해 도시 공간을 그대로 두어야 하는가? 또는 도시 공간이 점차 흔적 읽기가 불가능한 공간이 되기 때문에 흔적 읽기 작업은 중지되어야만 하는가? 흔적 읽기가 불가능한 도시 공간은 과연 무슨 의미가 있을까?

장소에서 흔적이 강제적으로 소멸되는 것만큼이나 흔적을 강제적으로 주입하는 것도 문제다. 이것은 재아우라화라는 현상과 연결시켜서, 흔적이 있는 공간 대신에 아우라적인 도시가 등장하는 것이 무엇을 의미하는지를 봐야 한다. 예를 들어 2010년 서울이 세계 디자인 도시로 선정되면서 서울시가 '디자인 서울'을 기획하고 실행한 적이 있다. 서울이라는 도시를 공공 디자인을 통해 새롭게 디자인하고자 한 것이다. 서울을 새롭게 디자인하기 위해서는 먼저 낡은 서울을 비판해야만 했다. 그때 나온 비판 중 하나가, '서울이라는 도시는 아우라가 없다'는 것이었다. 따라서 서울이 아우라를 갖게끔 디자인해야 했다. 그후 많은 지자체에서 공공 예술 사업이나 도시 재생 사업 등이 우후죽순으로 생겨났다. 이 사업들은 거의 '디자인 서울'을 모방했으며, 많은 도시가 자신만의 아우라를 만들어내기 위해 애를 썼다. 도시 공간과 아우라라는 조합이 이젠 낯설지 않게 되었다. 그러나 이제 이 낯설지 않은 조합에 대해 문제를 제기해야만 한다. 무엇을 위한 그리고 누구를 위한 아우라인지를 따져야만 하는 것이다.

벤야민의 흔적과 아우라에 대한 이론을 도시 공간과 연결시켜 좀 더 구체적으로 생각해보자. 지금 우리가 살고 있는 도시는 흔적 또는 아우라와 관련해서 두 가지 극단적인 방법으로 기억과 망각의 문제를 다루고 있다. 하나는 '강제적인 망각'의 강요다. 즉 도시 공간에서 흔적과 기억을 찾을 수 있는 곳들이 점점 개발이라는 이름으로 사라져가고 있다. 또 다른 하나는 기억의 강제적 주입이자 확장이다. 곳곳에 생기는 기념관과 기념비들이 그 예로, 흔적과 장소성을 무시한 이런 건물들과 조형물들은 우리에게 강제적인 기억을 폭압적인 방식으로 주입하고 있다. '일상적인 흔적을 지니고 있는 공간의 강제적 소멸'과 '강제적 기억의 확장', 이것이 바로 지금 우리가 살고 있는 도시 공간의 현주소다. 도시 공간은 그곳에 살았거나 살고 있는 도시인들의 기억의 가장 큰 부분을 차지하며 그들에게 하나의 문화적 기억으로 작용한다. 그러나 불행하게도 공간의 강제적 소멸과 기억의 강제적 확장 등으로 도시는 고유한 특징을 가지고 있지 않으며, 마치 공장에서 찍어낸 듯한 대량 생산물의 모습을 갖게 된다. 도시 공간은 자신의 얼굴을 잃어버렸다. 과도하게 성형수술을 해서 주름을 없앤 얼굴처럼 된 것이다. 이렇게 되면 도시의 외면이라는 얼굴을 통해 도시의 내면을 읽는 도시 인상학은 애초부터 성립 불가능한 것이 된다. 이것이 바로 흔적을 없앤 도시 공간이 맞이하게 될 미래다.

강제적 망각의 과정을 통해 흔적이 없어지는 반면에, 도시 곳곳에서는 아우라가 넘쳐나고 있다. 삶과 흔적을 외면한 채, 예술 작품과 같은 심미적 경험을 안겨준다는 명목으로 도시들이 '디자인'되고 있는 것이다. 도시는 예술 작품이 아니다. 그렇기 때문에 이런 식의 도시 디자인은 우리의 일상과 유리될 수밖에 없다. 즉 가까이 있지만 멀리 있는 것이다. 도시 공간에서의 아우라는 벤야민이 지적한 대로 기술 복제 시대에 영화 자본이 영화에서 만들어낸 '가상의 아우라'에 지나지 않는다. 이러한 가상의 아우라는 앞에서 살펴본 '강제적인 기억의 확장'과 흔적을 고려하지 않은 무차별적인 개발·재개발과 같은 성격을 갖는다.

'강제적인 기억의 확장'과 관련해서 또한 문제가 되는 것은 앞서 언급했던 것처럼 장소 또는 흔적과 전혀 맥락이 통하지 않는 심미화 작업이다. 예를 들어보자. 청계천을 복원할 당시 뜨거운 논란의 대상이 되었던 것들 중 하나가 바로 클래스 올덴버그(Claes Oldenburg)의 〈스프링(Spring)〉(2006)이라는 작품이다. 아주 유명한 작가의 작품을 엄청난 가격을 지불하고 가지고 왔는데, 작가의 명성 또는 작품이 주는 예술적 체험을 떠나서 이 작품이 그곳에, 즉 청계천이라는 장소에 적합한가라는 문제가 제기되었다. 예술품이 있는 도시, 아름다운 도시는 물론 중요하다. 그러나 이러한 맥락 없는 심미화 작업이 과연 어떤 의미가 있는지, 결국 불필요한 눈요깃거리만 만들어내는 과심미화 작업에 그치는 것은 아닌지 반드시 생각해봐야 할 문제다. 도시 공간은 아우라적인 공간이 아니다. 가상의 아우라를 만들어낼 필요도 없고, 도시 공간을 아우라적인 지각을 통해 받아들여서도 안 된다. 벤야민의 아우라의 정의에서 중요한 것 중 하나가 바로 '거리감'이었다. 아무리 가까이 있더라도 멀리 느껴지고, 또 실제로 멀리 있기도 하고, 나와는 무관한 멀리 있는 것들은 가까이 온다 하더라도 일회적일 뿐이다. 그것들은 가까이 하기에 너무 먼 것들이다.

도시 공간에서 이러한 거리감은 중요하지 않다. 오히려 기술 재생산 시대의 예술 작품처럼 '접근 가능성'이 보장되어야 한다. 그레엄 길록(Graeme Gilloch)도 이와 같은 견해를 보이고 있다. 그는 아우라를 중심으로 도시환경을 지각하는 행위는 도시환경을 바르게 파악하는 일이 아니라고 말한다. 그는 벤야민의 아우라 개념과 도시 공간에 대한 정확한 이해를 바탕으로 다음과 같은 주장을 한다. "거리를 둔 정적인 관조와 아우라적인 지각은 대도시 건축의 현혹적인 허울에 협력할 뿐이다. 사물에 대한 거리가 아니라, 사물에 대한 근접과 확장이 필요하다."(질로크, 2005: 336-337) 그렇다. 도시는 사람들을 현혹하는 허울만으로 치장해서는 안 된다. 또 이 허울로 인하여 산책자가 도시 공간에 거리감을 느껴서도 안 된다. 산책자에게 도시 공간은 허울을 벗어버리고 흔적을 텍스트 삼아 자신의 추억을 기억할 수 있는 곳이어야 한다.

3장
장소와 아우라

1. 흔적 그리고 장소와 비장소

 도시는 옛것과 새로운 것이 공존하고 있는 장이다. 도시 공간 그 자체가 하나의 문화적 다큐멘터리라고 할 수 있다. 문화적 다큐멘터리인 도시는 흔적과 관련된 또 다른 문제를 제기한다. 그것은 '장소'와 관련된 문제다. 흔적이 남아 있음으로 해서 산책자에게 경험의 공간으로 작용하는 도시 공간을 장소로 규정할 수 있다. 흔적, 도시 공간 그리고 장소는 서로 유기적으로 결합해서 또다시 아우라와 관련된 문제를 제기한다. 도시 공간에서의 흔적 문제는 장소(place)와 비장소(Non-place)를 둘러싼 논쟁과 직접적으로 연관될 수 있다. 그렇다면 흔적과 아우라의 문제가 어떻게 장소와 비장소를 둘러싼 문제와 연결되는지, 그리고 왜 이 문제를 굳이 다시 '장소'를 중심으로 이야기해야 하는지 살펴볼 필요가 있다. 로티(Richard Rorty)가 철학 영역에서 언어적 전회(linguistic turn)를 이야기한 이후 '매체적 전회', '이미지적 전회', '퍼포먼스적 전회' 등의 많은 전회가 등장 했으며, 이 전회들은 시대의 패러다임을 규정하는 기준이 되었다. 전회는 세계를 읽을 수 있는 새로운 방법론을 제시해준다. 지금 여기에서 진행되는 현상들을 무엇을 중심으로 읽어야 하는지를 제안해주는 것이다(Bachmann-Medick, 2009: 25).

이러한 많은 전회 중 1990년대 이후부터 '공간적 전회(spatial turn)'가 본격적으로 논의되고 있다(Döring und Thielmann, 2008: 7-14 참조). 전회가 새로운 대상에 대한 새로운 사유 방법을 뜻하는 것이라면, 공간적 전회는 이전과 다른 공간을 이전과 다른 방법으로 사유하는 것이다. 따라서 그 다른 공간은 추상적 공간이 아닌, 도시 공간과 같은 구체적이며 일상적인 공간을 의미하며, 다른 사유 방법이란 철학적, 과학적, 사회과학적 접근을 넘어선 진정한 의미에서의 '학제간 연구'를 의미한다고 할 수 있다. 도시 공간을 중심으로 한 장소와 비장소에 대한 논의가 공간적 전회가 본격적으로 논의되기 전에 진행되었지만, 이 논의는 분명 공간적 전회에 포함된다고 볼 수 있다. 특히 도시 공간에서의 흔적 읽기는 공간적 전회 이후 등장한 새로운 철학적 방법론이다.

장소와 비장소에 대한 논의와 도시 공간에서의 흔적 읽기는 흔적이라는 공통분모를 갖는다. 장소와 비장소는 흔적과 떼려야 뗄 수 없는 관계를 맺고 있는데, 이 둘을 구별할 때 흔적의 유무가 매우 중요하게 작용하기 때문이다. 이때 흔적은 반드시 공간에 남은 물질적 흔적만을 의미하는 것은 아니다. 그 장소에 대한 기억흔적도 포함한다. 기억흔적은 문화 흔적이며, 또 개인과 집단의 경험의 근원이 된다. 장소와 비장소를 이야기하는 이들은 이러한 물질적·비물질적 흔적들이 어떻게 기억흔적으로 작용하는지에 주목한다. 장소와 비장소를 구별하면서 공간 읽기를 시도한 마르크 오제(Marc Augé)에 따르면 이제 도시 공간은 비장소 그 자체가 된 공간이라고 볼 수 있다. 그에 따르면 장소란 동일성, 관계 그리고 역사와 관련된 곳이다. 반면 비장소는 동일성도 없고, 관계도 없고 또 역사와도 무관한 곳이다. 그는 비장소의 예로 공항, 여객 터미널 그리고 슈퍼마켓 등을 언급하고 있다(Augé, 2011: 83). 이러한 특정 공간들이 비장소가 된 이유는 바로 동일성에 있다. 이러한 비장소들은 어디에 있든 동일하거나 거의 유사한 외형을 띠고 있다. 물론 공항이나 여객 터미널, 슈퍼마켓 등 특수한 목적을 가지고 있는 공간은 그 구조나 형태에 있어서 어느 정도 동일성을 가지고 있을 수밖에 없다. 문제는 지극히 일상적인 공간에 이렇게 동일하거나 유사한 공간들이 점점 많아지고 있다는 점이다. 서울의 맥도날드와 베를린의 맥도날드는 다르지 않다. 서울에 있는 24시간 편의점들은 전주에도 있다. 그러한 획일적 공간에서 뭔가 독특한 것을 기대하기는 어렵다. 아니 오히려 획일성을 기대하고 그러한 공간에 들어간다. 오제는 비장소를 모던 이후의 특징이라고 규정하고, 모던 이후 대도시들이 점차 비장소화되고 있다고 말한다. 그래서 그는 모던 이후에는 그 어떤 공간도 보들레르가 이야기한 장소, 즉 "기억의 장소(Orten der Erinnerung)"로 기능하고 있지 않다고 주장한다(Augé, 2011: 83). 공간을 둘러싼 패러다임이 변화한 것이다.

흔적과 관련해서 장소를 규정하면, 한마디로 말해서 장소는 흔적이 있는 공간을 의미하며 반대로 비장소는 흔적이 사라진 공간 또는 연출된 인위적 공간을 의미한다고 볼 수 있다. 앞에서 이야기한 '흔적의 아우라화'가 비장소와 연결되는 것이다. 흔적이 있는 공간으로서의 장소가 기억 장소로 작용한다. 그렇다면 기억의 장소로 작용하기 위해 모든 공간의 흔적은 보존되어야 하는가? 결코 그럴 수는 없으며, 그래서도 안 된다. 흔적의 유무만으로 장소와 비장소가 단순하게 결정되는 것도 아니고, 또 장소와 비장소가 계속 장소와 비장소로 남아 있는 것도 아니기 때문이다. 흔적의 유무가 결정적인 기준이긴 하지만, 이것이 단일한 절대적인 기준은 결코 아니다. 장소와 비장소는 사실 매우 유동적 관계를 맺고 있다.

오제 또한 강조했듯이 장소와 비장소는 정확히 대립되는 개념은 아니다. 도시 공간 그 자체가 유동적이듯 어떤 공간이 장소 또는 비장소로 작용하는 것도 유동적이다. 동일한 공간이 어떤 경우에는 장소가, 또 다른 경우에는 비장소가 될 수 있는 것이다. 오제 역시 "장소는 결코 완전하게 사라지지 않고, 비장소도 결코 완전하게 생성되지 않는다"고 강조했다(Augé, 2011: 83-84). 오제가 공간의 문제를 장소와 비장소라는 개념으로 이야기하고 있다면, 에드워드 렐프(Edward Relph)는 이 문제를 장소와 무장소성으로 설명한다(렐프, 2005: 179). 오제가 이야기하는 비장소와 렐프가 이야기하는 무장소성은 유사한 개념이다. 이들은 현대사회에서 장소가 점점 비장소로 또는 무장소로 변화하는 현상과, 장소와 비장소 그리고 무장소 간의 또는 장소와 무장소 간의 유동성에 주목한다. 이들은 장소가 비장소 또는 무장소가 되는 현상을 불가피한 것으로 받아들이지만,

이를 결코 긍정적인 현상으로 보지 않는다. 그렇다고 해서 이를 비판하고 한탄하고 부정해야 하는 현상만으로도 보지 않는다. 왜냐하면 이들은 비장소 또는 무장소가 어떤 이들에게는 장소가 될 수 있다는 점을 잘 알고 있기 때문이다.

비장소화된 공간도 누군가에게는 기억의 장소가 될 수 있다. 앞서 말했듯이 그 구분은 가변적이다. 따라서 장소와 비장소는 절대적 기준에 의해서가 아니라 상대적 기준에 의해서 구분되며, 장소와 비장소 또는 무장소를 정확히 구분하는 것이 중요하지 않다. 구세대에게 비장소로 보이는 곳들이 그곳에 익숙한 젊은 세대에게는 장소인 것이다. 많은 패스트푸드점과 프랜차이즈 커피 전문점 등은 지금의 젊은 세대에게는 장소이다. 그러한 장소에 그들의 기억 흔적이 있기 때문이다. 우리는 이미 앞에서 인위적으로 아우라화하는 현상들에 대해 이야기했다. 이러한 인위적인 재아우라화 현상은 장소와 직접 연관된다. 남겨진 흔적들을 재아우라화한다는 것은 인위적인 장소를 만들어낸다는 것을 의미한다. 그런데 인위적인 장소 그 자체가 문제는 아니다. 인위적인 방법으로 모든 장소를 획일화하는 것, 과거의 장소를 획일화해서 보존하는 것이 문제다. 렐프는 이러한 현상들에 대해 장소를 '박물관화' 또는 '디즈니화'하는 것이라고 비판하며, 이를 또 다른 장소 상실이라고 규정했다(렐프, 2005: 202-220 참조). 그의 비판처럼 이러한 현상은 도처에서 빈번하게 일어나고 있다. 심지어 박물관화와 디즈니화가 동시에 진행된다. 우리나라는 그 어떤 나라보다도 국가가 장소의 박물관화와 디즈니화에 앞장서고 있다고 볼 수 있다. 벽화 그리기를 중심으로 진행되는 많은 공공 예술 그리고 지역의 특색은 전혀 고려하지 않은 재개발사업들과 재개발된 공간에서 벌어지는 관 주도의 획일적인 축제 등이 바로 그 예이다. 도처에 있는 한옥 마을도 상황은 다르지 않다. 초기의 한옥 마을들은 단순한 구경거리가 아니었다. 그곳에는 사람들이 살았고, 그렇기 때문에 일상적 삶의 느낌이 충만했다. 그러나 지금은 어떠한가? 많은 지역에 있는 한옥 마을은 그 지역만의 특징을 잃고 모두 획일화되어 한국적 디즈니랜드인 민속촌과 거의 흡사하게 되고 말았다.

도시 공간은 이처럼 장소와 비장소 또는 무장소에 관한 문제가 첨예하게 드러나는 곳이다. 그렇다면 이런 공간에서 기억과 관련된 흔적 읽기는 어떻게 가능할 수 있을까? 이것이 가능하기 위해서는 두 가지 전제 조건이 필요하다. 먼저 읽을 흔적이 있어야 한다. 그리고 이 흔적을 발견하고 정리하고 읽는 행위자가 존재해야 한다. 그런 존재자가 바로 도시의 탐정이라고 할 수 있는 도시 산책자다. 도시 산책자는 단지 흔적을 탐색하는 자만을 의미하지는 않는다. 도시 산책자는 동시에 흔적을 남기는 자이기도 하다. 도시 산책자의 이러한 흔적 읽기 행위는 무엇보다도 도시 공간에 대한 탐사에서 시작된다. 그리고 탐사의 시작은 '걷기'다. 많은 철학자의 길이 존재하는 이유도 걷는 행위가 일종의 사유 행위이기 때문이다(Schaub, 2007: 132). 도시 공간은 바로 이러한 산책자의 사유 행위, 즉 걷기를 보장할 수 있는 공간이 되어야 한다. 산책자의 걷기를 통해 도시 공간이 비로소 회상의 장소가 되며, 이 회상의 장소에서 산책자는 아우라적 경험을 할 수 있는 것이다.

2. 기억 장소에서의 아우라적 경험

　도시라는 일상적이며 공적인 공간에서 흔적은 쉽게 자신의 모습을 드러내기도 하고 깊숙이 감추기도 한다. 도시 공간은 흔적으로 인해 공간에서 장소, 특히 기억과 연관된 회상의 장소로 전환될 수 있다. 이와 관련해서는 앞서 이야기한 '부재와 현존'이라는 흔적의 특징을 도시 공간에 적용해 분석할 수 있다. 어린 시절 살았던 동네를 다시 방문하는 행위는 과거에는 내가 그 장소에 현존했으나, 지금은 그 장소에 부재함을 확인하는 행위이자, 그럼에도 불구하고 그곳에서 과거의 흔적을 찾아 읽고자 하는 행위로 볼 수 있다. 그러나 흔적 읽기를 시도하는 이러한 사람들도 과거에 의도적으로 흔적을 남겨놓지 않은 한 그 공간에 자신만의 고유한 물질적 흔적이 남아 있기를 기대하지는 않을 것이다. 간혹 그저 스쳐 지나가는 장소에 자신의 이름이나 '내가 왔다 간다'라는 낙서와 같은 흔적을 의도적으로 남기는 사람들도 있다. 이러한 흔적도 흔적이지만 흔적 읽기의 대상은 아니다. 흔적 읽기에서 중요한 것은 비의도성이기 때문이다. 의도적으로 복원된 흔적이 역사 속에 비의도적으로 남겨진다면 이는 흔적 읽기의 대상이 될 수 있다. 우리는 과거에 세워진 거대한 기념비를 통해 야만과 광기의 흔적 그리고 권력의 흔적을 읽을 수 있기 때문이다.

　흔적이 남겨진 장소는 기억의 장소가 되고, 이러한 기억의 장소와 마주한 주체는 기억과 망각 그리고 회상 사이에서 묘한 경험, 즉 아우라적 경험을 하게 된다. 이것이 바로 "기억 장소의 아우라"이다(아스만, 2011: 466). 기억 장소의 아우라는 앞에서 이야기한 '흔적과 아우라'의 논의 내용과 중첩된다. 사실 이 둘을 명확히 구별하기는 어렵다. 기억 장소에 있는 흔적을 통해 아우라적 경험을 하는 경우가 많기 때문이다. 기억은 장소와 무관하게 그 자체가 아우라적 경험을 불러일으키기도 한다. 기억은 많은 경우 지금 부재함으로써 멀리 있는 것, 그러나 과거에는 가까이에 현존했던 것에 대한 그리움과 향수와 긴밀하게 연결된다. 푼크툼이 그러했듯이 기본적으로 그리움과 향수는 가까움과 멂 사이의 틈새에 존재한다. 가까움과 멂은 물론 시간에 의해 규정된다.

아우라의 귀환과 관련해서 기억 장소에서의 아우라는 매우 중요하다. 아우라의 몰락의 시작을 매체에 의한 복제로 보면 더욱 그렇다. 특정 기억과 관련된 장소에서의 아우라적 경험은 그 어떤 매체로도 재생산이 불가능하기 때문이다. 그로이스가 "아우라의 위상학(Topologie der Aura)"이란 이름으로 아우라적 경험과 장소의 관계를 강조하는 이유도 바로 여기에 있다(Groys, 2003: 35). 굳이 삶의 불가역성을 이야기하지 않더라도, 또 인간의 삶의 종착점이 죽음이라는 사실을 확인하지 않더라도 기억은 과거이며, 과거는 되돌아오지 않는다. 모든 경험은 어느 순간의 일회적 현존재의 경험으로 끝날 수밖에 없다. 그런데 일회적으로 현존했던 과거의 사실이 특정 장소에서 우연한 계기에 되살아나는 경우가 있다. 잊었다고 생각했는데 불현듯 되살아난, 뭐라 설명할 수 없는 경험, 이것이 바로 아우라적 경험인 것이다. 기억의 장소에서 회상에 잠길 때, 그 장소는 아우라가 있는 장소가 된다. 회상하는 주체는 지금 현재 그 장소에 있지만,

회상의 대상은 먼 곳에 있기 때문에 아우라가 발생한다. 회상은 기본적으로 아우라 그 자체인 것이다.

모든 것을 기억한다는 것은 결코 축복이 아니다. 살면서 너무나 잊고 싶은 순간이 잊히지 않아서 고통 받은 기억이 다들 있을 것이다. 망각은 또 다른 축복이다. 기억이 있다면 망각도 있어야 한다. 기억과 망각은 전혀 다른 현상이지만, 한편 분리 불가능한 현상이기도 하다. 이 둘이 존재하기 위해서는 동일한 현상에 대한 경험이 있어야만 한다. 이 둘은 각자가 존재하기 위해 서로를 필요로 한다. 아우라적 경험에서도 유사한 현상이 발견된다. 즉 어떤 장소에 대한 기억이 많으면 많을수록 그 장소에 대한 아우라적 경험 가능성이 커짐과 동시에, 망각을 하면 할수록 장소와 유물들에 대한 아우라적 경험의 강도가 커지기도 한다(아스만, 2011: 444). 망각하지 않기 위해 특정 장소에 기념물 등을 만들어 의도적으로 기억하고자 하는 경우, 앞에서 이야기한 의도적 흔적의 아우라화와 같은 것이라고 말할 수 있다. 박물관으로 장소를 옮긴 유물들은 심미적 대상으로서 아우라를 갖게 된다. 이때 아우라는 분명 복원된 것이다. 기억 장소를 망각하지 않고자 기념물 등을 세워서 기억 장소임을 강조하는 것도 아우라의 복원이다.

기억 장소가 아닌 장소가 그 자체로 주는 아우라도 있다. 예를 들어 특정 장소에서 전혀 뜻하지 않게 말로 표현할 수 없는 감정을 느낄 때가 있다. 대자연 앞에서 또는 자연이 아니더라도 인간이 만들어낸 유적이 있는 장소에서 말로 형언할 수 없는, 리오타르식으로 말해서 표현할 수 없는 것이 존재한다는 느낌을 받는 경우가 있다.

이러한 느낌은 숭고이자 아우라인 것이다. 숭고와 유사한 경험이 아니더라도 장소 그 자체에서 아우라적 경험을 할 수 있다. 벤야민의 아우라 정의를 떠올려보자. 벤야민은 "어느 여름날 오후 휴식 상태에 있는 자에게 그늘을 드리우고 있는 지평선의 산맥이나 나뭇가지를 따라갈 때 — 이것은 우리가 산이나 나뭇가지의 아우라를 숨 쉰다는 뜻"이라고 서술했다(벤야민, 2007c: 108-109). 이 구절을 읽으면 문자로 이해되기보다는 머릿속에 하나의 그림이 그려진다. 여름날 오후 나무 그늘 밑에 누워서 저 멀리 보이는 산맥과 나뭇가지들을 하염없이 바라보고 있는 한 사람이 있다. 그 사람은 지금 장소에 남겨진 흔적과 무관한 장소 그 자체가 주는 분위기를 경험하고 있다. 즉 아우라적 경험을 하고 있는 것이다. 이러한 경험이 가능하기 위해서는 장소와 그 장소에서 이러한 경험을 하는 주체와의 교감이 있어야 한다.

3. 특정 장소에서의 아우라의 지속

지금까지 이야기한 장소와 아우라는 엄밀히 말하면 장소에 남겨진 흔적들에 대한 아우라적 경험이다. 그런데 장소와 아우라의 문제는 이처럼 남겨진 흔적과 관계되는 것만은 아니다. 우리는 앞서 남겨진 흔적들을 의도적으로 아우라화할 때 발생할 수 있는 문제점들에 대해 이야기했다. 특히 강제적으로 기억을 소멸시키거나 주입시키기 위한 목적으로 특정 장소에 세워지는 기념물들이 어떻게 아우라를 가장한 채 흔적들을 삭제시키는지도 살펴보았다. 이러한 문제는 특히 공공 예술의 아우라화 또는 과심미화 현상을 어떻게 봐야 하는지에 대한 문제와 맥을 같이한다. 이와 관련해서 공공 영역에서 예술은 어떠해야 하는지(벨슈, 2005: 207-214 참조), 그리고 공공 장소에 설치되는 예술은 정말 모두를 위한 예술이어야 하는지 등이 논의되어 왔다(레비츠키, 2013 참조). 더 나아가 공공의 장에 대한 본질적 물음도 제기되었다.

예술과 장소의 관계는 오랫동안 논의되어온 주제들 중 하나다. 물론 그 맥락은 장소 특정적 예술(site-specific art)에서 논의되는 것과는 다르지만, 예술 체험에서 특정 장소를 강조해왔던 것은 사실이다. 정확히 아우라라는 말로 표현되지 않았을 뿐 특정 장소에서 예술 체험은 이미 장소와 관련된 아우라적 경험인 것이다. 성당에 걸려 있는 성화는 그곳에 있기 때문에 보는 사람에게 아우라적 경험으로 작용할 수 있다. 성당이 주는 느낌, 냄새, 청각적·시각적 효과들이 어우러져 아우라적 경험이 극대화되는 것이다. 바티칸에 걸려 있던 성화를 한국의 미술관에서 본다면 바티칸에서와 동일한 심미적 경험을 할 수 없을 것이다. 어쩌면 예술 작품의 아우라는 원본 그 자체에서 발생하는 것이 아니라, 원본이 있는 특정 장소에서 발생하는 것일 수 있다(Groys, 2003: 46). 특정 장소와 예술이 결합했을 때 많은 경우 심미적 경험으로서의 아우라는 보존될 뿐만 아니라 크게 확대된다.

장소와 심미적 경험과의 관계에서 장소의 중요성을 누구보다도 강조한 사람은 하이데거다. 그는 예술이 본래 있던 장소에서 벗어나 박물관이나 미술관 등에 내걸리게 되는 것을 매우 탐탁지 않게 여겼다. 그렇게 되면 예술 작품은 작품으로 존재하는 것이 아니라, "예술품을 거래하는 영업 활동의 대상으로서 존재"할 수 있다고 본 것이다(하이데거, 2010: 52). 그는 다음과 같이 묻는다.

> 작품들은 대중적이고도 개인적인 미적 애호 대상으로 여겨지고, 공공 기관들은 그러한 작품들의 관리와 보호를 떠맡는다. 전문가와 비평가들은 작품을 심사하느라 분주하고, 화상들은 가격을 매기고 판매하느라 애태운다. 또 예술사를 연구하는 사람들은 작품을 학문의 대상으로 삼는다. 하지만 우리는 이처럼 분망한 활동 속에서 작품 자체와 만나고 있는 것일까(하이데거, 2010: 52)?

여기서 하이데거가 문제 삼은 것은 예술이 그것의 본질 공간으로부터 벗어난다는 것이다. 하이데거에게 있어 예술이 그것의 본질 공간으로부터 벗어나 박물관이나 미술관으로 옮겨지는 것은 자신의 세계로부터 벗어나는 것이다. 예술이 자신의 공간에서 그 본질적 특징을 극대화시킬 수 있다고 본다면, 그리스 신전의 유적들은 그곳에 있을 때 심미적 경험을 가장 극대화시킬 수 있다. 많은 유적지의 유물들이 박물관으로 옮겨졌을 때 생명력을 잃고 박제된 유물이 된다. 하이데거와 비의도적 흔적을 강조하는 입장에서 보면 유적지의 유물은 훼손의 위험을 감수하더라도 바로 그곳에 있어야만 한다. 그곳에서 훼손과 파괴를 최대한 막아야 한다. 아니면, 적어도 발굴된 유물들이 박물관으로 자리를 옮긴 후 본래 있었던 장소는 보존해야 한다. 벤야민은 발굴된 물건들이 있었던 장소를 기억할 수 있게 표시하지 못한다면 가장 소중한 것을 놓치는 것이라고 말했다. 따라서 "기억들이 떠오르게 된 바로 그 장소들을 표시"해야만 한다(벤야민, 2007e: 183). 그러나 이는 비의도적 흔적을 지키는 것만큼이나 어려운 일이다. 장소는 기본적으로 일상이 존재하는 곳이기 때문이다. 하나의 유기체처럼 장소는 변화하고 또 변화한다.

하이데거는 예술 작품이 본래 있었던 장소에서 벗어나 미술관이나 박물관에 전시되는 것을 작품의 본질이 훼손되는 것, 즉 진리 내용이 상실되는 것으로 보았다. 그만큼 그에게는 예술 작품이 본래 있었던 그 장소가 중요한 것이었다. 그 장소는 단지 작품의 본질과 관련해서만 중요한 것이 아니다. 그 장소에 있던 작품을 본 수용자에게도 그 장소는 중요한 계기로 작용한다. 작품은 장소와 결합해서 또 다른 기억흔적을 만들어내기 때문이다. 나의 경우를 예로 들자면 나는 베를린 운터 덴 린덴 거리의 '노이에 바헤(Neue Wache, 새 경비 초소)'라는 공간에 있는 케테 콜비츠(Kathe Kollwitz)의 작품을 너무나도 좋아한다. 사계절 언제라도, 또 하루 그 어느 때 가더라도 그 작품은 나에게 말로 설명할 수 없는 느낌을 준다. 그 느낌이 아우라 또는 푼크툼 또는 숭고일 수 있다. 케테 콜비츠의 작품은 일종의 〈피에타(Pietà)〉다. 그 작품은 그녀가 제국주의 전쟁의 아픔과 피해를 작품으로 형상화해달라는 요청을 받고 제작한 것이다. 그녀는 전사한 아들을 품에 안고 있는 어머니를 형상화해서 전쟁의 고통을 표현했다. 죽은 아들을 안고 있는 어머니의 표정은 놀라울 정도로 담담하다. 그저 가만히 고양이처럼 등을 웅크린 채 죽은 아들을 안고 있다. 그 작품 위로는 천장에 둥근 구멍이 뚫려 있다. 그리고 그 공간에는 그 작품 외에 아무것도 없다. 단 하나의 작품만이 덩그러니 놓여 있는 것이다. 천장의 구멍을 통해 맑은 날에는 햇빛이, 비 오는 날에는 비가 작품 위로 떨어진다. 그 작품 앞에는 전쟁과 독재의 희생자들에게 바친다는 문구가 새겨져 있다. 그 작품은 그곳에 있어야만 한다. 폭력의 기억을 잘 보존하고 있는 베를린이라는 도시 한가운데, 그리고 '새 경비 초소'라는 뜻의 전쟁 희생자 추모관에서 그 작품은 더욱 의미를 지니기 때문이다. 나는 베를린에 갈 기회가 있을 때마다 그 작품을 보러 간다. 그리고 그 작품을 주로 뒤에서 본다. 죽은 아들을 안고 있는 어머니의 등을 본다. 그 어머니의 등은 나에게 수없이 많은 말을 건넨다. 나는 그 작품이 그 장소에서 벗어나 케테 콜비츠 미술관이나 다른 박물관 또는 다른 나라의 미술관에 전시된다는 것은 상상조차 할 수 없다. 그 작품은 그곳에 있어야 바로 그 작품 자체가 되기 때문이다. 하이데거가 말했듯이 예술 작품이 있어야 할 자리를 떠나 예술로 전시됨과 동시에 예술은 많은 경우 상품으로 진열된다. 공공의 목적을 가지고 있는 미술관과 박물관도 자본의 논리로부터 자유롭지 못하다.

  박물관과 미술관에 전시된 유물이나 예술 작품과는 달리 처음부터 '장소 특정적 예술'인 예술도 있다. 예술에서 장소 특정성이 의미하는 바는 말 그대로 예술이 공간 및 정치와 긴밀하게 연관되어 있다는 것이다(권미원, 2013: 14). 이와 같은 작업을 하는 몇몇 작가의 작품들은, 예술 작품의 장소가 사회적, 경제적 그리고 정치적 의미를 함축하고 있는 장임을 보여주며(권미원, 2013: 15) 작품이 놓인 공간의 의미들을 다시 생각해보게 한다. 이러한 작품들은 특정 장소에서만 전시되며, 때로는 물질적인 작품이 아니라 비물질적인 퍼포먼스라는 행위의 형태를 띠기도 한다. 뒤에서 더 자세히 이야기하겠지만 퍼포먼스는 특정 장소에서 일회적 사건으로 존재했다가 바로 사라진다는 점에서 대표적인 장소 특정적 예술이라고 할 수 있다. 장소 특정적 예술은 먼저 제도권 예술을 비판하면서 이 영역 밖으로 뛰쳐나오려고 한다. 탈미술관화를 시도하는 것이다. 하이데거와는 다른 맥락이긴 하지만, 이러한 예술도 미술관과 박물관의 제도적, 상품적 그리고 이데올로기적 기능을 너무나도 잘 알기 때문에 여기서 벗어나려고 하는 것이다(권미원, 2013: 39 참조). 예술을 미술관과 박물관 밖으로 탈출시키기 위한 방법으로는 두 가지가 존재한다. 하나는 미술관이라는 공간 자체를 부정하는 것이고, 또 다른 하나는 미술관이라는 공간을 확장하는 것이다. 다니엘 뷔랑(Daniel Buren)이 바로 미술관이라는 공간을 미술관 밖으로 확장하려고 시도한 작가라고 볼 수 있다. 그의 작품은 미술관을 벗어나 외부 공간과 연결된다. 이러한 방법을 통해 그는 미술관이라는 제도화된 공간에 반기를 든 것이다. 뷔랑의 작품과 같은 예술은 미술관 밖에 존재하거나 또는 미술관 밖에서 연출됨으로써 제도적 예술에 대한 사회적 비판의 기능을 수행한 것이다.

장소 특정적 예술을 특정 장소에 있는 또는 있었던 예술로 이해하면 문제는 간단하다. 이 경우 장소 특정적 예술은 특정한 장소에 일회적으로 존재했으며, 또 지금도 일회적으로 존재하기 때문에 가

깝게 있더라도 먼 곳의 일회적 현상으로 머문다고 할 수 있다. 기술 복제로 인해 몰락되기 전의 예술이 가지고 있었던 아우라를 갖는 것이다. '사건과 아우라'를 다루는 다음 장(4장)에서 좀 더 이야기 하겠지만, 유일한 장소에 일회적으로 존재했고 또 존재한다는 것은 현존의 사건이다. 현존의 사건으로서 장소 특정적 예술은 아우라적 경험으로 작용한다고 이야기할 수 있을 것이다(Raab, 2010: 174). 이 경우 아우라의 몰락은 현존의 몰락을 의미한다고 할 수 있다. 이렇 듯 장소에서의 아우라는 결코 매체로 재생산될 수 없는 '지금 여기 에 있음'을 의미하는 것이다. 그런데 장소에서의 아우라마저도 일 회적 현존을 극복한다면 어떨까?

특정 장소에서의 일회적 현존이라는 장소 특정적 예술의 존재 방 식이 흔들리게 된 것이다. 다시 말해서 장소 특정적 예술이 복제되 기 시작한 것이다. 그것도 원본과 차이가 없는 사진이나 영화처럼 말이다. 우리는 이것을 과연 어떻게 이해해야 할까? 복제된 장소 특 정적 예술 역시 장소 특정적 예술이라고 이해할 수 있는 것일까? 예 들 들어 서울에 있는 조너선 보로프스키(Jonathan Borofsky)의 작품 〈망치질하는 사람(Hammering man)〉(2002)을 보자. 특정 공공장소에 서 이 작품이 주는 매력은 상당하다. 그런데 내가 여기서 문제 삼고 자 하는 것은 이 작품의 가치를 둘러싼 평가가 아니라, 이 작품의 존 재 방식이다. 이 작품은 특정 장소에 단 하나 존재하는 작품이 아니 다. 이 작품은 서울뿐만 아니라 프랑크푸르트, 로스앤젤레스, 시애 틀 그리고 바젤에도 있다. 모두 동일한 작품이다. 마치 판화처럼 여 러 개 생산되어서 여기저기에 존재한다. 이러한 경우 작품이 특정 장소를 점유하고 있다고 해도 유일한 장소에 특정적으로 존재하는 예술이라고는 볼 수 없다. 유일성이 복수성으로 변화되었기 때문이다. 다시 말해 이 작품은 특정 장소에서의 일회적 현존이라는 장소 특정적 예술의 본질을 결여하고 있으므로 장소 특정적 예술이라고 보기 힘들다. 물론 공공 예술로서의 가치는 충분함에도 불구하고 그렇게 볼 수밖에 없다.

장소 특정적 예술은 처음 등장했을 때만 해도 시장의 영역에 쉽게 들어갈 수 없었다. 예술을 둘러싼 자본이 이 장르만은 쉽게 장악할 수 없었다. 적어도 처음에는 그랬다. 그러나 상황은 조금씩 달라졌다. 장소 특정적 예술 작품 그 자체는 아니지만, 그것을 둘러싼 부가적인 것들이 예술계에서 상품화되었기 때문이다. 작품의 기초가 되는 많은 드로잉, 작품 사진들 그리고 작품에 사용된 물질적 소재 등이 미술관에, 미술 시장계에 들어오기 시작한 것이다. 대표적으로 크리스토와 잔-클로드(Christo & Jeanne-Claude)의 작품이 그렇다. 이들의 작업은 일종의 대지예술인데, 이들은 작업을 진행하기 위해 상당한 양의 꼼꼼한 사전 작업을 한다. 그리고 이들이 하나의 작품을 위해 남긴 수많은 드로잉은 미술관이라는 제도적 장소로 편입된다. 이들의 작업 또한 보로프스키의 경우와 마찬가지로 중요한 가치와 의미 그리고 도전을 내포하고 있다. 여기서 우리는 장소 특정적 예술이 다양한 방식으로 변주되고 있음을 알 수 있다.

장소 특정적 예술이 기존의 예술 작품들과 마찬가지로 "고정된 미술 오브제"로 전환된 경우도 있다(권미원, 2013: 68). 특정 장소에 전시되어 있던 예술 작품을 그 장소에서 분리시켜 다른 곳에 전시하기도 한다. 설치 예술의 경우에는 작품을 해체하여 설계도를 바탕으로 다른 장소에 그대로 설치하기도 한다. 이때 특정 장소를 중심으로 발생한 아우라는 다른 모습으로 변형된다. 뒤에 나오는 「5장 매체와 아우라」에서 보게 될, 복제된 예술에서 지속되는 아우라가 나타나는 것이다. 이 경우 동일한 작품을 복제할 때와는 또 다른, 다음과 같은 문제가 제기된다. 특정 장소에 있던 작품을 다른 장소로 옮겨 다시 설치하는 경우, 이 작품은 그 작가의 진품인가, 진품이 아닌가? 심지어 작품을 다시 설치할 때 작가가 부재한 상태에서 다른 사람들이 다시 설치했다면, 이를 어떻게 볼 것인가?

4. 제도적 장소에서의 아우라의 변신

본래 있었던 자리를 떠난 예술 작품들은 미술관과 박물관에서 자신의 새 거주지를 찾았다. 이들은 그곳에서 그저 존재하던 방식에서 벗어나 전시라는 이름으로 자신들을 드러내놓기 시작했다. 미술관과 박물관에서의 전시는 아우라와 역설적인 관계를 맺고 있다. 벤야민의 주장에 따르면 미술관과 박물관에서의 전시는 아우라의 몰락을 의미한다. 그런데 먼 곳에 있던 것들이 가까이 다가와서 아우라가 몰락했는데, 바로 그 지점에서 또 다른 아우라적 경험이 가능해졌다. 일반 사람들에게는 접근이 금지된 특정 장소에서 존재 그 자체만을 위해 존재했던 예술들이 열린 공간에서 진품으로서 자신을 널리 보여준다는 사실은 많은 의미를 내포하고 있다. 영원히 멀리 있을 수밖에 없는 것들이 비록 일회적 현존일지라도 지금 가까이 있을 수 있다는 사실로 인해 수용자는 심미적 경험을 하게 된다. 작품과의 일회적 만남을 통해 수용자는 그 공간에 있는 예술 작품들이 또는 과거의 흔적인 유물들이 숨 쉬고 있다는 것을 느낄 수도 있다. 그것 또한 아우라적 경험인 것이다. 일회적이더라도 멀리 있던 것들을 가까이에서 느낀다면, 이때의 느낌은 굉장할 것이다. 이 경우 아우라는 수용자에게 에로스적 감정을 준다고 할 수 있다. 가까움과 넒은 아우라의 조건이자 에로스의 조건이기도 하다(Axer, 2012: 16 참조). 박물관과 미술관은 아우라적이면서 에로스적인 감성의 보고가 되었다. 벤야민의 의도와는 달리, 아우라가 다른 방향으로 진화한 것이다.

아우라의 경험과 관련해서 그 누구보다도 장소의 중요성을 강조한 이는 그로이스다. 장소의 중요성에 대한 그의 문제의식은 무엇보다도 상품과 예술의 경계가 해체되고 있다는 점에서 출발한다. 상품과 예술의 구별이 불가능해졌지만, 이 둘을 동일화할 수는 없다는 것이 그의 입장이다. 그렇다면 동일하게 볼 수 없는 그 무언가를 예술에서 찾아야만 한다. 그로이스는 그것을 특정 장소에서의 예술의 설치와 전시에서 찾았다. 그는 이제 예술이 도대체 무엇인지를 이야기할 때 결정적으로 작용할 수 있는 것은 예술 작품 그 자체가 아니라 예술 작품이 전시되는 장소라고 주장한다. 이제 "예술 작품이 아니라, 예술의 장소에 대해 말할 수 있을 뿐"이라는 것이다."(Groys, 2003: 23) 예술의 장소와 관련해서 그가 중요하게 생각하는 것은 바로 사적인 공간과 공적인 공간의 교차이다. 그는 두 가지 측면에서 이러한 교차를 이야기한다. 하나는 다양한 매체의 등장으로 인하여 예술 작품들이 사적인 공간에서 수용된다는 점(Groys, 2003: 23)이고, 또 다른 하나는 사적인 것이 공적인 공간에서 전시되고 접근 가능해졌다는 것이다. 그는 그 대표적인 예로, 공적인 공간이라고 할 수 있는 전시장에서 개인의 사적인 전시가 가능해졌다는 점을 든다(Groys, 2003: 25). 그로이스는 또한 전시장에서 예술 작품과 예술 기록물이 전시되는 과정에서 설치(Installation)가 중요한 역할을 한다는 점을 강조한다. 예술의 장소에서 작품은 설치로 인해 자신을 확장할 수 있는 기회를 갖게 된다는 것이다(Groys, 2003: 28). 그는 결국 이 확장된 것들이 바로 예술의 아우라로 작용하는 것이라고 말한다.

전시 장소에서 설치에 의해 아우라가 생성될 수 있다고 보는 입장은 근본적으로 아우라의 몰락을 인정하지 않는다. 특히 설치를 강조한다는 것은 아우라를 고정된 것이 아니라 변화 가능한 것으로 본다는 것이다. 원본성을 갖는 작품으로서가 아니라 장소와 맥락에 따라 설치되어 전시될 때 아우라가 생성된다고 보는 것이다. 이러한 입장에서 보면 예술에서 중요한 것은 작품 그 자체가 아니라 작품 개념이며, 그것으로 인한 심미적 경험이다(Rebentisch, 2003: 10-12 참조). 이제 미술관에서 전시되는 것은 단지 '작품'이라고 이야기할 수 있는 것만이 아니다. 미술관에서 전시되는 작품들도 근본적으로 변했다. 화이트 큐브(White Cube)라고 이야기되던 미술관도 이제 더 이상 하얗지만은 않다. 검은 커튼이 내려져 있는 밀폐된 공간에서 관객들은 정지된 이미지들이 아니라 움직이는 이미지들을 본다.

영화와 비디오로 구성된 영상물들이 상영되는 것이다(Rebentisch, 2003: 179).

그렇다면 미술관이라는 공간에서 상영되는 영화는 어떻게 파악해야 하는가라는 문제가 또 제기된다. 벤야민이 아우라의 몰락을 가져왔다고 본 영화가 영화관이 아니라 미술관에서 빈번하게 상영되는 지금, 아우라의 문제는 점점 복잡해진다. 특정 장소에서의 전시와 설치를 강조하는 이들 또한 이 문제를 이야기한다. 그로이스도 그렇고, 철학적 미학으로서 설치 미학을 주장하는 율리아네 레벤티슈도 이와 동일한 문제를 제기한다(Rebentisch, 2003: 7-8). 벤야민은 영화가 기본적으로 복제 예술이며, 따라서 대중들이 쉽게 가까이 할 수 있기 때문에 아우라가 몰락할 수 있다고 보았다. 벤야민에게 아우라란 근본적으로 가까이 할 수 없다는 거리감으로부터 발생하는 것이었다. 그런데 레벤티슈는 벤야민과는 반대로, 이러한 점에서 영화가 그것이 예술영화든 또는 실험 영화든 간에 재아우라화되고 있다고 보았다. 영화가 미술관이라는 전시 공간에서 상영된다는 것 자체가 근본적으로 대중들이 그러한 영화를 쉽게 가까이 할 수 없다는 것을 의미한다는 것이다. 레벤티슈는 더 나아가 그러한 영화들은 설치와 결합함으로써 기본적으로 재생산 가능한 예술 형식에서 벗어나, 일회적이며 유일한 것으로서 미술관에 전시되고 있다는 사실을 강조한다. 물론 그녀도 벤야민이 이야기하는 아우라는 종교적이며 숭배적인 제의와 관계있다는 것, 그리고 벤야민이 이와 관련해서 분석했던 장소들과 비교하면 현대 미술관들은 매우 쉽게 접근할 수 있는 일종의 '민주적'으로 열린 장소라는 것을 인정하고 있다(Rebentisch, 2003: 184). 그럼에도 불구하고 그녀는 미술관이라는 특정한 장소에서 영화가 전시 상영됨으로써 이미 제의적 가치를 갖게 되었기 때문에 아우라는 몰락할 수 없다고 보는 것이다. 이런 이유로 설치 예술에서는 다시 '전시 가치'가 문제가 된다(Rebentisch, 2003: 187). 전시 가치를 가짐에도 아우라가 몰락하지 않고 더욱 활성화되는 역설적 현상이 일어나고 있는 것이다.

전시든 상영이든 간에 문제는 미술관이라는 공간이다. 미술관이라는 공간이 제기하는 아우라의 문제는 단지 장소만의 문제는 아니다. 미술관이라는 장소는 제도와 직접 연결되기 때문이다. 그로이스가 마르셀 뒤샹(Marcel Duchamp)을 높게 평가하는 이유도 여기에 있다. 뒤샹은 '레디메이드(Readymade)'라는 이름으로 기성품을 본래의 맥락에서 탈맥락화해서 예술로서 재맥락화하는 작업을 시도했다. 이 과정에서 그는 매우 직접적인 방식으로 '예술 작품이라는 개념과 '미술관'이라는 제도가 갖는 공공연한, 그러나 누구도 감히 문제 삼을 수 없었던 결합 관계를 〈샘(Fountain)〉(1915)이라는 작품을 통해 단 한 번에 폭로했다. 뒤샹의 〈샘〉이라는 작품은 지금 어디에도 없다. 우리는 그의 작품을 텍스트를 통하여, 또는 남겨진 이미지를 통하여 접할 수 있을 뿐이다. 그러나 〈샘〉이라는 작품에서 원본성은 결코 중요하지 않다. 그 작품의 의도가 원본이기 때문이다. 그로이스가 〈샘〉에서 주목하는 것은 바로 〈샘〉과 미술관이라는 장소와의 관계다. 〈샘〉이라는 작품과 그 작품의 의도가 아우라를 가진 예술이 될 수 있었던 것은 결국 뒤샹이 미술관에 초청받아 전시할 수 있는 유명한 예술가였고 그래서 그것이 미술관이라는 장소에 전시되었기 때문이라고 보는 것이다.

〈샘〉 이후 뒤샹의 후계자들은 미술관이라는 장소를 그리고 그 장소에서의 전시를 부정하는 방식으로 그의 철학을 계승하고 있다. 벤야민과는 달리 1960년대 말과 1970년대 초의 전위적인 예술가들은 "예술 작품의 보편적인 전시 가능성(die universelle Ausstellbarkeit des Kunstwerks)"을 문제로 인식했다. 이 전시 가능성 때문에 예술이 경배 가치를 갖게 된다고 본 것이다. 결국 문제는 예술 작품의 전시 가치와 전시 가능성이다. 전시 가치는 숭배 가치를 해체시킨 것이 아니라 강화시키고 말았다. 다만 경배의 대상만이 달라졌을 뿐이다. 즉 종교적 경배에서 이데올로기적 경배로, 왕족과 귀족을 위한 경배에서 자본을 위한 경배로 바뀐 것이다. 상품 가치가 강화된 예술이 전시에 의해 전면에 등장한 것이다. 이제 전시 가치는 숭배 가치와 새롭게 결합해서 예술의 물신성을 만들어내고 있다. 종교에서 해방된 예술을 다시 이데올로기와 자본 등에 기생하게 만든 것이다. 예술이 이러한 기생적 상황에서 벗어나기 위해서는 미술관이 아니라 미술관 밖의 특정 장소에 전시되어야 한다. 그리고 이때 전시되는 예술은 '작품'에서 벗어나야 한다. 즉 영원히 보존되는 것이 아니라, 소멸 가능한 것이거나 또는 특정 장소를 벗어나면 소멸되는 것이어야 한다(Rebentisch, 2003: 264-265 참조). 이렇게 함으로써 예술은 상품화를 거부할 수 있다. 그러나 여전히 예술의 상품화는 사라지지 않고 있다. 상품으로서의 예술이 결코 포기할 수 없는 것은 바로 아우라다. 전시되면 될수록, 복제되면 될수록 아우라는 몰락하지 않고 더욱 강해진다.

4장
사건과 아우라[1]

1. 사건과 반복의 충돌

사건의 특징은 '우연성'이다. 사건은 계획과 무관하게 마치 사랑이 그렇듯 갑자기 섬광처럼 발생하는 것이다. 사건이 가지고 있는 본질적 특징에 대해 생각하며 이 글을 쓰고 있는 나에게 갑자기 섬광처럼 최승자 시인의 시가 떠올랐다. 사실 시를 읽은 지 꽤 오래되었는데 재미있게도 아직 결정적인 순간에 어느 시 한 구절이 종종 떠오르곤 한다.

    사랑은 언제나
    벼락처럼 왔다가
    정전처럼 끊겨지고

---

1 이 장은 심혜련(2013c)을 수정·보완한 것이다.

갑작스런 배고픔으로 찾아오는 이별
　　　—「여자들과 사내들 — 김정숙에게」(최승자, 1986: 18).

"벼락처럼 왔다가 정전처럼 끊겨지"는 경험 중 최고의 경험은 이미 시인이 이야기한 것처럼 사랑일 것이다. 그런데 사랑 외에도 이와 같이 무언가가 느닷없이 찾아오는 경험을 해본 적이 있을 것이다. 예기치 않은 장소에서 벼락처럼 찾아오는 예술적 경험도 그중 하나다. 이미 앞에서 감성적 지각이 갖는 특징 중 하나가 이러한 우연성임을 이야기했다. 아우라, 두려운 낯섦, 푼크툼 그리고 숭고 모두 우연성과 긴밀한 관계를 맺고 있다.

우리는 어떤 사건이 반복되면 이를 굳이 사건이라고 부르지 않는다. 이미 사건이 아니라 일상이 된 것이다. 사건의 이러한 특성에 주목해서 예술과 아우라를 이야기할 수 있다. 이때 논의될 수 있는 예술 장르가 바로 퍼포먼스(Performance)다. 최근에 와서 퍼포먼스가 다시 주목을 받고 있다. 한쪽에서는 반복성을 특징으로 갖는 매체 예술이 뜨겁게 논의되고 있는 지금, 또 다른 한쪽에서는 매체 예술과는 전혀 다른 일회성이라는 특징을 갖는 퍼포먼스가 주목받고 있는 것이다. 재미있는 현상이 아닐 수 없다. 이러한 두 장르의 예술은 매체를 중심으로 한 매체성(Medialität)과 신체의 행위를 중심으로 한 수행성(Perfermativität)의 문제로 볼 수 있다. 이 둘은 서로 팽팽하게 대립한다. 그렇다고 이 둘이 대립 관계만 형성하는 것은 아니다. 서로 화해 불가능해 보이는 이 둘은 최근 들어서 서로 융합하기도 한다. 이 또한 매우 재미있는 현상이다. 그렇다면 왜 이러한 재미있는 현상들이 지금 일어나고 있는 것일까?

  디지털 매체가 가져온 가장 큰 변화는 사이버 스페이스라는 매체 공간을 대중화시켰다는 것이다. 우리는 이제 언제 어디서나 사이버 스페이스로 항해를 떠난다. 이 새로운 공간은 우리에게 이전과 전혀 다른 매체 공간을 제공한다. 이 매체 공간에서 우리는 '탈육화(Entkörperung)'된 채 존재할 수 있다. 이 탈육화된 주체는 '지금'과 '여기'라는 현존재적 시공간에 구애받지 않고 그 공간에 머물며 여기저기를 떠돈다. 한마디로 말해서 '현존(Präsenz)' 대신 '원격 현존(Telepräsenz)'이 주체의 새로운 존재 방식이 되어 몸 없이 정신과 감각만으로 존재할 수 있는 세계가 가능해진 것이다. 이러한 세계는 문화 예술 그리고 일상과 학문 분야에 엄청난 변화를 가져왔다. 이를 매체 사상가들은 '매체적 전회(die mediale Wende)'라고 부른다. 그런데 이러한 상황에서 극적 반전이 일어난다. 바로 매체 공간이 과연 탈육화를 기반으로 한 공간인지에 대한 근본적인 물음이 제기되기 시작한 것이다. 진짜 원격 현존이 지금 여기에 있는 남루한 육체와 현실을 떠나고자 하는 인간의 오랜 꿈을 실현시켜주고 있는 것인지에 대한 근본적인 회의가 시작된 것이다. 그 고민의 과정에서 몸과 현존 그리고 지각에 대한 관심이 급증했다.[2] 즉 탈육화 현상이 육화(Verkörperung)에 대한 관심을 불러일으킨 것이다. 노마드적인 삶은 정착에 대한 또 다른 꿈을 꾸게 한다. 지금 여기의 부재는 다시 지금 여기에 대한 관심과, 거기에 있지 않고 지금 여기에 있는

---

2 이와 관련된 자세한 논의는 심혜련(2016: 121-133)을 참조하라.

현존을 갈망한다. 매체에 의해서 끊임없이 재생산되는 존재와 상황의 반복에 대한 지루함은 사라짐에 대한 욕구를 불러일으킨다. 한쪽에서는 컴퓨터를 매개로 해서 탈육화된 육체들이 매체 공간에서 만나 놀이를 즐기는 한편 다른 한쪽에서는 몸의 경험을 극대화시킬 수 있는 놀이들이 유행한다.

예술에서도 상황은 다르지 않다. 매체 공간에서의 매개적 경험을 중시하는 예술과 현실 공간에서의 몸의 직접적 경험을 중시하는 예술이 동시에 강조되고 있다(Raab, 2010: 174). 매개적 경험을 강조하는 입장에서는 당연히 이 경험이 현대 문화 예술에서 본질적인 것이라고 주장한다. 이와는 반대로 몸의 직접적인 경험을 강조하는 입장에서는 몸의 경험이 본질적인 것이라고 주장한다. 따라서 몸의 경험을 강조하는 사상가들은 '매체적 전회' 대신에 '퍼포먼스적(수행적) 전회(die performative Wende)'를 주장한다. 그런데 문제는 '무슨 무슨 전회'가 아니다. 다양한 전회는 현재의 사회 문화를 바라보는 이론가의 이론적 틀에서 다양하게 등장할 수 있기 때문이다. 또 현대사회는 '무슨 무슨 전회'라는 하나의 패러다임만으로 규정할 수 있는 사회가 아니다. 이와 마찬가지로 문화 예술에서도 과거와 현재의 구별 없이 모든 것이 동시에 출현하고 또 그 어떤 경계도 없이 이종(異種) 간의 결합이 발생하고 있는 지금 특정 전회를 중심으로 한 주장은 잘못하면 맹목이 될 수 있다. 이종 간의 결합이라는 특징을 갖는 현대 예술의 대표적인 예는 '미디어 퍼포먼스(Media Performance)'다.

미디어 퍼포먼스는 매체 미학적 담론에서 주된 분석 대상인 매체 예술과, 퍼포먼스 미학적 담론에서 주된 분석 대상인 퍼포먼스 예술이 결합한 것이다. 그런데 문제는 이 결합 방식이 모호함과 동시에 다양하다는 데 있다. 그래서 미디어 퍼포먼스는 어떤 형식의 예술이라고 한마디로 규정하기가 어렵다. 일반적으로 미디어 퍼포먼스는 매체를 사용한 공연 또는 매체와 결합된 공연으로 이해된다. 그러나 비디오 댄스(Video Dance), 퍼포밍 필름(Performing Film), 미디어 설치(Medien-Instellation) 등도 미디어 퍼포먼스다. 미디어 퍼포먼스를 검색하면, 대부분 기업에서 만든 홍보용 영상과 유명 가수들의 공연 영상이 나온다. 후자의 경우는 좀 더 스펙터클한 공연을 위해 매체를 적극적으로 사용하는 것으로, 이러한 공연에서는 무엇보다도 현장감이 중요하다. 따라서 현장감을 강화하기 위해 매체를 적극 사용하는 것은 퍼포먼스 미학에서 보면 문제가 안 된다. 물론 매체 미학적 관점에서도 그렇다. 반면 매체로 기록된 미디어 퍼포먼스의 경우 이러한 현장감이 없다. 단지 퍼포먼스를 기록한 영상을 볼 뿐이다. 이때 중요한 것은 '공연이 아니라 기록으로 남겨진 필름이 관객들에게 어떤 미적 경험을 주는가?'이다. 사실 이러한 미디어 퍼포먼스와 영화나 다큐멘터리와의 경계가 모호하긴 하지만 그 경계가 중요한 것은 아니다. 예를 들어 빔 벤더스(Wim Wenders)의 작품 〈피나(Pina)〉(2011)에서 출연자들은 배우가 아니라 실행자(Performer)들이다. 〈피나〉는 뛰어난 퍼포밍 필름임과 동시에 다큐멘터리이고 또 훌륭한 영화이기도 하다. 한편 이미 오래전에 영화에서 논의되었던 '확장된 시네마'라는 논쟁도 다시 매체 예술에서 등장하고 있다. 이젠 영화가 미술관에서 상영되는 것이 전혀 낯설지 않다. 매체 예술가였던 작가들이 영화와 다큐멘터리 작업을 하는 현상도 쉽게 볼 수 있다. 매체 미학적 관점에서 보면 이들이 작업하는 이미지에는 본질적인 차이가 없다. 이러한 이미지는 매체에 의한 '기술적 이미지(die technische Bilder)'임과 동시에 '움직이는 이미지(die bewegte Bilder)'이기 때문이다. 따라서 이 작업들을 굳이 영화, 다큐멘터리 또는 매체 예술로 세분화해 분류할 필요가 없다. 넓은 의미에서 모두 매체 예술인 것이다.

문제는 또 다른 유형의 미디어 퍼포먼스에서 제기된다. 퍼포먼스가 주된 내용이지만, 이를 매체로 기록해서 '반복적'으로 미술관에서 상영하기 위한 목적으로 제작된 미디어 퍼포먼스가 그것이다. 이 경우 일회적 행위를 통한 사건과 매체를 통한 반복이라는 성격이 충돌한다. 이미 언급했듯이 매체 미학의 입장에서 보면 이러한 충돌은 문제가 안 된다. 왜냐하면 일회적 행위가 매체에 의해 반복되는 것은 매체 예술과 대립하는 예술형식이 아니기 때문이다. 그러나 퍼포먼스 미학은 매체 미학과는 사뭇 다른 결론을 내린다. 퍼포먼스 미학의 입장에서 보면 이는 퍼포먼스가 아니기 때문이다. 즉 퍼포먼스를 가장한 매체 기록 또는 매체 예술일 뿐인 것이다. 결국 미디어 퍼포먼스는 매체 미학을 중심으로 제기되는 '매체성'의 문제와 퍼포먼스 미학을 중심으로 제기되는 '수행성'의 문제를 동시에 제기한다(외너, 2009: 103-107). 여기에 더해 매체 예술이라는 장르와 퍼포먼스 예술이라는 장르가 갖는 차이점 그리고 더 나아가 예술적 과정과 이에 대한 심미적 경험의 문제 등도 제기된다. 매체 예술과 퍼포먼스 예술은 근본적으로 존재 방식이 너무도 다르며, 따라서 이에 상응하는 심미적 경험도 다를 수밖에 없기 때문이다. 또한 아우라를 둘러싼 논의도 있다. 이미 살펴보았듯이 매체 미학은 '아우라의 몰락'이라는 근본 테제에서 출발한다. 이와 반대로 퍼포먼스 미학은 '아우라의 귀환' 또는 '재아우라화'를 주장하기도 하며, 더 나아가 처음부터 아우라의 몰락은 있지도 않았고, 있을 수도 없다고 주장한다. 바로 이 지점에서 다음과 같은 질문이 가능하다. 그렇다면 과연 퍼포먼스 미학은 예술의 본질과 심미적 경험을 무엇이라고 생각하는 것일까? 왜 다시 아우라인가?

2. 사건에서의 행위와 현존

퍼포먼스 미학과 매체 미학은 동일한 문화 예술적 상황에서 등장한 동시대 이론이다. 이 둘은 단지 중요한 예술의 형식과 경향을 다르게 규정하고 있을 뿐이다. 새로운 매체 환경은 매체 예술에 대한 관심을 가져왔다. 매체 기술과 예술의 관계는 현대 예술에서 중요한 문제가 되었다. 왜냐하면 새로운 매체 기술에 의해 새로운 매체 예술이 등장하는 동시에 기존 예술들이 매체에 의해 재해석되기 때문이다. 이러한 매체를 둘러싼 변화들이 매체 미학의 등장을 가져왔다고 볼 수 있다. 반면 이러한 환경은 비매개적인 몸에 대한 관심도 가져왔다. 몸과 현존 그리고 비매개적인 지각에 대한 관심이 역으로 급증한 것이다(Matzker, 2008: 216-228 참조). 이러한 맥락에서 행동과 상황을 중요하게 생각하는 퍼포먼스에 대한 재논의가 이루어졌다. 얼핏 대립적으로 보이는 이 두 미학 이론은 그러나 공통점을 가지고 있다. 이 둘은 전통 미학으로는 현재의 문화 예술 상황을 설명할 수 없다는 데 동의한다. 즉 전통적인 미학 이론으로는 '변화된 작품 개념'과 '작품 없는 예술(Kunst ohne Werk)' 등을 설명할 수 없다는 것이다(Bianchi, 2000: 59). 또한 이 둘은 '지각', 특히 '감성적 지각을 중심으로 지금의 문화 예술 상황을 설명해야 한다고 주장한다는 점에서도 공통점을 갖는다. 따라서 매체 미학은 감성학으로서의 매체 미학을 그리고 퍼포먼스 미학은 감성학으로서의 퍼포먼스 미학을 강조한다. 재미있게도 이 둘은 서로 다른 곳을 바라보면서도 같은 점에서 출발한다.

작품과 관련해서 먼저 매체 미학의 주장을 간략하게 살펴보자. 디지털 매체 시대의 매체 예술 작품을 중심으로 매체 미학적 논의를 전개한 페터 바이벨(Peter Weibel)은 무엇보다도 이미지의 존재(Sein des Bildes) 형태에 주목한다. 그에 따르면 이전의 예술 작품들은 정적인 이미지들이었으며, 이들을 분석하는 미학 이론도 '정지의 미학'이었다. 그는 현재 디지털 매체 예술의 주된 이미지 형식이 움직이는 이미지라고 보고, 이를 분석하기 위해서는 새로운 미학 이론이 필요하다고 강조한다(Weibel, 1991: 205-208 참조). 공간이 아니라 시간이 주된 범주이고 정적인 이미지가 아니라 동적인 이미지를 파악할 수 있는 새로운 미학이 요구된다는 것이다. 변화는 단지 이것만이 아니다. 예술과 창작자의 관계 그리고 예술과 진리의 관계 등이 변했다. 바이벨은 전통 미학이 존재와 작품 그리고 진리라는 세 가지 축을 중심으로 형성되었다면, 현대 미학의 중심은 현상과 예술 그리고 느낌이 되었다고 말한다(Weibel, 1991: 218). 물론 매체 미학을 주장하는 이론가들 각자가 강조하는 점은 다를 수 있다. 그러나 이들은 모두 공통적으로 전통적 작품 개념의 붕괴와 이에 따른 작품 수용 또는 지각의 변화를 말한다. 그리고 이 변화의 중심은 물론 '매체'다. 매체에 의한 전통 예술 작품의 변화 그리고 수용과 지각의 변화가 일어난 것이다.

퍼포먼스 미학도 매체 미학과 동일한 전제를 가지고 출발한다(Mersch, 2002a: 9). 퍼포먼스 미학은 특히 퍼포먼스를 중심으로 한 예술이 '작품 없는 예술'이며, 이를 설명하는 미학은 우연적 상황을 중심으로 한 '의도 없는 미학(Ästhetik ohne Absicht)'이라는 점을 강조한다(Bianchi, 2000: 57). 기본적으로 퍼포먼스 예술에서 가장 중요한 것은 전통적인 의미에서의 예술의 해체다. 따라서 퍼포먼스 예술을 다루는 퍼포먼스 미학 또한 기존의 미학, 즉 작품 미학, 생산 미학 또는 수용미학과 구별된다. 작품을 중심으로 한 미학이 아니기 때문에 퍼포먼스 미학은 예술과 비예술의 경계를 문제 삼는다. 이는 매체 미학에서 '예술의 또 다른 확장'이라는 의미에서 '예술의 종말'을 이야기하는 것과 유사하다. 1960년대 이후 본격적으로 제기된 퍼포먼스 예술은 이러한 경계를 해체하려고 시도했다(Pischer-Lichte, 2004: 315-316). 경계 해체라는 측면에서 퍼포먼스 전회를 주장한 에리카 피셔-리히테(Erika Fischer-Lichte)는 문화적 퍼포먼스든 또는 퍼포먼스 예술이든 간에 가장 중요한 기준은 행동(Handlung)라고 주장한다(피셔-리히테, 2009: 31).[3] 행동이 중심이 되는 새로운 예술 시대가 등장한 것이다. 그녀는 이러한 예술 시대에는 작품, 형식, 원본성 등은 중요하지 않고, 오히려 퍼포먼스, 사건, 놀이 그리고 연출 등이 중요하다고 강조한다(Fischer-Lichte, 2000: 61-63). 그녀는 논의를 '퍼포먼스 예술'에만 한정하지 않고, '퍼포먼스의 또 다른 확장'을 강조하고 있는 것이다.

피셔-리히테는 퍼포먼스에 대한 관심이 급증하는 이유를 문화 자체가 '텍스트로서의 문화'에서 '퍼포먼스로서의 문화'로 변했다는 점에서 찾는다. 여기서 중요한 것은 해석이 아니라 행동이다(Fischer-Lichte, 2000: 61-63 참조). 따라서 그녀는 퍼포먼스를 퍼포먼스 예술이라는 좁은 의미로 해석하지 말고 넓은 의미로 해석해야 한다고 주장한다. 문화적 퍼포먼스, 예를 들면 축제, 놀이, 다양한 제의적 행사 그리고 운동경기 등이 퍼포먼스 예술보다 훨씬 중요한 것이다(Fischer-Lichte, 2000: 63 참조). 여기서 중요한 것은 문화적 퍼포먼스와 퍼포먼스 예술의 구분이 아니라, 문화 예술 전반에 걸쳐 행동하는 주체가 표면에 대거 등장했다는 사실이다. 따라서 퍼포먼스 미학의 출발점은 행동 분석이 된다(Fischer-Lichte, 2004: 41). 그녀는 퍼포먼스적 행동은 무엇보다도 "행위자와 관람자의 실제 공-현존(Ko-Präsenz)을 통해 구성"된다고 보았다. 이 공-현존의 과정에서 주체들은 상호작용하는 '공-주체들(Ko-Subjekte)'이 된다(피셔-리히테, 2009: 21-22). 이때 행동은 일시적이다. 이 일시적인 행동은 '지금

---

3 피셔-리히테는 '퍼포먼스 예술'과 '문화적 퍼포먼스'를 나눈다. 퍼포먼스 예술에 해당하는 예술로는 액션페인팅, 신체 예술, 대지예술, 비디오 설치 등을, 대표적인 예술가로는 요셉 보이스, 볼프 보스텔, 레베카 호른, 빈 행동주의자들과 플럭서스 등을 들고 있다.

여기'에 현존해야만 경험할 수 있다(피셔-리히테, 2009: 24). 행동과 현존, 이것이 그녀가 자신의 퍼포먼스 미학에서 강조한 것이다.

퍼포먼스와 관련해서 한스 울리히 굼브레히트(Hans Ulrich Gumbrecht)도 현존을 강조한다. 그는 퍼포먼스 이론에서 강조하는 육체의 투입 또는 사건의 성격이 다소 애매하다고 지적하면서, 특정 현장에서의 현존을 중심으로 퍼포먼스를 해석한다(굼브레히트, 2010: 71-83 참조). 현장에서 다른 주체들과의 현존을 통해 그리고 그들의 행위의 상호작용을 통해 퍼포먼스의 의미가 생성된다. 즉 "하나의 행동은 다른 곳으로부터 이미 주어져 있는 의미를 전달하는 것이 아니라, 그 행동의 진행 과정에서 비로소 생성되는 의미들"을 만들어내는 것이다(피셔-리히테, 2009: 26-27). 이 모든 행동의 과정이 현장에서 일시적이며 일회적인 사건으로 등장한다. 이때 행동은 예술작품과 관계 맺는 것이 아니라, 그 장소에서 발생하는 사건들과 관계를 맺는다(피셔-리히테, 2009: 28). 이에 대해 피셔-리히테는 다음과 같이 강조한다. "사건으로서의 행동은 — 연출과 구분되어 — 일회적이며 다시 반복할 수 없는 것이다. … 이러한 의미에서 행동이란 사건으로서 이해되는데, 여기에서는 참가자들 중 그 누구도 이 시간에 대한 완전한 처분권은 가질 수 없으며, 단지 사건을 마주할 수 있을 뿐이다."(피셔-리히테, 2009: 28-29) 여기서 퍼포먼스의 사건적 성격이 강조된다. 그러나 그녀는 퍼포먼스 미학을 '사건 미학(Ereignisästhetik)'이라고 명확하게 규정하지는 않는다. 왜냐하면 그녀에게 문제의 핵심은 사건이 아니라 행동이기 때문이다. 그에게 퍼포먼스 미학은 '행동 미학'인 것이다.

디터 메르슈는 피셔-리히테와는 달리 퍼포먼스 미학을 '사건 미학'이라고 명확하게 규정한다(Mersch, 2002a: 9). 그에 따르면 사건 미학의 핵심은 바로 "순간의 유일성(Einzigartigkeit des Augenblicks)"이다(Mersch, 2002a: 11). 일회적이며 일시적인 순간 또는 사건에서 피셔-리히테가 행동을 중심으로 사건으로서의 퍼포먼스를 분석한 것과는 달리, 메르슈는 '감성적 지각'을 중심으로 이에 접근한다. 한마디로 말해서 순간의 행동이 아니라 순간의 느낌, 경험 그리고 체험을 사건 미학으로서의 퍼포먼스 미학의 핵심 문제로 본 것이다. 그는 미학의 관점에서는 사건으로서의 예술을 파악할 수 없을 것이라고 주장하면서 감성적 지각 중심의 '감성학'의 관점에서 퍼포먼스 미학을 전개해야 한다고 말한다. 작품론이 아니라 지각 이론을 주장하는 것이다. 감성적 지각 중심으로 퍼포먼스를 볼 때 가장 중요한 것은 '심미적 경험'이다. 이러한 메르슈의 주장은 감성학으로서의 매체 미학을 강조하는 이론과 유사하다. 그러나 이들은 단지 감성적 지각을 강조한다는 점만 같을 뿐이다. 즉 감성적 지각을 어떻게 규정하는가의 문제에서는 메르슈와 매체 미학의 입장이 확연히 구별된다. 메르슈는 '심미적 경험'으로서의 감성적 지각을 강조하는 반면, 매체 미학자들은 '감각'과 '지각'으로서의 감성적 지각, 다시 말해서 감각적인 지각과 스펙터클을 강조하는 것이다. 그렇기 때문이 이 둘이 주로 분석하는 감성학의 대상도 다르다. 메르슈는 감성학의 대상을 예술로 보는 데 반해 매체 미학자들은 시각 매체 전반을 그 대상으로 보고 있다.

3. 일회적 현존재로서의 사건과 아우라의 귀환

　메르슈가 말하는 사건은 일회적 사건이다. 사건은 일회적 현존재로 존재한다. 또 이러한 일회적인 사건인 퍼포먼스 예술에서 진정한 심미적 경험이 작용한다. 여기서 그는 벤야민의 아우라를 다시 불러들인다. 아니, 정확히 말해서 귀환하고 있는 아우라를 적극 해석하려고 한다. 왜냐하면 메르슈의 관점에 따르면 일시적이며 일회적인 사건으로서의 퍼포먼스 예술을 지각하는 심미적 경험이 바로 아우라이기 때문이다. 예술을 감상할 때 발생하게 되는 아우라적인 심미적 경험은 대체 불가능한 것이다. 진정한 심미적 경험은 '예술작품'이 아니라 '예술'을 경험할 때 발생한다. 이 예술이 바로 사건 예술, 즉 퍼포먼스다. 따라서 심미적 경험의 순간으로서의 아우라는 예술형식 또는 조형에서 발생하는 것이 아니라, 일회적인 사건에서 발생한다(Mersch, 2002a: 131). 그는 지금까지 미학에서 주류로 취급되어온 작품 미학에서 이러한 일회적 사건을 중심으로 한 예술들이 소홀하게 다루어졌다고 비판한다. 따라서 그는 사건을 중심으로 한 퍼포먼스 미학에서는 해프닝(Happening), 플럭서스(Fluxus) 그리고 다양한 행위예술을 재평가할 것을 주장한다(Mersch, 2002a: 19). 이러한 퍼포먼스야말로 일회적 현존재로서의 사건의 성격을 극대화하고 있기 때문이다.

　사건의 핵심은 순간이다. 따라서 메르슈는 벤야민이 말했던, 시선의 주고받음과 시선의 응답으로서의 아우라야말로 사건이라는 형태로 나타나는 퍼포먼스를 설명할 수 있는 가장 중요한 개념이라고 강조한다(Mersch, 2002a: 15). 즉 아우라적인 경험에서 현존의 지각이 가장 중요한 것이다. 아우라는 일회적 사건의 지각이며, 이러한 사건에서 지각의 주체가 시선을 주고받는 것을 의미한다. 시선을 주고받음으로써 지각의 주체는 그 어느 때에도 경험할 수 없는 것을 경험한다. 이는 마치 숭고와도 같은 경험이며(Mersch, 2002a: 50), 또 에로스적인 경험이기도 하다(Axer, 2012: 11-12). 경험할 수 없는 것들을 경험하고자 하며, 또 표현할 수 없는 것들이 존재한다는 것을 표현하고자 하는 시도들이 퍼포먼스에서 순간적으로 나타난다. 이러한 순간에 매체가 개입하기도 한다. 앞에서 설명한 미디어 퍼포먼스가 그 예가 될 수 있다. 그러나 메르슈는 매체 상황과 매체화된 지각에서는 기본적으로 현존이 의미를 가질 수 없다고 보았다. 따라서 매체에 의해 매개된 시선 그리고 매체에 의해 반복되는 사건에서는 감성적 지각으로서의 아우라는 존재할 수 없다. 왜냐하면 현상과 사건의 매체적 지속은 한마디로 감성적 지각의 파괴를 가져오기 때문이다(Mersch, 2002a: 112). 이는 메르슈가 볼 때 매우 불행한 일이다. 그는 이렇게 불행한 일의 원인을 원격 현존을 중심으로 한 디지털 매체 예술에서 찾았다. 원격 현존은 사건을 기반으로 한 것이 아니라, 장치에 동화된 시선을 중심으로 한 것이다. 이때 시선은 일회적 사건을 아우라적으로 받아들일 수 없다. 시선이 이미 도구화되었기 때문이다. 바로 이 점에서 그는 기술 매체와 아우라가 공존할 수 없다고 보았다. 결국 그는 기술 복제 시대에는 진정한 예술적 경험이 존재할 수 없다고 보고, 부정적 관점에서 아우라의 몰락을 인정한 것이다.

감성학적 차원에서 메르슈가 중요하게 생각하는 것은 바로 "지각의 비매개화(Amedialität von Wahrnehmung)"이다(Mersch, 2002a: 54). 그는 비매개적 지각이야말로 사건인 퍼포먼스 지각이 될 수 있으며, 매체에 의해서 매개되지 않은 경험이야말로 감성적 지각의 핵심이라고 할 수 있다고 주장하며 매체에 의해 매개화된 지각은 오히려 감성적 지각을 방해한다고 비판한다(Mersch, 2002a: 112). 어떤 것을 매체화한다는 것은 한마디로 현재를 확대해서 보편화시킨다는 것을 의미하며, 이는 그 순간에 집중할 수 있는 미적 경험의 후퇴를 가져올 수 있기 때문이다. 그러므로 "기술 매체 가능성 시대에 예술의 의미"는 아우라와 퍼포먼스를 중심으로 고찰해야만 한다(Mersch, 2002a: 17). 이러한 그의 주장은 아우라의 몰락과 매체에 의한 예술의 반복성을 강조하는 동시대의 매체 미학자들과 극명하게 대비된다.[4]

메르슈의 관점에서 보면 재아우라화의 전략들을 가지고 퍼포먼스 예술에서 재아우라화를 잘 수행하고 있는 예술가들은 바로 요셉 보이스(Joseph Beuys)와 존 케이지(John Cage)이다(Mersch, 2002a: 20). 그들의 퍼포먼스야말로 사건 그 자체이며, 다시 반복될 수 없는 그 사건을 경험하면서 관객은 마치 숭고와 같은 거대한 아우라를 경험

---

[4] 메르슈의 매체 철학 또한 독특한 관점에서 전개된다. 그는 매체 개념이 긍정적으로 확립하기 어려운 개념이며, 또 매체 철학도 그렇다고 본다. 따라서 그는 기존의 독일 매체 철학과는 달리 '부정적 매체 이론'을 주장하며, 이 이론적 토대를 하이데거나 데리다의 철학에서 찾아야 한다고 주장한다. 이와 관련해서는 메르슈(메르쉬, 2009: 18-19, 239-249)를 참조하라.

하는 것이다. 여기서 재미있는 사실은 이미 벤야민은 예술 작품이 복제되면서 예술의 가치가 '제의적 가치'에서 '전시 가치'로 변했다고 했는데, 이 변화가 다시 역전된다는 것이다. 잘 알려져 있듯이 보이스는 노골적으로 자신의 퍼포먼스를 하나의 제의적 과정으로 연출하며, 자신이 마치 제의를 집행하는 제사장인 것처럼 행동한다. 그는 퍼포먼스에서 전시와 제의 가치를 동시에 보여준다. 즉 제의 가치 대신 전시 가치가 들어서는 것이 아니라, 이 둘이 동시에 존재할 수 있음을 보여주는 것이다. 이러한 존재 방식이 바로 재아우라화인 것이다. 벤야민의 관점에서 보면, 제의 가치의 재등장인 것이다. 이렇듯 메르슈는 아우라를 이야기하면서 벤야민이 몰락했다고 본 아우라의 제의 가치를 재소환하고 있다.

메르슈의 관점에 따르면 퍼포먼스는 몰락했다고 하는 아우라를 재아우라화한다. 그러나 모든 퍼포먼스가 제의 가치를 다시 정립하면서 아우라를 재아우라화하는 것은 아니다. 경우에 따라서 재아우라화와 관련 없는 퍼포먼스도 있기 때문이다. 이와 관련해서 다시 피셔-리히테의 입장을 살펴볼 필요가 있다. 이미 앞에서 보았듯이, 그녀 또한 메르슈와 마찬가지로 퍼포먼스에서 무엇보다도 일회적 현존을 강조했다. 그러나 메르슈가 예술로서의 퍼포먼스를 중심으로 아우라의 귀환의 문제를 집중 분석했다면, 피셔-리히테는 퍼포먼스를 예술로만 묶어두지는 않았다. 오히려 그녀는 퍼포먼스를 예술이 아니라 문화적 현상으로 보면서, 일상에서의 다양한 퍼포먼스에 관심을 갖고 이를 분석했다(Fischer-Lichte, 2004: 160). 그녀의 관점에 따르면 퍼포먼스와 일회적 현존을 아우라로 파악하는 것은 문제가 있다. 특히 예술과 관련해서는 더욱 그렇다. 일회적 현존이라는 존재 방식은 예술에서만 이야기될 수 있는 것이 아니다. 시간이 불가역적인 것처럼 존재하는 모든 것은 다 일회적 현존재다.

4. 사건의 반복과 아우라의 몰락

메르슈 또한 벤야민과 마찬가지로 기술 매체가 아우라의 몰락을 가져왔다고 본다. 그런데 문제는 벤야민 당시와 그 이후의 많은 논자가 그랬던 것처럼 아우라의 몰락을 긍정적으로 보지 않는다는 데 있다. 그는 기본적으로 심미적 경험의 과정에서 아우라는 몰락할 수 없는 것 또는 몰락해서는 안 되는 것이라고 강조한다. 따라서 그는 예술 경험에서 몰락한 아우라를 강력하게 다시 소환할 것을 주장한다. 그런데 그 어떤 장르도 매체의 반복이라는 덫으로부터 자유로울 수 없다. 즉 모든 것이 반복된다. 그에 따르면 유일하게 매체의 반복을 피할 수 있는 것은 바로 퍼포먼스다. 그가 현대 예술에서 퍼포먼스를 중심으로 "재아우라화의 전략들"을 구상해야 한다고 주장하는 이유가 바로 여기에 있다(메르쉬, 2009: 18). 그렇기 때문에 그는 퍼포먼스가 매체에 의해서 일시성과 일회성을 잃고 반복성을 띠게 되는 것은 말도 안 되는 일이라고 보았다. 그는 퍼포먼스에서 무엇보다도 중요한 것은 타자와의 '시선의 주고받음'인데 매체적인 것에서는 이것이 성립되지 않는다고 보았다. 다음의 「5장 매체와 아우라」에서 좀 더 자세히 이야기하겠지만, 이는 이미 벤야민이 사진과 관련해서 언급한 내용이기도 하다. 벤야민은 사진이 시선에 응답하지 않기 때문에 사진에서는 아우라가 몰락했다고 말한 바 있다. 또 그는 영화와 연극을 비교하면서, 영화배우는 연극배우가 가질 수 있는 아우라를 가질 수 없다고 말하며 그 이유를 현존성의 부재에서 찾았다. 아우라가 몰락하지 않기 위해서는 무엇보다도 현존성이 중요하다. 현존성을 유지하기 위해서는 사건이 매체에 의해 반복되어서는 안 된다. 이것이 바로 메르슈가 이야기하는 재아우라화의 전략이다.

앞에서 살펴보았듯이 피셔-리히테 또한 퍼포먼스를 매체적 기록으로 남기는 것에 반대했다. 그녀는 일시적이며 일회적이기 때문에 아주 특별한 현존적인 경험을 할 수 있는 퍼포먼스라는 행위가 매체라는 흔적 또는 다른 형태의 흔적으로 남겨져서 미술관 등에 전시된다면 이는 퍼포먼스가 가지고 있는 많은 의미를 잃어버리는 것이 된다고 보았다. 특히 이런 경우에는 퍼포먼스에서 우연적으로 발생하는 행위자와 관람자 간의 육체적인 '공-현존(Ko-Präsenz)'이 일어나지 않는다는 점을 강조했다. 더 나아가 그녀는 이렇게 매체로 기록된 매체화된 행위들은 이미 행위가 아니라고 주장했다(피셔-리히테, 2009: 24). 그러나 그녀의 이와 같은 주장은 미디어 퍼포먼스에 그대로 적용될 수 없다. 일종의 공연 예술인 미디어 퍼포먼스는 스펙터클을 위해 디지털 매체, 조명 또는 기계장치를 적극 사용한다. 이 경우 매체는 본질 규정에 결정적 영향을 미친다기보다는 퍼포먼스의 극적 효과를 높이기 위한 일종의 수단이다. 물론 반복을 전제로 하는 '비디오 댄스' 또는 '퍼포밍 필름' 같은 매체로 기록되어 반복적으로 상영되는 미디어 퍼포먼스의 경우도 스펙터클을 강조하기는 한다. 그런데 그 방법이 전혀 다르다. 공연 중심의 미디어 퍼포먼스가 현장에서의 스펙터클의 크기와 화려함을 강조하는 것이라면, 기록 중심의 미디어 퍼포먼스는 또 다른 시각을 보여준다. 예를 들어 후자는 퍼포머에게 카메라를 들이대서 그들의 신체의 이미지들을 미세하게 또는 크게 잡아내 매체에 담아 보여준다. 그뿐만 아니라 자신의 신체를 대상으로 극단적인 행위를 하고, 이를 사진이나 영상에 담기도 한다. 비토 아콘치(Vito Acconci)의 비디오 작품들이 이 경우에 해당된다.

이와는 좀 다르지만 '매체의 눈'이 강조되는 경우도 있다. 이 경우 우리는 우리의 '자연 눈'으로 볼 수 없었던 것들을 매체의 힘을 빌려서 보게 됨으로써 또 다른 매체 스펙터클을 경험한다. 이때 퍼포먼스 예술에서 강조하는 현존과 사건의 성격은 실종되고, 오로지 매체 경험만이 남는다. 그것도 기록되었기 때문에 계속 반복될 수 있는 형태로 말이다. 이렇게 되면 수행성이 갖는 미학적 의미는 사라지고 매체성의 의미만이 남는다고 볼 수 있다. '현존'을 중심으로 한 사건 예술이 이제 '반복'을 중심으로 한 일종의 '매체 예술'이 되는 것이다. 이를 다루는 미학도 사건 미학, 퍼포먼스 미학 또는 현존의 미학에서 매체 미학 또는 현상의 미학으로 전환된다. 사건의 반복을 부정하는, 그리고 시선의 응답으로서의 아우라의 몰락을 부정하는 퍼포먼스 미학의 입장에서는 매체화되고 그렇기 때문에 반복할 수 있는 미디어 퍼포먼스는 퍼포먼스 예술이 아닌 그냥 매체 예술, 또는 매체로 기록된 일종의 문서고일 뿐이다. 매체는 반복 불가능한 것을 반복 가능하게 만든다. 이것이 바로 매체 기록(Medien-Dokument)이다. 여기서는 진정한 의미에서의 감정적 지각인 아우라의 경험은 불가능하다. 이는 심미적 경험의 입장, 그러니까 퍼포먼스 미학의 입장에서 봤을 때는 매우 불행한 일이기도 한 것이다.

메르슈의 퍼포먼스 미학의 입장에서 보면 아우라야말로 진정한 심미적 또는 예술적 경험이다. 어떤 일회적인 사건을 순간에 경험하는 것, 이것이야말로 진정한 심미적 경험이며, 이것이 바로 아우라이기 때문이다. 사라지는 것들에 대한 몰입과 집중, 바로 이것이 아우라적 경험의 근본이 된다. 그러나 퍼포먼스라는 형식만을 진정한 예술로 받아들이는 퍼포먼스 미학은 문제가 많다. 퍼포먼스라는 일회적 사건만을 강조하게 되면, 확장된 퍼포먼스인 미디어 퍼포먼스가 설 자리를 잃게 되기 때문이다. 시각 이미지 일반으로 예술의 영역이 확대되고 있는 지금, 이러한 주장은 논의를 다시 원점으로 되돌린다. 오로지 퍼포먼스만이 진정한 예술이라는 주장만 철회한다면, 사실 퍼포먼스 미학은 지금의 예술 상황에 대해 많은 것을 생각하게 해준다. 우리가 살고 있는 현실도 지나칠 정도로 매체에 의존하게 된 지금, 몸과 장소의 현존성 그리고 일회적인 행위를 통해 '소멸'이 전제된 퍼포먼스라는 장르마저도 매체에 의해서 기록되고 반복적으로 지각되어야만 하는가라는 의문이 들기 때문이다. 그러나 괴츠 그로스클라우스(Götz Großklaus)가 말했듯이 이미지뿐만이 아니라 현실도 매체-현실이 되고, 공간도 매체-공간이 되고 그리고 시간도 매체-시간이 된 지금(심혜련, 2012b: 302-312 참조), 미디어 퍼포먼스는 너무도 당연한 현상이며, 사회에 반응하는 예술형식이라고 받아들일 수도 있다.

매체 미학적 관점에서 기록이 아닌 미디어 퍼포먼스를 생각해보자. 진정한 의미의 디지털 매체 예술, 또는 뉴미디어의 예술적 특징을 가진 퍼포먼스가 되려면 그것은 일종의 '인터랙티브 퍼포먼스(Interactive Performance)'가 되어야 한다. 디지털 매체 시대의 예술에서 무엇보다도 중요한 것은 상호작용이기 때문이다. 따라서 디지털 매체 시대의 미디어 퍼포먼스라면 단순히 스펙터클을 확장한 장르에 머무르거나 또는 문서 기능을 충실히 수행하거나 또는 인위적으로 매체-아우라를 만들어내거나 하는 데 그쳐서는 안 된다. 디지털 매체가 갖는 상호작용성을 확장해서 '상호작용하는 주체들'이라는 부분을 강조해야 한다. 작품과 수용자 간의 상호작용, 작품과 매체 간의 상호작용, 매체와 매체 간의 상호작용이 아니라, 생산자 또는 작가와 수용자 간의 직접적인 상호작용을 중심으로 한 '인터랙티브 퍼포먼스'야말로 디지털 미디어 퍼포먼스라고 할 수 있는 것이다. 예를 들면 스텔락(Stelarc)은 자신의 몸에 직접 기계장치를 하고, 멀리서 관객이 자신의 몸을 원격 조정할 수 있게 만들었다. 이러한 작업이 퍼포먼스에서 강조하는 '공-주체'들 간의 '공-현존'이 될 수 있다. 이렇게 되면 '현존의 미학'은 '원격 현존의 미학'으로 변화해야만 할 것이다.

그런데 중요한 문제는 '매체로 기록된 퍼포먼스가 사건의 흔적을 담은 기록인가 아니면 예술인가?'가 아니라, '예술 경험이 왜 아우라인가?'와 '아우라는 예술 경험으로서만 존재하는가?'이다. 사실 미디어 퍼포먼스가 이렇게 퍼포먼스적 요소, 즉 일회적인 현존이라는 성격을 가질 필요는 없다. 미디어 퍼포먼스뿐만 아니라 모든 예술이 다 사건일 필요는 없다. 또 예술이 사건일 경우에만 그로부터 진정한 의미의 심미적 경험 또는 아우라적인 경험을 하는 것도 아니다. 그렇기 때문에 기록이라는 형태로 매체화된 미디어 퍼포먼스를 매체 예술 또는 퍼포먼스 기록 또는 문서고라고 규정해도 상관이 없다. 아우라적 예술 경험만이 중요한 것은 아니기 때문이다. 사진과 아우라의 관계에서 벤야민은 "초기 사진에서 아우라가 마지막으로 스쳐 지나간 것은 사람의 얼굴에 순간적으로 나타나는 표정"에서이고, 또 "초기 사진에 나타나는 멜랑콜리하고 그 어느 것과도 비교될 수 없는 아름다움의 비결은 바로 이러한 아우라"라고 말한 바 있다(벤야민, 2007b: 58-59). 퍼포먼스 미학을 주장하는 사람들은 초기 사진에 남아 있던 그런 아우라를 염두에 두고 있는 것이다. 즉 인간의 얼굴이 아니라 인간의 행동과 일회적 사건에 남아 있던 멜랑콜리한 아우라 말이다. 그러나 이들은 벤야민이 기술 복제 예술과 관련해서 아우라의 유무에 매달렸던 이들에게 비판했던 내용을 상기해야 한다. 이러한 태도는 그 당시의 기술에 대응하지 못했던 예술 속물적인 태도라는 것이다. 반복에서도 또는 복제에서도 또는 매체화된 행위에서도 아우라적 경험은 가능하다. 아우라는 반드시 심미적 경험이나 예술적 경험만은 아니기 때문이다. 중요한 것은 아우라적 경험이 아니라, 변화된 아우라적 경험을 가능하게 하는 예술의 변화다. 매체 발전이 가져온 변화를 중심으로 아우라의 몰락과 복원 등을 다시 살펴봐야 하는 것이다.

5장
매체와 아우라[1]

1. 복제 예술에서의 아우라의 잔존과 몰락

　매체 발전으로 인한 복제 예술에서의 아우라의 유무는 사진의 등장 이후 아직까지도 뜨거운 논쟁거리다. 복제 예술에서의 아우라의 잔존(殘存)을 아우라의 물질적 특징이라는 관점에서 보는 입장과 심미적 경험으로서의 아우라라는 관점에서 보는 입장이 첨예하게 갈리기 때문이다. 벤야민 또한 사진에서의 아우라의 몰락을 이야기함과 동시에 여전히 남아 있는 아우라의 흔적들을 이야기했기 때문에 이런 논쟁의 근거를 스스로 제시했다고 볼 수 있다. 물론 이 논쟁의 핵심은 사진에서 아우라의 유무다. 그런데 사실 사진에서 아우라의 유무를 문제 삼는 것은 아우라의 진화에 대해서는 전혀 생각하지 못한 것이라고 할 수 있다. 즉 아우라가 몰락해서 단순히 사

---

[1] 이 장의 일부는 심혜련(2010a; 2010b)을 토대로 수정·보완한 것이다.

라지는 것이 아니라, 사회적 또는 문화·예술적 상황에 따라 진화해 다른 모습으로 드러날 수 있다는 사실을 생각하지 못한 것이다. 아우라의 진화를 받아들인다면, 사진의 수용자와 사진 속 대상 간에 상호작용이 가능하기 때문에 사진에서 아우라가 귀환했다고 보는 입장도 감성학적 차원에서 가능하다. 그뿐만 아니라 '예술로서의 사진'을 강조하는 입장에서 여러 가지 방법을 동원해 의도적으로 아우라를 복원하려는 시도들도 가능하다. 사진을 둘러싼 이러한 시도들을 살펴보기에 앞서, 먼저 벤야민으로 돌아가, 그가 사진에서의 아우라의 문제를 어떻게 보았는지를 정확히 파악하는 것이 무엇보다도 중요하다.

앞에서 살펴보았듯이 현대 사진 이론에서 벤야민의 영향력은 매우 크다. 사진에 대해 이론적으로 접근하고자 할 때 벤야민을 그냥 지나칠 수는 없다. 그는 사진에 사회적, 예술적 그리고 매체 기술적 관점 등 다양한 관점에서 접근했기 때문이다(Baatz, 1986: 2). 그럼에도 불구하고 그는 사진에 대해 체계적으로 분석한 논문 및 저서를 많이 남기진 않았다. 온전히 사진 그 자체를 주제로 다룬 논문은 「사진의 작은 역사」뿐이다. 그러나 「기술 복제 시대의 예술 작품」과 『아케이드 프로젝트』, 파리에서 쓴 아주 짧은 기고문인 「파리에서의 편지 2: 회화와 사진(Pariser Brief 2: Malerei und Photographie)」, 그리고 지젤 프로인트의 박사 학위 논문 『사진과 사회』에 대한 서평에서 그의 사진에 대한 관점과 해석이 잘 드러나고 있다(Krauss, 1998: 7). 이러한 그의 여러 글 속에서 드러나는 사진 이해와 해석의 핵심은 그가 사진이 예술인가, 예술이 아닌가라는 논쟁을 비판하고 그러한 논쟁 자체와 거리를 두고 자신의 사진 이론을 전개했다는 것이다(벤야민, 2007c: 119).

벤야민은 그 당시 사진에 대한 주요 논쟁이었던 '사진이 예술인가 아닌가'의 문제가 그다지 중요한 것이 아님을 강조했다. 벤야민은 프로인트의 박사 논문에 대한 서평에서 이 점을 분명히 강조하고 있다. 그는 이 서평에서 사진이 예술인가 아닌가를 문제 삼는 사람들이 놓치고 있는 결정적인 핵심이 "사진의 발명으로 인해 예술의 전체적인 성격이 변한 것은 아닌가 하는 물음"이라고 지적한다. 또 사진을 예술로 파악하고자 하는 의도와 예술이고자 하는 사진이 가지고 있는 모순을 분명히 지적한다. 벤야민은 "하나의 예술이고자 하는 사진의 요구는 사진이 상품으로 등장하면서 나타나기 시작"한 것이라고 본다(벤야민, 2007i: 286). 벤야민의 이러한 주장은 전적으로 프로인트의 주장에 근거한 것으로, 그는 프로인트의 사진에 대한 분석을 적극 지지했다. 프로인트는 사진을 정확히 사회적 상황 속에서 파악했으며, 또 사진이 등장한 후 예술이 어떻게 변화하는지를 묘사했다(벤야민, 2007g: 272). 프로인트는 예술로서의 사진과 관련된 논의에서 예술로서의 사진을 주장한 사람들은 사진가들이 아니라, 사진을 하나의 상품으로 여기는 '사진 상인'들이었다고 강조한 바 있다. 그들이 사진에 예술이라는 상표를 붙여 대중의 관심을 끄는 상품으로 만들어버렸다는 것이다(프로인트, 2001: 42). 벤야민은 프로인트의 이러한 상황 인식에 동의한다. 그는 이러한 상황이 "변증법적 아이러니를 내포"하고 있다고 보면서, 이를 "나중에 예술 작품의 복제를 통해 그것의 상품적 성격을 강화함으로써 예술 작품의 개념 자체를 의문시하게 될 방식이 스스로 예술적 방식임을 자처한다"고 강하게 비판한다(벤야민, 2007i: 286).

앞에서 말했듯이 당시에 사진을 둘러싼 논쟁이 주로 사진과 예술의 관계에 초점을 두고 전개되었던 것과는 달리, 벤야민은 사진과 매체, 즉 사진과 기술의 관계에 초점을 두고 자신의 사진 이론을 전개했다(Plumpe, 1990: 124; Müller, 1993: 92). 먼저 그는 사진이라는 매체가 가지고 있는 고유한 특징, 즉 '매체로서의 사진'에 주목했다. 특히 그가 일차적으로 주목한 것은 바로 사진이 이미지를 만들어내는 새로운 기술이며, 이 새로운 기술이 만들어내는 이미지는 무한히 재생산되며, 또 이 새로운 기술은 예술 작품을 사진이라는 형태로 재생산한다는 것이었다. '재생산(Reproduktion)'이야말로 매체로서의 사진이 가지는 본질적인 특징이다(Geimer, 2009: 139).[2] 그렇다면 이러한 재생산성을 벤야민은 어떻게 해석했는가? 벤야민은 앞에서 이미 살펴보았듯이 그것을 바로 아우라의 몰락으로 보았다. 벤야민이 사진과 관련해서 아우라를 언급한 글은 「사진의 작은 역사」와 「기술 복제 시대의 예술 작품」이다. 벤야민이 이 두 논문에서 사진과 아우라의 몰락에 관해 다소 다르게 서술한 부분에 대해 많

---

[2] 가이머는 사진의 주된 특징으로 연속성, 재생산성 그리고 순환성을 들고 있다. 이는 사진의 매체적 특징에 대한 정확한 지적이라고 볼 수 있다. 가이머는 이러한 사진의 특징을 인식하고 언급한 이론가들로 바르트, 벤야민 그리고 말로를 언급한다. 물론 세 명의 이론가가 각각 다른 맥락에서 이러한 특징들을 언급하고 있기는 하지만, 가이머는 이들이 사진의 이러한 특징을 다른 이론가들보다 정확히 인식하고 있다고 본다.

은 문제가 제기되었고, 여전히 제기되고 있다고 볼 수 있지만, 그러나 중요한 것은 벤야민이 사진에서 아우라의 몰락을 어떻게 보았는지가 아니다. 이보다 더 중요한 것은 사진이라는 매체 그 자체와 그 매체에 반응하는 인간의 태도이다. 분명 벤야민은「사진의 작은 역사」에서 사진에 아우라가 있다고 말했다. 그러나 그는 사진의 아우라를 초기 사진과의 관계에서만 설명했다(벤야민, 2007f: 175). 그는 초기 사진에 존재하는 아우라는 회화에서 사진으로 넘어가는 과도기에 일시적으로 존재하는 현상이자, 초기 사진이 가지고 있는 기술적 제약에 의해서 비의도적으로 산출된 현상이라고 보았다. 그의 관점에서 보면 이러한 현상은 일종의 '유사 아우라'적인 현상이다. 그는 이러한 유사 아우라적인 현상을 긍정적으로 보지 않았다. "벤야민의 관점에서 보면 생성된 유사 아우라는 복고적이며 시대착오적인 것이다. 유사 아우라는 사진에 의해서 새롭게 열린 가능성과 아무런 관계"가 없는 것이기 때문이다(Elo, 2005: 126).

벤야민은 초기 사진이 가지고 있던 기술적 한계와 사진이라는 새로운 기술을 대하는 인간의 태도가 아우라의 몰락을 방해하는 제약이라고 보았다. 초기 사진술은 지금처럼 시간적 순간성과 연결되어 있지 않았다. 기술적 한계 때문에 한 장의 사진이 만들어지기까지는 지금으로서는 상상도 할 수 없을 정도로 긴 시간이 필요했다. 최초의 사진으로 알려진 니엡스(Niepce)의 〈르 그라의 집 창에서 내다본 전망(Point de vue du Gras)〉(1826)은 촬영하는 데 8시간 정도 걸린 것으로 알려져 있다. 그후로 사정이 조금씩 나아지기는 했지만, 초기 사진은 사진의 본질적인 특징이라고 할 수 있는 순간성을 결여하고 있었다. 긴 촬영 시간 때문에 순간의 찰나가 아닌 지속적인 시간을 잡아낼 수밖에 없었다. 그래서 한 장의 사진에 시간의 흐름과 각 시간대의 특징들이 동시에 드러났다. 밝음과 어두움이 기묘하게 뒤섞인 사진은 마치 그림처럼 대상들을 재현했다. 사진의 전체적인 분위기가 아우라적이었다. 긴 촬영 시간은 사진을 찍는 장소와 대상의 포즈에도 영향을 미쳤다. 인적이 드문 곳에서 촬영할 수밖에 없었고, 이런 곳들은 묘한 분위기를 갖고 있었다(벤야민, 2007f: 181 참조). 이런 촬영 기술의 한계들이 의도치 않게 사진에 아우라의 흔적들을 남겨놓은 것이다.

아우라의 잔존에는 또 다른 원인이 있다. 그것은 바로 특별한 감정을 불러일으키는 아우라의 거리감과 관련이 있는 것이다. 사진기가 처음 등장했을 때 그것은 결코 지금처럼 대중적인 매체가 아니었다. 일반 대중에게는 구입도 사용도 쉽지 않았기 때문에 '가까이 하기에는 먼 매체'였다. 초기 사진들은 독자적인 노선을 걷지 못하고 회화의 대체물, 즉 '또 다른 회화'가 되었다. 회화의 표현 대상들을 자신의 표현 대상으로 가져왔으며, 주로 기억 또는 숭배의 대상을 촬영했다. 재생산이 어려웠던 초기의 사진은 예술 작품이 지니고 있었던 원본성이 주는 제의적 가치를 그대로 추구할 수밖에 없었던 것이다. 풍경 사진이 아니라 초상 사진을 중심으로 사진이 확산되었다는 사실이 이러한 초기 사진의 한계를 보여준다. 아우라의 잔존이라는 의도하지 않은 결과는 이러한 상황 때문에 발생했다. 그러나 사진술이 발달해서 사진이 지금처럼 대중화되고 또 찰나의 순간을 이미지로 형상화할 수 있게 되면서 상황은 달라졌다. 사진

매체의 기술적 발전으로 인하여 사진이 자신의 독자적인 영역을 확보하게 된 것이다. 벤야민은 바로 이 순간을 진정한 의미에서의 기술 복제 시대에 아우라의 몰락이 시작되는 시점으로 보았다(벤야민, 2007f: 183).

그 시작점에는 잔더와 앗제가 있다. 앞에서 바르트의 푼크툼을 이야기하면서 이 둘에 대한 벤야민의 해석을 잠깐 언급했다. 이제 이 둘의 사진에 대한 벤야민의 생각을 본격적으로 살펴보자. 벤야민은 「사진의 작은 역사」에서 아우라의 몰락과 관련해서 이 둘에 주목하지만, 각자에게 주목하는 구체적인 이유는 다르다. 먼저 앗제에 대한 벤야민의 분석을 보자. 앞서 살펴보았듯이 벤야민은 앗제가 매체로서의 사진이 가지고 있는 고유한 특징에 잘 부합하는 사진을 찍었다는 점에서 그의 사진들은 독보적인 위치를 차지한다고 평가한다. 앗제가 사진의 대상으로 삼은 풍경들과 인물들 그리고 사물들은 한마디로 말해서 하찮은 것들이다. 파리 도시의 뒷골목들, 그리고 이 뒷골목을 삶의 터전으로 삼아 살아갈 수밖에 없는 도시 빈민들 그리고 낡아서 버려진 물건들이 그의 사진의 대상들이다.

이미 나는 앞에서 벤야민을 감성학자로서 해석할 것을 주장하면서, 그 근거 중 하나로 그가 하찮고 사소한 것들에 관심을 갖고 분석했다는 사실을 들었다. 이러한 그의 관점에서 보았을 때, 앗제의 사진은 아우라의 몰락과 연결될 수밖에 없었다. 앗제는 굳이 회화의 영역을 기웃거리면서 회화가 되고자 했던 초기의 사진과는 전혀 다른 사진들을 찍었다. 그는 무엇보다도 숭배될 수 있는 대상을 찍지 않았다. 오히려 그는 파리의 뒷골목과 그 뒷골목을 배회하는 넝

마주이 등의 하층계급을 사진에 담았다. 이러한 앗제의 사진은 숭배 가치 대신 다른 가치들을 가지게 된 것이다. 물론 현대 사진 비평에서 앗제의 사진을 아우라적 경험과 연관해서 평가하는 것은 이와 또 다른 문제다. 어쨌든 이러한 앗제의 사진이 가지고 있는 특징 때문에 벤야민은 앗제가 마치 진공청소기가 먼지를 빨아들여 없애는 것처럼 사진에서 아우라를 지웠다고 보았다. 즉 "대상을 아우라에서 해방시키는 작업(die Befreiung des Objekts von der Aura)"을 시작했다고 보았다(벤야민, 2007f: 183). 인위적으로 덧씌워진 아우라가 지워진 사진에서는 마치 다큐멘터리처럼 사물들과 사람들의 흔적만 남아 있게 되었다.

  벤야민은 잔더에 대해서는 인상학적 관점에서 주목한다. 벤야민은 잔더의 사진집이 단지 사진집에 그치지 않고 그 이상의 것을 의미한다고 보았다. 일종의 지리부도(Übungsatlas)와 유사하다고 본 것이다(벤야민, 2007f: 188). 잔더는 잘 알려진 것처럼 다양한 인간, 특히 예전에는 '초상화'라는 형식으로 자신의 흔적을 남길 수 없었던 사람들의 모습을 사진으로 포착했다. 즉 잔더는 특별한 계층의 사람들이 아니라 아주 평범한 사람들의 일상적인 모습을 인상학자의 과학적인 시선으로 담아냈다. 그렇기 때문에 잔더의 초상 사진들은 초상화가 가지고 있던 아우라를 애써 복원하려 한 이전의 초상 사진들과 비교가 되는 것이다. 벤야민이 보기에 아우라의 흔적을 지운 잔더의 사진들은 일종의 '인상학적 앨범'을 이룬다. 결국 벤야민은 앗제와 잔더 모두 사진에 남아 있던 아우라의 흔적을 말끔히 청소했다고 본 것이다.

2. 복제 예술에서의 아우라의 의도적 복원

벤야민의 생각과는 다르게, 사진에서 아우라의 흔적은 말끔히 지워지지 않았다. 그러나 사실 복제 예술에 의도치 않게 남아 있는 아우라가 문제의 핵심은 아니다. 문제는 원본성이 사라졌음에도 불구하고 여전히 사진에서 아우라적 경험을 할 수 있다는 것이다. 그런데 아우라를 주체의 심미적 경험으로 이해하면 이는 그렇게 큰 문제는 아니다. 복제 예술을 둘러싸고 아우라의 진화와 관련해서 더 본질적인 문제는 복제 예술이 복제성을 부인하는 것이다. 예컨대 복제 예술인 사진을 복제하지 않고 의도적으로 일회적인 예술로 만듦으로써 아우라와 유사한 것, 즉 일종의 '유사 아우라' 또는 '가상의 아우라'를 만들어내는 것이 더 큰 문제인 것이다. 그런데 이러한 아우라의 의도적 복원은 다른 방식으로도 진행된다. 즉 복제 예술에 다시 숭배 가치를 부여함으로써 아우라를 복원시키는 것이다. 그런데 부활의 주체는 사진 그 자체가 아니라 사진을 둘러싼 예술 시장이다. 예술 시장은 '오리지널 프린트'라는 개념을 통해 사진에서 '원본성'과 '일회성'을 의도적으로 부활시켰다(다미슈, 2003: 7). 오리지널 프린트를 강조함으로써 사진은 반복이라는 생산적 특징을 유지하면서도 원본성을 강조한다. 그 결과 본래 벤야민이 사진에서 보았던 학문적 또는 오락적 기능은 실종된다. 사진은 이제 학문적 또는 자료적 기능을 수행하는 것이 아니라, 마치 회화가 그렇듯이 원본성을 가지면서 스스로를 전시 가치에 가두어두는 결과를 초래하는 것이다(다미슈, 2003: 14-15 참조). 이때 사진이 갖게 되는 것이 바로 의도적으로 복원된 유사 아우라이다.

　유사 아우라의 문제는 기술 재생산성에 의해서 예술 작품의 가치가 숭배 가치에서 전시 가치로 넘어가면서 아우라가 몰락했다는 벤야민의 주장과 다시 직접 연관된다. 그리고 과연 전시 가치가 아우라의 몰락을 가져왔는가 하는 문제가 제기된다. 예술 작품의 가치의 전환은 단지 가치의 전환에만 그치는 것이 아니라 그것의 존재 방식마저도 변화시킨다. 다시 말해서 예술 작품은 이제 존재 그 자체를 위해서만 존재하는 것이 아니라, 전시를 위해 존재하게 된다. 현재 어떤 식으로든 예술 활동을 하는 사람들은 거의 모두 전시를 염두에 두고 작품 활동을 한다. 그 전시가 대중적으로 인정을 받든 또는 몇몇 마니아나 비평가들에게만 환영을 받든 전시라는 방법을 통해 자신의 작품을 '보이고' 싶어 하고 이를 통해 작가라는 자신의 정체성을 확인하고 싶어 한다.

　여기서 우리는 다음과 같은 물음들을 던질 수밖에 없다. 과연 예술 작품이 전시 가치를 가지면서 숭배 가치가 소멸되었는가? 그리고 과연 누가 예술 작품에서 숭배 가치가 소멸되기를 원하는가? 이 물음들은 유사 아우라의 발생과 긴밀하게 연관된다. 우리는 예술이 전시되면 전시될수록 또 복제되면 복제될수록 아우라적인 요소를 더 많이 갖게 되는 역설적 현상을 쉽게 볼 수 있다. 우리는 복제품으로 접한 예술 작품을 언젠가는 직접 보고야 말겠다는 의지를 갖는다. 루브르박물관에 있는 〈모나리자〉 앞의 수많은 인파가 그것을 증명한다. 이처럼 유사 아우라는 복제와 전시 가치를 통해 자신의 숭배 가치를 더욱 확고하게 만들고 있는 것이다. 이제 예술이라는 지위를 갖게 된 사진은 전시됨으로써 자신의 숭배 가치를 더욱 확고하게 만든다. 전시된 사진은 마치 예술처럼 비평의 대상이 된다. 이와 관련해서 크라우스는 전시 공간이 비평의 기반 그 자체라고 보았다. 전시 공간에서 배제된 예술 작품은 예술로서 중심이 아닌 주변적인 지위밖에 가질 수 없다는 점을 강조한 것이다(크라우스, 2003: 60). 예술 작품의 전시와 비평은 일종의 제도이다. 전시된 작품들에서 우리가 아우라를 체험한다면, 그것은 이미 제도가 예술 전시 작품을 예술로서 받아들이고, 또 그 작품의 아우라적 가치를 인정하고 있다는 사실은 전제하는 것이다. 따라서 이때 아우라는 일종의 제도적 가치이며, 또 상품적 가치이기도 한 것이다(오몽, 2006: 413-415). 이 경우의 아우라는 초기 사진에 잔존했던 아우라와는 다르다. 이 아우라는 수동적으로 남아 있게 된 그런 아우라가 아니라, 적극적으로 그리고 의도적으로 복원된 아우라인 것이다.

사진을 둘러싼 이러한 과정은 일종의 재아우라화 과정이다. 우리는 이미 이러한 재아우라화 과정이 사진뿐만 아니라 기존의 예술 작품을 수용하는 과정에서도 발생하는 것을 보았다. 이러한 재아우라화 과정은 세속화된 예술을 다시 탈세속화하는 것으로 볼 수 있다. 그리고 탈세속화된 예술 작품은 다시 숭배의 대상이 된다. 다시 숭배의 대상이 된 예술 작품은 유사 성전과 같은 역할을 하는 미술관과 박물관에 전시된다. 이 공간들은 "잉여 자본 위에 서서 그것을 지키고 증식시키는, 그리고 경제적 여유와 여가 시간을 전제로 한 부르주아의 취미를 수호하는 성전"으로서 기능하는 것이다(윤난지, 2007: 123). 미술관과 박물관은 예술 작품들을 다시 탈세속화시킴과 동시에 '상품'이라는 형태로 또다시 세속화시킨다. 결국 탈세속화 과정도 이러한 상품으로서의 예술 작품을 강조하기 위한 것이라고 할 수 있다(Bock, 2005: 99). 물론 벤야민이 이러한 움직임을 전혀 예상하지 못했던 것은 아니다. 그 또한 박물관에서 예술 작품이 상품화될 수 있다는 것을 언급했었다. 그는 백화점과 박물관 또는 미술관이 유사성을 가지고 있다고 보았다. 백화점은 상품의 성전이고, 미술관은 예술의 성전인 것이다. 그리고 이 성전은 예술 작품을 수집하고 전시함으로써 예술 작품을 상품으로 만드는 것이다(벤야민, 2005: 960). 백화점에서 노동자는 상품을 보기만 할 뿐 만지거나 소유할 수 없다. 미술관에서도 마찬가지다. 이곳에서 관객은 작품들을 보기만 할 뿐 절대 만지면 안 된다. 소유하는 것은 꿈도 꿀 수 없다.

아우라의 의도적 복원은 새로운 예술형식인 영화에서도 일어나고 있다. 벤야민도 그 당시에 영화 자본을 비롯한 문화 자본이 의도적으로 아우라를 만들어내는 현상을 보았으며, 영화 자본에서 스타 시스템이 어떻게 상품의 특징을 지니게 되는지에 대해 언급했다. 결국 벤야민이 지적했던 것처럼 숭배 가치 대신에 전시 가치가 들어서는 것이 아니라, 오히려 전시 가치가 숭배 가치의 확장을 돕게 되었다. 즉 후기 상품 사회에서 상품에 대한 물신성을 높이기 위해 숭배 가치를 이용해 유사 아우라를 만들어내는 방식이 예술에서도 그대로 통용된 것이다. 이제 예술은 "예술 작품의 상업적 재생산 시대의 예술 작품"이 되고 말았다(Baecker, 2003: 9). 이러한 예술은 미술관과 박물관 그리고 전시와 학교 제도 등의 예술 제도와 긴밀하게 연결된다. 이러한 긴밀하고도 돈독한 문화 자본과의 관계 속에서 예술은 문화 자본이 원하는 유사 아우라를 만드는 데 적극 협조할 수밖에 없다. 이전의 예술 작품이 종교와 권력에 봉사했다면, 이제 예술 작품은 문화 자본에 봉사하게 된 것이다(Haug, 2009: 198-199 참조).

3. 영화를 둘러싼 가상의 아우라

문화 자본은 문화 산업을 통해 본격적으로 권력을 드러냈다. 문화 산업은 대중문화라는 이름으로 문화와 예술을 말 그대로 대중화시켰다. 대중문화가 등장한 후로 이를 둘러싼 논쟁은 끊이지 않았다. 사실 지금은 대중문화와 순수예술 또는 고급문화와 저급문화의 경계를 두고 대중문화 등장 초기만큼 그렇게 논쟁하지는 않는다. 이미 그 경계가 모호해졌다고 할 수 있을 만큼 서로가 서로를 인용하는 단계에 이르렀기 때문이다. 그뿐만 아니라 앞에서 이미 이야기했듯이 예술은 이제 매우 확장되어서 기존에 우리가 예술계라고 칭했던 영역 또한 모호해졌다. 그러나 대중문화 초기에는 지금과는 상황이 전혀 달랐다. 대중매체를 중심으로 한 새로운 유형의 문화였던 대중문화는 문화 예술 영역에서 전례 없던 영향력을 행사하기 시작했던 것이다. 그렇다고 해서 대중매체의 등장을 바로 대중문화의 등장으로 볼 수는 없다. 왜냐하면 대중매체가 등장하기 이전에도 소수의 엘리트만이 즐기는 고급문화가 아니라, 일반 대중이 널리 즐기는 소위 저급문화가 있었기 때문이다. 문제는 대중매체가 이러한 기존의 대중문화를 둘러싼 지형도를 확 변화시켰다는 점이다. 대중매체가 등장함으로써 기존의 대중문화의 수용이 확대되었을 뿐만 아니라, 엘리트 중심의 고급문화가 '대중화'되었다는 점이 무엇보다도 중요하다. 소수만이 접하고 받아들일 수 있었던 문화 예술이 말 그대로 대중들에게 문호를 개방한 것이다. 대중매체를 중심으로 한 초기 대중문화에 관한 논쟁은 바로 이 지점에서 시작된다.

지금 다루고자 하는 주제는 대중매체를 둘러싼 논쟁이 아니라 문화 산업의 대표적 영역이라고 할 수 있는 영화에서의 아우라의 문제다. 매체의 발전은 새로운 예술, 즉 복제 예술의 탄생을 가져왔고, 대표적인 복제 예술이 바로 사진과 영화다. 벤야민도 사진과 영화를 중심으로 아우라의 몰락을 설명했다. 그는 사진에서 아우라의 몰락이 시작되는 것을 보았으며, 영화에서 아우라의 몰락이 완성되는 것을 보았다고 해도 과언이 아니다. 그런데 사진만큼 영화에서도 아우라를 둘러싼 논쟁은 끝도 없이 되풀이되고 있다. 지금은 영화에서의 아우라의 몰락을 이야기하는 것이 어색할 정도로, 아우라는 영화 비평의 대표적인 개념이 되었다. 아우라라는 용어를 가장 많이 접할 수 있는 영역 중 하나가 영화가 된 것이다. 그렇다면 벤야민은 영화에서의 아우라를 어떻게 설명했는가? 분명 그는 영화에서 '아우라의 몰락'을 보았다.

벤야민은 일찍이 영화와 연극을 비교하면서 아우라를 이야기한 바 있다. 연극배우들은 영화배우들에게는 없는 '지금' '여기'를 중심으로 한 시간적·공간적 현존성을 갖는다. 그들은 카메라 앞이 아니라 관객들 앞의 무대 위에서 공연을 한다. 따라서 그들의 공연은 무대라는 장소, 그들과 상호작용하는 관객들의 시선 그리고 그들이 연기하는 역할의 아우라가 한데 어우러져서 아우라를 만들어낸다. 이에 반해 영화배우들은 관객 앞이 아닌 카메라라는 기계 앞에서 연기를 한다. 그들의 연기가 영화로 상영되는 순간 그들의 시간적·공간적 현존성, 즉 유일무이성은 사라진다. 벤야민은 관객 대신 카메라가 배우 앞에 등장하게 됨으로써 배우들을 둘러싼 아우라가 사라졌다고 말한다(벤야민, 2007c: 124). 배우들의 연기 또한 연극과 영화에서 다르게 요구된다. 연극과는 달리 영화에서 배우들의 연기는 일종의 '파편화된 이미지'로 존재한다. 그들의 연기는 분열되고, 비연속적이며, 개별적이다. 파편화된 이미지를 담아내는 촬영기사들은 그림을 그리는 화가들과는 다르게 대상들을 본다. 화가들은 전체적으로 사물들을 파악한 후 그것들을 자신의 그림에 담아낸다. 여기서 중요한 것은 '전체적'이라는 것이다. 반면 영화의 촬영기사들은 영상들을 쪼갠다. 전체를 부분들로 잘게 쪼개, 나중에 편집이라는 과정을 통해 이를 다시 이어 붙인다. 전체를 조망하는 화가들의 시선은 이전의 주술사와 같다. 표현하고자 하는 대상들을 거리를 두고 관조적으로 바라보기 때문이다. 주술사는 자신을 찾아온 환자들의 환부를 직접 치료할 수 없다. 그들은 거리를 두고 보며, 나름의 처방을 내릴 수 있을 뿐이다. 화가들이 표현하고자 하는 대상들을 거리를 두고 관조적으로 바라본다면, 전체를 부분들로 잘게 쪼개야 하는 촬영기사들은 대상으로 파고든다. 마치 외과 의사들이 환부를 도려내기 위해 상처의 핵심으로 매스를 들이대듯이 말이다

(벤야민, 2007c: 132).

　문제는 다시 아우라다. 앞에서 보았듯이 벤야민은 연극과 달리 영화에서는 아우라, 특히 배우를 둘러싸고 있는 아우라가 없어졌다고 보았다. 카메라 앞에 선 영화배우는 아우라를 포기해야만 한다는 것이다. 그런데 영화를 둘러싼 상황은 이와는 정반대다. 영화에서 아우라는 결코 사라지지 않고, 오히려 배우가 가지는 카리스마로 강화되는 현상들이 일어나고 있다(Raab, 2010: 189-190). 그렇다면 왜 영화가 이렇게 되었을까? 우리가 어떤 영화배우를 평가할 때 그 배우에게 할 수 있는 최상의 찬사는 아마도 '그 배우만의 독특한 아우라가 있다'는 말일 것이다. 붕괴되었다고 하는 아우라가 붕괴되기는커녕 영화를 비평하고 배우를 평가하는 데 사용되는 대표적인 수식어가 된 것이다. 어떻게 이런 현상이 일어났는가? 앞서 이야기했듯이 벤야민은 영화에서 이런 현상이 일어날 것이라고 예상했다. 그는 자본의 힘이 영화에 들어와서 영화 또는 배우의 상품성을 높이기 위해 붕괴된 아우라를 다시 불러낼 것이라고 보았고, 그래서 "영화 자본에 의해 장려되고 있는 스타 숭배는 이미 오래전부터 상품성의 부패한 마력에 지나지 않았던 그런 개성의 마력을 보존"하고 있다고 통렬히 비판했다(벤야민, 2007c: 128). 그는 영화와 자본, 문화 예술과 자본의 관계에서 자본의 속성을 정확히 본 것이다. 바로 이러한 이유로 그는 자본주의 체제가 아닌 사회주의 체제의 영화에서 희망을 보았다. 벤야민이 우려했던 것처럼 자본주의 체제 아래에서 영화 자본은 영화를 잘 만들어진 상품으로 만들었다. 벤야민이 영화를 비판적으로 수용할 것이라고 희망을 품었던 대중들은 영화가 만들어놓은 환상을 넋을 잃고 바라보았다. 물론 벤야민의 희망대로 즐기면서도 비판하는 새로운 주체가 등장하기도 했지만, 영화 자본은 지속적으로 대중에게 최면을 걸었다. 아도르노의 지적처럼 영화관이라는 공간에서 현실을 잊은 채 환영에 빠진 대중들이 다수였고, 또 영화는 단지 즐길 수 있는 영상들을 중심으로 만들어지며, 정치는 이러한 영화를 적극 이용하기에 이르렀다(심혜련, 2012b: 83-90 참조). 영화는 대표적인 현실도피의 수단이 되었다. 그리고 영화가 이처럼 강력한 현실도피의 수단이 되는 데 있어서 아우라는 결코 없어서는 안 되는 것이었다.

영화 자본은 비록 영화배우가 지금과 여기라는 현존성을 갖지 못해도, 또 영화가 원본성 없이 동시다발적으로 상영됨으로써 배우 이미지의 복수성이 무한히 확대될지라도 배우에게서 아우라가 보존되도록 해야 한다. 그래서 영화 자본은 인위적으로 '스타'라는 이름의 의도적 '거리 두기', 즉 신비주의 전략을 중심으로 영화배우들의 아우라를 복원한다. 영화 산업이 초기에 택한 이러한 전략은 여전히 스타를 중심으로 통용되고 있다. 스타들은 자신을 꽁꽁 감춘 채 대중에게 그 모습을 잘 드러내지 않는다. 그럼으로써 대중들에게 아우라적 존재로 다가서고 대중들은 그런 스타들을 아우라적 경험을 통해 받아들인다. 물론 최근에는 이러한 신비주의 전략이 효과가 없다고 판단했는지, 역으로 좀 더 대중과 가까워지려는 시도를 한다. 이러한 시도는 일종의 '복제를 통한 재아우라화 전략'이라고 볼 수 있다.

4. 디지털 매체에서의 아우라 없는 아우라

벤야민 이후 현대 문화 예술 이론에서 아우라에 관한 논의는 유사 아우라를 통해 전시 가치를 중심으로 다시 숭배 가치가 부활되는 것으로 설명할 수 있다. 그렇다면 디지털 매체 예술 작품에 대해 아우라의 문제, 더 나아가 벤야민의 테제를 어떻게 적용할 수 있을까? 앞서 설명한 것처럼 벤야민은 그 당시의 매체 상황과 기술 상황이 예술 작품 그 자체를 어떻게 변화시켰으며, 또 그것을 수용하는 방식은 어떻게 변화했는지를 중심으로 자신의 논의를 진행했다. 이제 우리는 디지털 매체 시대에 디지털 매체 기술이 예술 작품을 어떻게 변화시켰으며, 또 그것을 수용하는 방식은 어떻게 변화했는지를 묻는 것이 중요하다. 제이 데이비드 볼터(Jay David Bolter)와 리처드 그루신(Richard Grusin)도 현재의 매체 상황과 벤야민의 논의를 연결시킨다. 이들은 현재 매체 상황을 '재매개화(remediation)'라고 규정하면서, 디지털 매체 대신에 "재매개 시대의 예술 작품"이라는 표현을 사용한다. 이들은 "재매개의 시대에 예술 작품에 당연히 요구할 수 있는 것은 무엇인가?"라는 물음을 던진다(볼터·그루신, 2006: 88-90). 이러한 물음은 매우 타당하다. 왜냐하면 디지털 매체 상황에서 벤야민의 테제, 즉 아우라가 몰락했는가 안 했는가보다 이러한 물음이 오히려 벤야민의 문제의식을 긍정적으로 발전시킨다고 볼 수 있기 때문이다. 그러나 이러한 물음에 대해 다루기 이전에, 현실적으로 디지털 매체 예술을 둘러싼 아우라 논쟁이 계속되고 있으므로 그에 대한 논의를 살펴볼 수밖에 없다. 또한 이러한 논의는 분명 중요성을 가지고 있다. 왜냐하면 이것은 벤야민이 아우라의 몰락을 이야기하면서 언급했던, 매체에 의한 경험과 지각 그리고 충격 체험과 긴밀하게 연결되어 있기 때문이다. 프랑크 하르트만(Frank Hartmann)이 지적했듯이 아우라의 몰락은 그것으로 그치는 것이 아니라, 새로운 매체 조건과 그로 인한 인간의 감각 변화와 연결해서 논의되어야만 하는 것이다(하르트만, 2006: 269-275 참조).

디지털 매체 시대의 예술 작품과 아우라의 문제는 이 시대의 예술이 갖는 특징과 바로 연결된다. 디지털 매체 예술은 '작품 없는 작품(Werk ohne Werk)'인 경우가 많다. 이 경우 '없는' 것은 물질적 특징과 원본성을 갖는 바로 그러한 작품이다. '작품 없는 작품'은 다시 말해서 '아우라 없는 아우라'로 설명할 수 있다. 아우라 없는 아우라는 원본을 주장하지 않아도 되는 예술 작품들을 받아들일 때 발생하는 아우라적인 경험 방식을 의미한다. 새뮤얼 웨버는 이를 "매체 아우라(Mediaaura)"라고 설명한다. 그는 아우라는 몰락하지 않았으며, 각각의 매체 시대에 그 시대에 맞는 매체 아우라가 등장한다고 보았다. 매체 아우라와 관련해서 '거리감'에 주목한 그는 벤야민의 '먼 곳의 일회적 현상'이라는 아우라 정의에 특히 관심을 갖는다. 그에 따르면 매체는 기본적으로 멀리 있는 것들을 가까이 가져오기 때문에 아우라가 발생하는 것이다. 그는 텔레비전을 예로 들어 설명한다. 잘 알려진 것처럼 텔레비전은 멀리 보기 또는 멀리 있는 것을 보기라는 뜻을 갖는다. 멀리 있는 것을 가까이 가져오는 것은 바로 매체다. 그의 관점에서 보았을 때, 매체 아우라는 일종의 "매개로서의 아우라"이다(Weber, *Mass Mediauras: Form, Technics,*

Media; Elo, 2005: 133에서 재인용). 그는 매체적 상황이 지속되는 한 매개로서의 아우라로 기능하는 매체 아우라는 몰락할 수가 없다고 말한다. 물론 이는 벤야민이 말한 원본으로서의 아우라와는 다른 성격의 아우라일 수 있다. '일회적 현상'이 아니라, '반복적 현상'으로 멀리 있는 것들이 가까이 오기 때문이다. 그 또한 이러한 차이를 잘 알고 있다.

웨버는 매체 아우라를 일종의 '아우라의 변형'으로 받아들일 것을 제안한다. 아우라는 몰락이 아니라 변형을 통해 각기 다른 매체 상황에서 다시 등장할 수밖에 없기 때문이다. 볼터와 그루신도 웨버와 마찬가지로 디지털 매체가 가지는 특징인 재매개는 예술 작품의 아우라를 몰락시키는 것이 아니라 끊임없는 재매개화 과정을 통해 아우라가 변형해서 등장하게 한다고 보았다(볼터·그루신, 2006: 91). 시선의 주고받음 사이에 매개로 존재하는 매체들과 먼 곳에 존재하는 것을 매체적으로 매개해서 보여주는 현상을 한마디로 매체 아우라라고 하는 것이다. 이때의 시선은 대상을 직접 지각하는 시선은 아니다. 매체에 의해서 매개된 "매체-시선(media-gaze)"인 것이다. 매체 시선이 보는 대상들은 "매체-실재(media-reality)"이다(Schmidt, 2003: 80). 아우라의 주된 특징이었던 원본성을 굳이 따지지 않아도 되는 매체 상황에서, 즉 아우라 없는 매체 상황에서도 매체 경험이라는 형식으로 아우라가 변형된 채 그 모습을 드러낸다고 볼 수 있다.

이들과 달리 디지털 매체 시대에 아우라의 몰락을 확실하게 주장하는 이도 있다. 바로 노르베르트 볼츠(Norbert Bolz)다. 그는 앞에서 설명한 매체 미학을 강력하게 주장하는 사상가 중 한 명이다. 그는 디지털 매체를 매개로 한 디지털 매체 예술은 이제 예술 창작이 아니라 프로세스에 기반을 둔 "그래픽적인 놀이"이기 때문에 예술이 아니라 일종의 디자인이 되었다고 말한다. 디자인이 된 예술은 이제 진품성과 일회성 대신에 반복성과 규칙성을 중심으로 한다. 또 완성된 예술 작품의 형식으로 주어지지 않고 열린 프로세스로 주어지기 때문에 이 과정에서 예술 작품의 중심 범주였던 완전성이라는 개념은 해체된다(Bolz, 1991: 129). 이러한 볼츠의 논의는 복제 예술을 둘러싼 예술의 변화에 대한 벤야민의 논의와 가장 흡사하다고 볼 수 있다. 벤야민이 예술의 자율성이라는 신화에 기반을 둔 전통 예술의 아우라가 사진과 영화의 등장으로 인해 몰락했다고 설명했던 것처럼 볼츠는 디지털 매체 예술의 등장으로 아우라, 즉 예술이 몰락했다고 보기 때문이다. 그에게 좁은 의미의 예술은 더 이상 의미가 없다.

 벤야민의 감성학은 결코 예술 작품을 중심으로 한 것이 아니다. 어쩌면 그는 예술에서 아우라가 몰락하든 존재하든 회귀하든 관심이 없었을 수도 있다. 그가 아우라의 몰락이라는 테제를 통해 주장하고 싶어 한 것은 예술 작품을 중심으로 논의되는 예술 이론으로부터의 탈출이었을 것이다. 그의 예술 이론은 결코 이전의 예술 이론처럼 예술을 중심으로 한 것이 아니다. 그는 자신의 관심사인 도시를 중심으로 형성된 현대성의 경험을 예술적 체험이 아니라는 이유로 논의의 대상으로 삼지 않는 예술계가 가지고 있었던 당시의 속물적인 태도를 조롱한 것이다. 그래서 그는 기술 재생산 시대의 예술 작품의 특징을 아우라의 몰락이라고 규정하고, 논의를 더 이상 예술 작품 중심으로 진행하지 않는다. 오히려 벤야민은 예술 작품이 아니라, 그 당시 지배적 시각 체험의 내용인 광고, 판화, 거리 풍경, 아케이드, 패션 등을 분석함으로써 자신만의 독자적인 이론을 실천한 것이다(Bolz, 2003: 24-25). 결국 앞서 말했듯이 벤야민의 이론이 맞았는가 틀렸는가를 논의하기보다는 그의 문제의식을 연장해서 디지털 매체 시대의 예술 작품의 특징을 분석하는 것이 그의 논의를 발전적으로 받아들이는 방법이 될 것이다. 즉 디지털 매체 예술의 특징은 무엇이며, 이 예술은 예술계에 어떤 변화를 가져왔고, 또 이러한 예술 작품을 수용자들은 어떻게 수용하는가를 물어야 하는 것이다.

앞에서 살펴보았듯이 벤야민이 기술 복제 시대의 예술 작품에서 중요한 특징으로 본 것은 예술 작품의 복제였다. 물론 그도 지적했던 것처럼 기술 복제 시대에만 예술 작품의 복제가 이루어진 것은 아니다. 그 이전에도 복제는 늘 있었다. 그러나 문제는 복제를 해도 아무런 문제가 없는, 즉 애초에 원본이라는 것이 존재하지 않는 새로운 예술형식의 등장이다. 그래서 그는 이 새로운 예술형식으로 사진과 영화를 주목했던 것이다. 디지털 매체가 등장한 이후, 상황은 아날로그 시대와 또 달라졌다. 그러므로 사진과 영화를 분석했던 틀을 그대로 가지고 와서 디지털 매체 예술을 분석할 수는 없다. 근본적인 특징이 다르기 때문이다. 그렇다면 디지털 매체 시대의 예술 작품의 중요한 특징은 무엇인가? 그것은 바로 '변형(morphing)'이다. 변형은 가능성을 전제로 한다. 디지털 매체 예술의 이미지들은 완성된 예술 작품으로 주어지는 것이 아니라 어떤 방식으로든지 변형할 수 있는 가능성을 가진 이미지로 그 모습을 드러낸다. 이것들을 일컬어 하우크는 "디지털 변형 시대의 컴퓨터 모니터 현상"이라고 규정한다(Haug, 2009: 222). 이 이미지들은 컴퓨터로 계산된 이미지들이며, 계속적인 변형이 가능하다. 따라서 하우크는 이 시대의 미적 기준은 바로 변형에 있다고 주장한다. 변형이 가능하다는 말은 변형할 수 있는 원본이 존재한다는 것을 의미한다. 그러나 이 경우에 원본은 지키고 보존해야 하는 것이 아니다. 이때 원본은 이미지가 재현하는 실재 대상이라는 축소된 의미만을 가진다(Haug, 2009: 222-223 참조). 실재 대상이라는 원본이 있든, 실재 대상은 없고 이미지만 존재하든 모든 이미지는 그 어느 때보다도 손쉽게 변형된다.

이제 이미지와 원본의 관계를 전복시키는 '원본 없는 이미지'가 등장했다. 디지털 이미지는 원본의 유무와 전혀 상관이 없다. 변형만이 중요할 뿐이다. 디지털 이미지는 처음부터 정보의 형태로 생산되고, 저장되며, 전송되기 때문에 근본적으로 변형이 쉽다. 또 이미지가 아닌 다른 표현 형태로 드러난다 해도 기본적으로 디지털 정보라는 형태로 생성된 다른 것들과 쉽게 결합할 수 있다. 이미지와 텍스트 그리고 사운드를 결합하는 데 약간의 수고만 하면 된다. 이렇게 생산된 디지털 이미지들은 예술 작품이라기보다는 이미지라는 포괄적인 개념으로 볼 수 있다. 또 제도화된 담론 구조에서 통용되는 '작품'이라는 고정된 틀에서 벗어나 '이미지'로 논의될 수 있기 때문에 디지털 예술 작품의 범위는 매우 확장될 수 있다. 이는 벤야민이 기술 복제를 이야기하면서 판화, 사진 그리고 다양한 광고 이미지를 분석의 대상으로 삼은 상황과 유사하다고 볼 수 있다. '디지털 예술 작품'이 아니라 '디지털 이미지'라고 개념을 확장하면, 우리가 디지털 매체 시대의 예술 작품이라고 논할 수 있는 대상들은 많아진다. 가상현실, 사이버 스페이스, UCC, 그리고 광고와 영화에서 사용되는 많은 합성 이미지를 분석의 대상으로 삼을 수 있으며, 또 벤야민의 논지를 따른다면 이렇게 분석의 대상을 확장해서 이야기하는 것이 옳다.

5. 아우라의 아바타들

벤야민이 사진과 영화, 판화 그리고 많은 광고 이미지를 분석하기 위해서 자신의 관찰 공간을 미술관과 박물관에만 한정하지 않은 것은 매우 자명한 결과이다. 앞에서 살펴보았듯이 감성학자인 그는 예술 작품을 새롭게 정의하면서 그 예술 작품들을 중심으로 관심을 전시 공간에서 도시 공간으로 돌린 것이다. 이와 마찬가지로 디지털 매체 시대에는 캔버스를 비롯한 물질적 공간에서 벗어나 정보로 이루어진 사이버 스페이스가 새로운 이미지 공간으로 등장했다(Weibel, 2001: 8). 물론 많은 디지털 매체 예술 작품이 여전히 미술관에서 전시되고 있기도 하다. 그러나 이는 엄밀히 말해서 디지털 매체 기술의 특징을 잘 보여주는 것이 아니다. 이는 사진이 미술관이라는 제도로 들어간 것과 다르지 않다. 그렇기 때문에 만약 벤야민이 디지털 매체 시대에 자신의 이론적 입장을 관철시키고자 했다면, 그는 미술관에 전시되는 디지털 매체 예술이 아니라 사이버 스페이스에서 볼 수 있는 많은 이미지에 관심을 가졌을 것이다. 그것은 컴퓨터게임일 수도 있고, 사용자들이 만들어낸 다양한 이미지일 수도 있다.

벤야민이 아우라의 몰락을 새로운 지각 방식의 등장으로 본 것처럼 분석의 대상이 변화하면 이를 수용하는 방식도 변화한다. 디지털 매체 시대에는 거의 혁명이라고 할 정도의 큰 변화가 수용자를 둘러싸고 일어났다. 그것은 바로 관객 또는 관찰자 대신에 '사용자(User)'가 등장했다는 것이다. 사용자는 이미지의 소비자이기도 하고 생산자이기도 하다. 더 나아가 변형의 대상이기도 하다. 모든 것이 사용자 중심으로 재편된다. 디지털 매체 예술을 연구하고 전시하는 대표적인 기관인 독일의 예술과 매체 기술 센터(Zentrum für Kunst und Medientechnologie, ZKM)에서 2007년에 기획한 전시가 바로 《사용자: 소비자의 세기(User: Das Jahrhundert des Konsumenten)》였다. 이는 지금의 디지털 매체 예술의 성격을 가장 잘 파악한 기획 전시라고 할 수 있다. 이 전시의 도록에서 페터 바이벨은 디지털 매체 시대에 주목해야 하는 것은 예술 작품이 아니라 관객, 특히 관객의 행위와 참여 그리고 이를 통해 관객이 수동적인 관조적 주체에서 벗어날 수 있는 해방적 계기라고 강조한다. 따라서 그는 이러한 관객을 중심으로 한 새로운 예술 양식인 '사용자 예술(User Art)'을 디지털 매체 예술의 대표적인 형태로 제시한다. 보고 느끼는 관객이 아니라 이용하는 사용자가 디지털 매체 예술에서 등장한 것이다

(Weibel, 2007: 3-6 참조).

사이버 스페이스에서의 사용자는 대도시 공간에서의 산책자와 같은 유형이다. 도시 공간에서의 산책자가 대중과의 동일시와 대중과의 거리 두기라는 이중적 성격을 갖듯이 사이버 스페이스에서의 산책자인 사용자 역시 이중적 성격을 갖는다. 사이버 스페이스에서의 산책자인 사용자는 때로는 다른 산책자들의 모임, 즉 '누리꾼'이라는 집단에 참여하면서 자신을 이 집단과 동일시함과 동시에, 때로는 이들과 거리를 두고 비판적 관점을 유지한다. 그러나 사이버 스페이스를 산책하는 사용자는 단지 산책하는 것에 머무르지 않는다. 그들은 사용함과 동시에 산책하고, 또 그러면서도 무언가를 생산해낸다. 즉 변형 가능성을 가지고 있는 디지털 이미지들의 가능성을 충분히 즐기고 있는 것이다. 이러한 새로운 '사용자 예술가'들은 자신들의 즐김의 결과를 전시라는 형태로 보여주지 않는다. 그저 이미지들을 사이버 스페이스에 올리고, 또 원하는 사람들에게 기꺼이 전송해준다. 전시 공간이 미술관에서 사이버 스페이스로 전환되면서 전시라는 방식도 전송이라는 방식으로 전환된 것이다. 이미지를 둘러싼 이러한 새로운 변화 속에서도 아우라는 끊임없이 생산된다. 때로는 원본성과 결합해서, 때로는 심미적 경험과 결합해서, 또 때로는 의도적 거리 두기와 결합해서 다양한 형태의 아우라가 만들어지고 있는 것이다.

매체 기술의 발전은 벤야민이 아우라의 몰락을 선언하는 데 결정적인 계기로 작용했다. 그러나 지금까지 살펴본 것처럼 그가 아우라의 몰락을 선언한 이후에도 매체는 아우라의 복원과 귀환에 결정적인 역할을 했다. 물론 지금의 매체적 상황에서 논의되는 아우라에 관한 이견들은 벤야민의 논의와 무관하다고 볼 수 있다. 문제는 벤야민적 의미에서의 아우라가 아니다. 벤야민 이후의 아우라에 관한 논의들은 그가 이야기하고자 했던 아우라와 관련되는 경우도 있고, 또 그렇지 않은 경우도 있다. 그렇기 때문에 벤야민이 어떤 상황에서 아우라를 그리고 아우라의 몰락을 이야기했는지가 더 중요한 것이다. 이렇게 상황을 중심으로 보면, 지금은 무수히 많은 아우라의 변형이 등장하고 있다는 것을 알 수 있다. 또한 다른 아우라들이 다양한 영역에서 모습을 드러내고 있다. 자본과 권력은 끊임없이 유사 아우라들을 만들어낸다. 유사 아우라로 그럴듯하게 그들 자신과 그들의 상품을, 그리고 더 나아가 예술을 포장한다. 자본과 권력은 결코 아우라를 몰락하게 내버려두지 않고 세속화하며, 기존의 아우라를 그대로 차용하기도 한다. 이제 아우라는 가장 매력적인 상품이 된 것이다. 아우라의 아바타들이 이제 본격적으로 상품의 세계에 뛰어들고 있다.

6장
상품과 아우라

1. 과시적 소비의 대중화

현대사회는 소비사회다. 소비는 삶의 이유이자 조건이 되어버렸다. 아니, 인간의 본질 그 자체가 되었다. 인간이 존재한다고 말할 수 있는 이유가 이제는 생각이 아니라, 소비가 되었다. 초기 자본주의 시대 이후로 생산에서 소비로 패러다임의 전환이 이루어졌다는 것을 인정한다 해도 지금의 소비 지상주의는 매우 극심하다. 상품이 본래 가지고 있던 사용가치는 이미 폐기된 지 오래되었고, 교환가치도 별 의미가 없다. 과시적 소비사회에서 중요한 것은 오로지 상품이 가지고 있는 재현 가치일 뿐이다. 상품의 재현 가치는 이제 모든 것을 잠식했다. 과시하기 위한 소비, 바로 이것이 현대 소비의 주된 방식이다. 먹고 마시고 입는 것뿐만 아니라 여가에서마저도 과시적 소비가 일어나고 있다. 과시적 소비는 소스타인 베블런(Thorstein Veblen)이 20세기 초에 이야기했던 것과는 달리 이제 단지 부유한 특정 계급의 소비 형태에 머무르지 않는다. 과시적 소비는 대중화되었다. 바로 이러한 현상이 문제의 출발점이다.

베블런은 『유한계급론(The Theory of the Leisure Class)』에서 19세기의 자본주의 현상을 비판하며 유한계급의 소비 행위를 '과시적 소비'라고 규정했다. 먼저 그는 과시적 여가와 과시적 소비를 하는 주체를 유한계급이라고 설정하고, 유한계급을 다음과 같이 규정한다. 즉 유한계급이 하는 일들은 다양하지만, 그럼에도 불구하고 이들은 하나의 공통점을 갖고 있는데, 그것은 바로 "경제적으로 비생산적인 일"을 하고 있다는 것이다(베블런, 2014: 30). 한마디로 말해서 유한계급은 "한가롭고 비생산적인 상류계급"이다(베블런, 2014: 30). 이들은 육체노동에서 해방된 존재들이며, 그저 자신의 삶을 즐기면 된다. 그들은 즐기는 삶을 위한 재화를 이미 가지고 태어났거나, 또는 다른 이들이 이들을 위해 제공하는 육체노동을 거리낌 없이 향유할 수 있는 지위를 가지고 있는 사람들이다. 이런 유한계급들은 자신이 소유하고 있는 재산을 과시하고 싶어 한다. 왜냐하면 이제 재산의 정도가 개인의 명성, 능력을 상징하게 되었고, 권력과 부를 존경하는 문화가 만연하게 되었기 때문이다(베블런, 2014: 56-59 참조). 그들은 '과시적 여가'와 '과시적 소비'를 통해 자신이 가지고 있는 돈과 여유를 경쟁적으로 드러낸다. "금력 과시 전쟁"이 시작된 것이다(베블런, 2014: 51). 이러한 '과시하기'는 다른 이들과 자신을 구별하기 위한 것이다.

과시적 소비란 한마디로 말해서 차별적 소비이다. 즉 "고급품 소비"를 의미한다(베블런, 2014: 106). 한국 사회의 소위 '명품' 소비가 바로 이것이다. 유한계급은 자신들의 과시적 소비가 왜 문제가 되는지 모른다. 오히려 자신들이 소유하고 있는 부와 여가를 소비하는 것이 뭐가 문제냐고 되물을 수 있다. 이런 유한계급에게 말해줄 수 있는 것은 일종의 에티켓이자 최소한의 도덕인 '노블레스 오블리주(Noblesse Oblige)'밖에는 없다. 그런데 좀 더 중요한 문제는 유한계급의 과시적 소비가 아니다. 이들은 최소한 과시적 소비를 할 수 있는 부를 가지고 있다. 그렇기 때문에 받아들이기 껄끄럽지만, 이들의 이러한 소비 형태는 일종의 취향의 문제로 볼 수도 있다. 과시적 소비를 둘러싼 본질적인 문제는 유한계급에 속하지 못한 사람들까지 이 과시적 소비에 동참한다는 사실이다. 과시할 부를 가지고 있지 못하면서 과시적 소비에 집착하는 것이다. 명품에 대한 사람들의 갈망을 더 키우기 위해 상품 세계에서 만들어지고 있는 과시적인 가상의 아우라들은 부와 상관없이 사람들의 욕망을 뒤흔든다. 예술에서 몰락 여부가 논의되는 아우라는 그 어떤 저항도 없이 상품의 세계에 안착했다. 상품이 자신의 가치를 높이기 위해 아우라를 철저하게 복원하고 있는 것이다(베블런, 2014: 60; 보드리야르, 2007: 60).

상품이 갖는 과시적인 가상의 아우라는 그 상품의 심미적 가치보다는 '가격'에서 비롯된다. 베블런은 과시적 소비와 미적 감각을 연결시키며 어떤 대상이 미적 감각을 불러일으키는 요인들을 매우 적나라하게 분석한다. 그에 따르면 "아름다운 물건의 심미적 유용성"은 그것이 갖는 금전적 가치와 직결된다(베블런, 2014: 166). 예를 들어 보석이 아무리 아름다울지라도 그것이 싸구려였다면 미적 감각을 불러일으키지 못했을 것이라고 말한다(베블런, 2014: 166). 그는 아주 솔직하게 "어떤 물건이 우리의 미적 감각을 자극할 만큼 가치를 획득하려면 아름다워야 함과 동시에 비싸야 한다"고 말한다(베블런, 2014: 167). 그는 마치 벌거벗은 임금님을 보고 다른 사람들처럼 칭송하는 것이 아니라, 임금님이 아무것도 입지 않았다고 외친 소년과 같다. 상품이 사용가치의 측면에서 유용성 때문에 소비되던 시대는 이미 지나갔다. 칼 맑스(Karl Marx)가 상품의 물신성을 이야기할 때 논의되던 상품의 교환가치 문제도 더 이상 그렇게 중요하지 않다. 그보다는 상품이 만들어내고 있는 재현 가치가 상품 세계의 모든 것을 지배하기에 이른 것이다. 한마디로 말해서 '브랜드 가치'가 모든 가치의 기준이 되었다. 우리가 소비 행위를 할 때 무엇보다도 고려하는 것은 이제 브랜드가 가지고 있는 가치다. 과시적 유한계급은 과시할 만한 상품을 소비할 뿐이다. 문제는 앞에서 말했듯이 이러한 상품 소비 현상이 유한계급 내에서만 발생하는 것이 아니라는 데 있다. 과시적 소비의 대중화가 더 큰 문제다.

현대사회에서 명품 소비 현상은 정말 심각하다. 너나 할 것 없이 명품이라는 상품을 소유하고 이를 과시하고 싶어 한다. 명품이라는 비싼 상품을 생산하는 회사들은 턱없이 비싼 자신의 상품을 상품 외의 요소로 포장한다. 계급 간의 선 긋기를 통해 유한계급을 위한 상품으로 보여주기 위해 애쓰는 것이다. 또한 유한계급은 이러한 명품 소비를 통해 남과 다른 취향을 보여주기 위해 부단히 노력한다. 베블런은 이를 시간과 돈의 과시적 낭비 현상으로 보았다. 그러나 베블런도 인정했듯이 과시를 위한 노력은 돈으로 대체된다. 취향을 얻기 위한 노력을 돈이 대신해서 생활수준과 취미 생활을 규정하는 것이다. 돈과 결탁한 취향은 유행으로 그 모습을 드러낸다. 그러나 유한계급은 자신의 취향이 유행으로 일반화되도록 내버려 두지 않는다. 게오르크 짐멜이 정확히 지적했듯이 이들은 하류 계층의 유행과는 구별되는 유행을 추구하며, 이들의 유행은 "낮은 신분의 계층에 의해 동화되는 순간 소멸"된다(짐멜, 2005b: 57). 왜냐하면 이렇게 되는 순간 상류 계층은 자신의 유행을 한 치의 미련도 없이 바로 폐기시키고, 자신들을 하류 계층과 구별시킬 수 있는 또 다른 새로운 유행을 추구하기 때문이다(짐멜, 2005b: 58). 현대 한국 사회에서의 비정상적인 명품 소비 현상도 짐멜의 이야기대로 진행되고 있다. 이미 대중화되어서 과시적 효과가 없어진 상품들의 가치는 여지없이 추락하고 있기 때문이다. 이제 과시적 소비에는 그 어떤 취향과 문화 자본의 흔적도 없다. 그저 돈의 많고 적음만이 있을 뿐이다.

2. 과시적 소비에 대한 노출증과 관음증

은밀하게 이루어지는 소비는 과시적 소비가 아니다. 과시적 소비는 말 그대로 과시해야 하는 것이다. 과시적 소비는 타자의 존재가 있어야만, 그리고 타자의 인정이 있어야만 성립되는 소비 형태다. 그렇기 때문에 과시적 소비를 드러내는 방식은 사회의 커뮤니케이션 방식과 매우 긴밀하게 연결된다. 사회적 커뮤니케이션이 활발할수록 많은 사람이 소비를 더욱 노골적으로 과시하며, 또 많은 사람이 이러한 과시된 소비를 선망하게 된다. 현재 SNS에서 이러한 현상들이 잘 드러나고 있다. 과시적 소비를 과시하기 위한 장으로 SNS보다 더 좋은 장은 없다. 예를 들어보자. 우리는 인터넷에서 누구누구가 SNS에 올린 사진들이 기사화되는 것을 종종 본다. 이국적인 풍경을 배경으로 근사한 옷을 입고 찍은 사진들 말이다. 이런 기사 밑에는 수많은 댓글이 달린다. 때로는 이를 부러워하는 댓글이 또 때로는 이에 대한 악플이 달린다. 이는 일종의 과시적 소비에 대한 반응이다. 다시 베블런의 논의로 돌아가보자. 이미 살펴본 것처럼 과시적 소비는 처음부터 상품의 유용성과는 거리가 있었다. 과시적 소비를 위해 상품을 구매하는 소비자들은 상품의 사용가치에는 관심이 없기 때문이다. 그렇다면 과시적 여가는 어떠한가? 과시적 여가의 본질은 '시간'이다. 노동에 종사하지 않아도 되는 삶을 과시하는 것이다. 대부분의 사람이 열심히 일하고 있는 시간에 누군가는 여행을 하며 그 사진들을 '노출'시킨다. 지금 이 순간, 노동과 무관한 삶을 살 수 있다는 것을 과시하는 것이다(베블런, 2014: 70). 지속적으로 빈둥거릴 수 있는 여유는 아무나 가질 수 있는 게 아니다.

  베블런이 과시적 여가를 분석했던 시대는 20세기 초다. 그 이후 경제를 둘러싼 상황은 극적인 변화를 겪었다. 자본의 힘은 더욱 강해졌고, 모든 것에서 경제적인 논리가 우선하게 되었다. 다른 한편으로 과학기술의 발전으로 인해 매체 상황은 혁명적인 변화를 겪었으며, 변화는 지금도 계속 진행 중이다. 경제 발전과 매체 발전은 일상생활과 여가 문화를 근본적으로 뒤흔들었다. 예전처럼 여행에서 찍은 사진들로 앨범을 만들어보곤 하는 시대는 이미 지나갔다. 디지털 기기들을 이용해 쉽게, 그리고 아낌없이 사진을 찍고 버릴 수 있다. 필름을 아끼려고 조심해서 사진을 찍던 시대는 이미 지나갔다. 먹고 마시고 입고 사는 등의 과시적 소비의 순간을 디지털 기기로 찍어서 SNS에 노출시키는 일은 매우 쉽다. 이 일련의 과정이 한 번에 가능하다. 이로 인하여 SNS에서의 과시하기 현상은 더욱 심화된다. 이 과시의 과정에서 디지털 노출증과 관음증은 상호작용적 관계를 맺는다. 드러내기와 엿보기는 서로 맞물려 상승하기 때문이다. 과시적 여가와 소비 행위를 노출하고자 하는 욕구 그리고 이를 부러워하거나 비난하면서 끊임없이 보고자 하는 욕구는 디지털 매체 시대에 걷잡을 수 없을 정도로 확대되었다.

사실 고된 노동의 대가를 받아서 비싼 명품을 구입하는 사람들을 가혹하게 비난할 수만은 없다. 과시적 소비에 대한 그들의 끝없는 욕망은 바로 사회가 만든 것이기 때문이다. 소비 행위 그 자체가 계급을 의미하고, 취향 그 자체가 다른 계급과의 구별 짓기를 위한 잣대로 작용하는 지금, 디지털 공간에서의 과시하기는 더욱 심해질 것이다. 딱히 과시할 것이 없어도 과시하지 않으면 무시당하는 기분을 느끼게 하는 사회가 많은 사람을 과시적 소비라는 끝도 없이 반복되는 욕망의 세계로 밀어 넣은 것이다. 과시하기는 어느덧 관심을 받기 위한 행위로 변하고 있다. 이를 최근에는 디지털 뮌하우젠 증후군(Münhaunsen syndrome)이라고 한다. 이 증후군은 디지털 공간에서 끊임없이 관심을 받고자 하는 사람들이 갖고 있는 정신병

리학적 증상이다. 이 증후군을 가지고 있는 사람들은 관심을 받고 자 무슨 일이든지 한다. 도저히 상상조차 할 수 없는 일들까지도 행한다. 관심이 그들의 존재 이유다.

관심과 무관심, 배려와 무신경 사이에서 극단전인 관심들이 등장한다. 이러한 사회현상은 디지털 매체 시대에 더욱 두드러지게 나타난다. 개인들이 코쿤(cocoon) 속에 고립된 채 자신의 코쿤에서 다른 코쿤의 사람들과 소통하기 시작했기 때문이다. 굳이 코쿤 밖으로 나오지 않아도 된다. 그 안에서 모든 것을 해결할 수 있는 것이다. 그 결과 개인들 간의 고립은 점점 더 심화된다. 고립의 골이 깊고 또 현실 세계에서의 교류가 쉽지 않기 때문에 외로운 개인들은 더욱더 매체적 공간에서의 소통에 매달린다. 디지털 공간에서는 자기의 삶을 얼마든지 포장할 수 있기 때문이다. 포장된 개인들은 더욱 과시하기라는 행위에 몰두한다. 바로 이러한 과시하기에서 아우라는 여지없이 소환된다. 어떤 대상이나 인물이 가지고 있는 묘한 분위기와 카리스마(charisma)라는 의미의 아우라가 여기서 복원되는 것이다. 앞에서 살펴보았듯이 이런 종류의 아우라는 문화 산업에서 영화배우를 중심으로 복원시킨 것이다. 어떤 배우가 아우라가 있다는 말은 그 배우에게 그만의 '독창적인' 분위기와 느낌이 있다는 의미이기도 하고, 그에게 다른 사람들을 압도할 수 있는 '카리스마'가 있다는 의미이기도 하다. 최근에는 이를 통틀어서 '아우라가 있다'고 말하고 있는 것이다. SNS에서 과시적 여가를 노출하는 많은 사람이 모방하는 것이 바로 배우 또는 유명인들의 이런 아우라이다. 대중문화 산업에서 복원된 가상의 아우라를 다시 '복제'하는 것이다. '가상의 복제'와 '가상의 흉내 내기'는 SNS를 중심으로 끝없이 되풀이된다.

3. 상품의 과시적 아우라

과시적 소비의 전제 조건은 상품이다. 과시적 소비의 대상으로서의 상품이 존재하지 않는다면 과시적 소비는 불가능하다. 자본은 이러한 상품과 소비 그리고 과시의 관계를 정확히 알고 있다. 자본의 관심은 자신들이 만들어내는 상품이 실제로 과시할 만한 가치가 있느냐가 아니다. 거짓으로라도 상품을 과시할 만하게 만들어내는 것이 더 중요하다. 그래서 자본은 예술이 가지고 있던 아우라를 상품 세계로 소환한다. 아우라만큼 상품을 과시적으로 만들기에 좋은 것은 없다. 따라서 자본은 자신들의 상품에 가상의 아우라를 부여한다. 영화 자본이 스타 숭배를 통해 가상의 아우라를 만들어내는 방식과 똑같이 아우라를 만들어내는 것이다. 상품과 상품이 갖는 가상성 그리고 그것을 둘러싼 여러 가지 이데올로기적 상황은 이미 1970년대에 비판적 관점에서 논의되었다. 하우크의 상품 미학(Warenästhetik)이 바로 그것이다. 그가 상품을 비판하는 논조는 앞서 살펴본, 아도르노가 문화 산업을 비판한 논조와 매우 유사하다. 즉 예술도 아닌 문화 산업이 예술인 척하는 것과, 대중들의 욕구를 충족시키고 있다고 스스로를 위안하는 그런 태도 말이다. 상품이 상품미를 가장해 예술보다 더 예술인 척한다는 것이다. 다만 상품이 문화 산업과 다른 점은 상품은 대중들의 욕구를 만족시키고 있다고 생각하지 않는다는 점이다. 상품은 소비자의 욕망을 결코 만족시키려고 하지 않는다. 그저 계속해서 소비자의 욕망을 자극할 뿐이다. 바로 그것이 상품이 살아남을 수 있는 길이기 때문이다.

상품이 끝없는 욕망의 대상이 될 수 있는 이유는 바로 "상품 미학이 추구하는 가상성"에서 비롯된다(하우크, 1992: 46). 하우크에 따르면 "상품 미학은 끊임없는 욕구의 가공 과정으로 작용"한다(하우크, 1992: 45). 상품 미학이 추구하는 가상성은 바로 벤야민이 말한 아우라의 모습을 띠고 있다. 상품 미학이 소비자들의 소비 욕망을 끝없이 자극하기 위해서는 사용과 무관한 가치를 생산해야만 한다. 그 가치가 바로 재현 가치이며, 이 재현 가치를 통해 소비자는 다른 소비자와 다른 차원에 있음을 보여주고 싶어 한다. 그렇기 때문에 상품에 아우라가 필요한 것이다. 그렇다면 어떤 방식으로 상품들은 가상의 아우라를 만들어내는가? 이 방식은 아주 간단하다. 아우라에서 이야기되었던 원본과 거리감을 그대로 가져오면 된다. 예술작품의 원본성과 거리감은 상품 세계에서 짝퉁과는 비교할 수 없는 진품으로, 그리고 너무 비싸서 쉽게 가질 엄두도 낼 수 없을뿐더러 돈이 있다고 해도 매우 희소해서 구하기 힘든 값비싼 한정품으로 등장했다. 이러한 진품의 아우라는 그것을 소유하고자 하는 욕망을 계속 부추긴다. 그 과정에서 과시적 소비가 발생하며, 이 과시적 소비를 통해 소비자들은 타인에게 인정받고 싶어 한다.

이렇게 차용된 아우라를 근거로 해서 상품은 "독점 상품의 미학"으로 거듭난다(하우크, 1992: 45). 상품을 생산하는 기업의 목적은 이

윤 추구다. 이윤을 추구하기 위해서는 비싼 물건이든 싼 물건이든 많이 팔아야 한다. 그런데 상품 세계에서는 종종 이에 반하는 판매 전략을 세운다. 그것은 공장에서 대량생산하지 않는 한정판 수제품이다. 왜 대량생산하지 않고 소규모 생산 체계로 다시 돌아가 손으로 직접 상품을 만드는가? 이러한 판매 전략은 벤야민이 기술 복제로 인해 몰락했다고 본 전통 예술 작품의 생산 체계를 그대로 가져온 것이다. 아우라를 생산해내는 바로 그 생산 체계 말이다.

벤야민이 기술 복제 시대의 특징을 아우라의 몰락으로 규정하면서 이를 긍정적으로 본 가장 큰 이유는 예술이 제의 또는 숭배와 경배의 대상으로부터 해방됐기 때문이다. 그런데 인간은 숭배에 대한 욕망을 버리지 못했다. 그렇기 때문에 기술 복제를 중심으로 한 매체 예술에서도 아우라의 귀환 또는 인위적인 복원이 되풀이되며 끝없이 아우라의 문제가 제기되는 것이다. 무한히 대량생산되는 상품들 속에서 상품들은 자신만의 독특한 무언가가 필요했다. 그래서 상품은 예술이 벗어났다고 하는 바로 그 제의적 숭배의 자리로 들어간다. 그 자리에서 아우라를 차용하기 시작했다. 상품이 갖는 아우라는 예술 작품이 갖는 아우라보다 더 강해졌다. 자본은 상품을 가상의 아우라로 덮어씌우고, 이것을 소비하게 만들기 위해서 허위 욕구를 만들어낸다. 결코 충족될 수 없고, 식을 줄 모르는 욕망을 만들어내는 것이다.

예술계에서 예술의 존재와 본질 그리고 가치와 기능에 대해 끝없이 묻고, 또 과거의 규정들을 파기하고 새로운 규정들을 시도하려고 하는 반면, 상품은 예술에서 파기된 것들을 그대로 가져온다. 예술을 위한 예술의 논의를 차용해, 유용성과 기능을 묻지 않는 '사이비 예술을 위한 예술' 전략을 사용하고 있다고 볼 수 있다. 예술에서는 오히려 작품이라는 용어를 파기하고, 기록, 생산물이라는 용어를 사용하자는 주장이 나오는 데 반해, 유용성을 기본으로 한 상품들에는 거침없이 예술 작품(artwork)이라는 말이 사용된다. 예술가의 서명 형식까지도 차용해서 찻잔 뒷면에 '누구의 예술 작품(artwork by…)'이라고 표기되어 있는 것을 이젠 쉽게 볼 수 있다. 그뿐만 아니라 예술가와 상품 세계는 협업이라는 이름으로 또 다른 '예술 상품'들을 만들어내고 있다. 상품은 과시적 소비를 위한 욕망의 대상이 되었으며, 이 욕망은 결코 충족될 수 없는 것이 되었다. 유행의 기원이 바로 여기에 있다. 그렇다면 이러한 현상은 단지 상품 세계에서만 나타나는가? 예술은 정말 상품과 다르게 움직이는가? 그렇지 않다. 우리는 이미 앞에서 예술에서도 몰락한 아우라를 적극 복원하고 있음을 확인했다. 이렇게 아우라가 복원된 예술 작품은 한마디로 말해 고가의 상품이 되었다. 상품 미학과 예술을 위한 예술의 기본 논리는 다른 듯 보이지만, 결국 본질은 같은 것이다. 이들은 아우라를 모태로 해서 태어난 유전적으로 동일한 쌍생아로 볼 수 있다.

4. 예술의 상품화와 아우라의 복원

상품의 예술화 현상을 둘러싼 논쟁은 사실 무의미하다. 앞서 살펴보았듯이 특히 과시적 소비 대상인 상품은 다른 상품과의 차별화를 위해 예술, 또는 예술이 가지고 있는 아우라를 차용한다. 이는 상품을 생산하는 자본의 기본 속성이다. 이러한 자본에게 상품을 예술화하지 말라고 어느 누구도 말할 수 없다. 그러나 어떤 상품이 예술인가라는 문제는 다르다. 즉 상품이 예술인가 아닌가라는 논쟁은 무의미하지만, 어떤 상품을 예술로 인정할 것인가 하는 논쟁은 중요하다. 예술이 상품인가 아닌가 하는 논쟁 또한 무의미하다. 상품은 의도적으로 예술과의 경계를 허문다. 반면 예술은 그 경계를 허물지 않으면서 상품이 된다. 물론 모든 예술이 그러한 것은 아니다. 지금으로서는 상품과 예술의 경계 허물기에 대한 논쟁이 무의미하지만, 기술 복제 시대가 본격적으로 시작됐을 때 이 논쟁은 매우 뜨거웠다. 예술이 기술 복제에 의해 대중화된다는 것은 상품으로 재탄생했다는 것을 의미하기 때문이다. 예술 문화의 대중화는 기술 복제에 의해서 비로소 가능해졌다. 대중문화가 등장했을 때, 상품과 예술의 경계 허물기에 대해 어느 누구보다도 강하게 비판했던 사람은 아도르노였다. 그는 누구보다도 '상품의 예술화'와 '예술의 상품화'에 대해 우려했다. 예술이 상품화되면서 예술이 가지고 있는 진리와 비판의 계기들이 상실될 것이라고 보았기 때문이다. 그는 모든 것이 유용성을 중심으로 진행되는 상황에서 이를 비판할 수 있는 것은 유용성과 무관한 예술 밖에 없다고 보았다. 예술은 본래 유용성과는 무관한 것이다. 유용성과 효율성의 관점에서 보면 예술은 사실 존재할 이유가 별로 없다. 그렇기 때문에 많은 철학자가 예술을 진리와 존재의 마지막 도피처로 본 것이며, 또 적어도 사회에서 발생하는 많은 병폐를 해결하지는 못할지언정 문제 제기는 할 수 있다고 보았던 것이다. 따라서 아도르노와 같은 철학자들은 예술이 상품화되는 것을 경계했을 뿐만 아니라, 상품이 된 것은 결코 예술이 아니라고 주장했다. 그러나 이들의 주장에 동의할지라도 그것이 매우 공허하게 들리는 것 또한 사실이다.

예술의 자율성에 대한 논쟁은 예술의 상품화에 대한 논쟁과 중첩된다. 물론 그것은 주술적, 종교적 그리고 권력적, 이데올로기적 문제와도 연결되지만, 그 논쟁에서 가장 중요한 것은 상품의 성격이다. 예술이 상품화되어서는 안 되며, 자율성을 끝까지 가지고 있어야 한다는 주장은 예술에게 있어 포기할 수 없는 당위다. 그러나 현실은 현실이다. 예술은 예술의 상품화뿐만 아니라 예술에 가해지는 외부의 힘에도 늘 맞섰다. 더 나아가 예술의 자율성마저도 특권으로 보고 이를 해체하고자 하는 예술 작업들도 있었다. 그러나 이들의 작업조차 상품으로 거래되고 있는 지금, 예술의 자율성은 점점 더 아름다운 가상에 그치고 있다. 그렇기 때문에 예술은 몰락했다고 하는 자신의 아우라에 더욱더 매달리고 있는지도 모른다. 예술도 상품처럼 가상의 아우라를 만들어낼 정도로 아우라에 집착하면서 아우라를 의도적으로 복원한다. 이제 예술은 자기 스스로를 숭배의 대상으로 여기게 되고 또 자본을 위한 숭배의 도구가 되기도 한다.

자본을 위한 숭배의 도구가 된 상품으로서의 예술과 상품의 구별이 무의미해진다. 상품과 예술의 관계에 대한 그로이스의 주장은 매우 설득력 있다. 그는 예술과 상품이 근본적으로 유사한 존재 방식을 갖는다고 주장한다. 그에 따르면 예술도 본래 상품처럼 생산되고, 전시되고 그리고 판매되는 것이며, 이 과정은 상품경제의 과정과 동일하다. 그리고 이러한 사실은 논쟁할 필요도 없는 확실한 사실이다. 그러므로 예술 작품이 상품임을 주장하는 것은 어떤 상품이 예술 작품인가라는 문제를 규정하는 것보다 쉬운 일인 것이다(Groys, 2003: 9). 그렇다고 해서 예술과 상품이 동일한 것은 아니다. 그로이스도 이 점을 잘 알고 있다. 즉 예술 작품과 상품이 순환되는 방식이 동일한 것이지, 예술 그 자체와 상품 그 자체를 동일한 것으로 보기는 어렵다. 예술과 상품의 관계는 동전의 양면처럼 서로 분리 불가능하다. 그렇기 때문에 어떤 작가들은 예술의 상품적 성격을 전면 부정하고, 상품적 성격을 가질 수 없는 예술을 생산하고자 한다. 반면 또 어떤 작가들은 예술의 상품적 성격을 인정할 뿐만 아니라, 그것을 부정하는 것을 위선이라고 여기고, 상품적 성격을 극대화한 작품을 만들기도 한다.

이와 관련해서 세 명의 작가를 예로 들어보자. 뒤샹, 워홀 그리고 쿤스(Jeff Koons)의 작품은 상품과 예술 간의 관계에서 흥미 있는 지점들을 극명하게 보여준다. 뒤샹의 레디메이드는 상품과 예술의 긴장 관계를 그대로 보여준다. 더 나아가 그의 작품들로 인해 우리는 모든 상품이 예술 작품이 될 수 있다는 사실을 깨달았고, 이를 인정할 수밖에 없었다(Groys, 2003: 10). 상품과 예술을 질적으로 명확히 구분하려는 시도는 실패할 수밖에 없다. 그로이스가 말했듯이 상품과 예술은 이제 관점에 의해 구분될 수 있다(Groys, 2003: 10). 상품을 어떻게 관찰하고 어떻게 재배치하는가에 따라, 또는 예술을 어떻게 파악하는가에 따라 상품이 예술적 맥락에 놓일 수 있는 것이다. 1914년에 뒤샹은 대량생산된 병 걸이를 〈병 걸이(Bottle Dryer)〉라는 작품으로, 그리고 1915년에는 그 유명한 〈샘〉을 전시한다. 이는 상품과 예술의 관계를 넘어 무엇이 예술 작품으로 간주될 수 있는가라는 근원적인 문제를 제기한 것으로 볼 수 있다(포스터, 2003: 179).

어쨌든 뒤샹은 병 걸이와 남성용 변기라는 상품을 예술로 또는 예술에 대한 근원적 물음으로 재배치했다. 이렇게 재배치할 수 있었던 이유는 상품에서 사용가치를 떼어놓았기 때문이다. 뒤샹의 레디메이드는 상품의 사용가치를 예술적 가치 또는 전시 가치로 대체하는 작업인 것이다(포스터, 2003: 183). 이러한 뒤샹의 작업은 벤야민이 말한 수집가의 수집 작업 그 자체다. 수집가란 사물을 수집하는 사람이다. 그는 사물의 사용가치와 무관하게 사물을 수집한다. 그에게 사물이 가지고 있는 유용성이나 사용가치는 하나도 중요하지 않다. 진정한 수집가는 사물을 사용과 기능으로부터 분리시킨다(벤야민, 2005: 537). 사용과 기능으로부터 사물을 분리시키기 위해 수집가는 사물의 근원에 대해 탐구한다. 즉 수집이라는 행위는 "탐구의 원-현상"인 것이다(벤야민, 2005: 545). 이러한 수집을 하는 수집가는 바로 예술가일 수 있다. 왜냐하면 예술가도 수집가처럼 사물의 본래적 기능이나 유용성과 효율성에는 관심이 없기 때문이다. 예술가는 여기서 더 나아가 사물을 전혀 연관 관계가 없는 곳에 배치한다. 이로써 사물 또는 상품은 재맥락화된다.

뒤샹이 상품을 이용한 레디메이드를 통해 무엇이 심미적인 것으로 또는 예술로 간주되는가에 대한 도발적이며 근원적인 문제를 제기했다면, 워홀과 쿤스는 자신의 예술을 기꺼이 상품화한다. 그리고 이 과정에서 아주 적절하게 아우라를 활용하기도 한다. 특히 쿤스는 뒤샹과는 정반대로 과시적 소비의 영역으로 당당히 들어간다. 과시적 소비의 본질은 사실 상품에 대한 물신주의에 있다. 명품이라는 아우라가 갖고 있는 물신적 성격을 소비하는 소비자들은 예술 작품의 애호가들과 유사하다. 이들은 "상품-기호의 물신숭배자"들이기 때문이다(포스터, 2003: 182). 오래된 물건들을 수집하는 수집가나 최신 유행하는 상품을 소비하는 소비자나 예술 작품의 애호가나 모두 상품의 사용가치와는 무관심하게 소비하는 사람들이다. 이들이 관심을 갖는 것은 상품의 기호다. 쿤스의 예술은 여기에서 출발한다. 쿤스는 상품으로서의 예술이라는 기호가 주는 매력, 즉 아우라를 적극 활용한다. 아우라를 상품 영역에서 의도적으로 복원된 가상의 아우라라는 형태로 활용한다. 할 포스터는 쿤스의 작품은 예술이라기보다는 일종의 '상품 조각'이라며 통렬히 비판한다. 포스터에 따르면 쿤스의 작품은 예술에서 "상실된 아우라가 상품의 거짓된 아우라로 대체"된 것이다(포스터, 2003: 188).

워홀도 자신의 의도를 별로 숨기지 않고 예술을 상품화시켰다는 측면에서는 쿤스와 유사하다. 그러나 워홀은 쿤스와는 달리 상품의 거짓된 아우라로 자신의 예술을 포장하려고 하지는 않았다. 그는 단지 벤야민의 기술 복제에 충실했을 뿐이다. 복제했음에도 불구하고, 또 복제를 감추지 않았음에도 불구하고 그의 작품에는 소비자들을 끄는 무언가가 있었다. 그것은 바로 워홀이라는 예술가가 가지고 있었던 예술가로서의 아우라이다. 그는 사람들이 기꺼이 자신의 상품이 아니라 자신이 가지고 있는 아우라를 구입하고자 한다는 것을 너무나도 잘 알고 있었다(워홀, 2007: 95). 워홀만큼 벤야민의 이론을 역으로 뒤집어 자신의 작품을 '재아우라화' 과정에 성공적으로 편입시킨 예술가는 없을 것이다. 얼핏 보면 그는 벤야민의 이론에 제일 충실한 예술가로 보인다. 예술 작품이 가진 원본성을 해체하고, '공장'이라고 불리는 자신의 작업실에서 집단적인 노동의 과정을 통해 예술 작품을 재생산 가능한 것으로 만들었기 때문이다. 그러나 이는 오해다. 그는 벤야민의 이론에 철저하게 역행한 예술가인 것이다. 그는 예술 작품을 재생산 가능한 것으로 만들기는 했지만, 그 재생산 가능한 것을 모두 '아우라적인 예술 작품'으로 만들었다. 원본성을 복수성으로 만들면서 아우라를 몰락시키지 않고, 아우라적인 예술 작품을 복수로 만들었다. 예술에서 아우라의 상품화를 실현한 것이다.

워홀은 예술의 아우라를 상품화시킴과 동시에 상품도 예술로 만들었다. 그는 기존의 상품을 미술관이라는 제도화된 공간에서 예술로 재배치했다. 아서 단토(Arthur Danto)가 높이 평가하는 점도 이것이다(단토, 2013: 66-78). 이러한 재배치를 통하여 워홀은 기존의 예술 개념을 전복적으로 뒤집어놓았다. 워홀의 〈브릴로 박스(Brillio box)〉(1964)가 바로 그것이다. 지금 우리는 워홀의 〈브릴로 박스〉가 예술 작품인가 아닌가를 더 이상 묻지 않는다. '작품'이 아닐 수는 있어도 틀림없이 '예술'이기 때문이다. 그렇기 때문에 워홀의 〈브릴로 박스〉는 또 다른 예술가들에 의해 재배치된다. 마이크 비들로(Mike Bidlo)의 〈앤디 워홀 (브릴로 박스) 아님(Not Andy Warhol (Brillo

Box)〉(1995)이 바로 그 예다. 여기서 차용된 것은 작품으로서의 예술이 아니다.

상품과 예술의 관계는 사실 예술의 자율성을 둘러싼 문제만큼 복잡하다. 어쨌든 중요한 사실은 앞서 말했듯이 예술 작품은 생산되고, 전시되고 그리고 판매된다는 사실이다. 그것도 일반 대중들은 상상도 할 수 없는 가격으로. 미술품 경매 시장은 독특한 상품 시장이다. 작품을 둘러싸고 경제적 가치와 기호 가치가 뒤섞인 채로 형성된 시장이기 때문이다. 이를 보드리야르는 '사치 가치'가 교환되는 장으로 파악하기도 했다(보드리야르, 2007: 119). 경매라는 이름으로 예술이 거래된다는 것 자체가 예술이 상품임을 스스로 증명하는 것이다. 어떤 예술 외적인 것을 표현하거나 사회적 상황에 대해 문제를 제기하는 예술들에 대해 '순수'하지 못하다고 비판하는 것은 예술을 둘러싼 상황에 대한 무지에서 비롯되는 것이다. 예술은 늘 순수하지 못했다. 그래서 예술은 늘 우리에게 논란을 던져주기도 하고, 생각지도 못했던 문제들을 안겨주기도 했다. 예술의 자율성 또한 예술을 둘러싼 일종의 가상의 아우라라고 볼 수 있다. 상품이 백화점에서 팔리듯 예술 작품은 미술관을 중심으로 거래된다. 미술관에 전시된 예술 작품은 만지지 말고, 보기만 해야 한다. 소유는 꿈도 못 꾼다. 만질 수 없음과 소유할 수 없음은 '거리감'을 전제로 하며, 또 거리감을 만들어낸다. 거리감으로서의 아우라는 또다시 이렇게 강력한 힘을 발휘하고 있다. 없앨 수도 없고, 없애기도 싫은 거리감이 도처에서 아우라로 진화하고 있는 것이다. 계급 간의 구별짓기가 존재하는 한 과시적 소비가 존재하는 한 예술은 점점 더 상품화라는 늪에 빠질 것이며, 상품화의 대표적인 전략은 '아우라'가 될 수밖에 없을 것이다. 이런 이유에서 아우라는 때로는 자연스럽게 귀환하는 것이 아니라, 의도적으로 복원되는 것이다. 몰락과 복원 또 때로는 귀환을 반복하면서 아우라는 자신의 삶을 지속하고 있다. 이것이 바로 아우라의 진화다.

참고 문헌

굼브레히트, 한스 U., 2010, 『매혹과 열광: 어느 인문학자의 스포츠 예찬』, 한창호 옮김, 돌베개.
권미원, 2013, 『장소 특정적 미술』, 김인규·우정아·이영욱 옮김, 현실문화.
김성도, 2014, 『도시 인간학: 도시 공간의 통합 기호학적 연구』, 안그라픽스.
낭시, 장-뤽, 2005, 「숭고한 봉헌」, 장-뤽 낭시 외 7인, 『숭고에 대하여 — 경계의 미학, 미학의 경계』, 김예령 옮김, 문학과지성사.
다미슈, 위베르, 2003, 「서문: 사진적인 것에 의거하여」, 『사진, 인덱스, 현대미술』, 최봉림 옮김, 궁리.
단토, 아서, 2013, 『무엇이 예술인가』, 김한영 옮김, 은행나무.
레비츠키, 우베, 2013, 『모두를 위한 예술? 공공미술, 참여와 개입 그리고 새로운 도시성 사이에서 흔들리다』, 난나/최현주 옮김, 두성북스.
렐프, 에드워드, 2005, 『장소와 장소상실』, 김덕현, 김현주, 심승희 옮김, 논형.
리오타르, 장 프랑수아, 2011a, 「숭고와 아방가르드」, 『지식인의 종언』, 이현복 편역, 문예출판사.
리오타르, 장 프랑수아, 2011b, 「질문에 대한 답변: 포스트모던이란 무엇인가」, 『지식인의 종언』, 이현복 편역, 문예출판사.
메르쉬, 디터, 2009, 『매체 이론』, 문화학연구회 옮김, 연세대학교 출판부.
바르트, 롤랑, 2003, 「이미지의 수사학」, 『이미지와 글쓰기 — 롤랑 바르트의 이미지론』, 김인식 편역, 세계사.
바르트, 롤랑, 2006, 『밝은 방. 사진에 관한 노트』, 김웅권 옮김, 동문선.
벅모스, 수잔, 2004, 『발터 벤야민과 아케이드 프로젝트』, 김정아 옮김, 문학동네.
베블런, 소스타인, 2014, 『유한계급론』, 김성균 옮김, 우물이 있는 집.
벤야민, 발터, 2005, 『아케이드 프로젝트』, 조형준 옮김, 새물결.

벤야민, 발터, 2007a,「1900년경 베를린의 유년시절」,『발터 벤야민 선집 3』, 윤미애 옮김, 길.
벤야민, 발터, 2007b,「기술 복제 시대의 예술 작품(제2판)」,『발터 벤야민 선집 2』, 최성만 옮김, 길.
벤야민, 발터, 2007c,「기술 복제 시대의 예술 작품(제3판)」,『발터 벤야민 선집 2』, 최성만 옮김, 길.
벤야민, 발터, 2007d,「베를린 연대기」,『발터 벤야민 선집 3』, 윤미애 옮김, 길.
벤야민, 발터, 2007e,「사유이미지」,『발터 벤야민 선집 1』, 김영옥·윤미애·최성만 옮김, 길.
벤야민, 발터, 2007f,「사진의 작은 역사」,『발터 벤야민 선집 2』, 최성만 옮김, 길.
벤야민, 발터, 2007g,「서평. 지젤 프로인트의『19세기 프랑스에서의 사진 — 사회학적 미학적 에세이』」,『발터 벤야민 선집 2』, 최성만 옮김, 길.
벤야민, 발터, 2007h,「일방통행로」,『발터 벤야민 선집 1』, 김영옥·윤미애·최성만 옮김, 길.
벤야민, 발터, 2007i,「파리 편지 II」,『발터 벤야민 선집 2』, 최성만 옮김, 길.
벤야민, 발터, 2008a,「수집가이자 역사가 에두아르트 푹스」,『발터 벤야민 선집 5』, 최성만 옮김, 길.
벤야민, 발터, 2008b,「역사의 개념에 대하여」,『발터 벤야민 선집 5』, 최성만 옮김, 길.
벤야민, 발터, 2008c,「초현실주의 — 유럽 지식인들의 최근 스냅 사진」,『발터 벤야민 선집 5』, 최성만 옮김, 길.
벤야민, 발터, 2010a,「보들레르의 몇 가지 모티브에 관하여」,『발터 벤야민 선집 4』, 김영옥·황현산 옮김, 길.
벤야민, 발터, 2010b,「중앙공원」,『발터 벤야민 선집 4』, 김영옥·황현산 옮김, 길.
벨슈, 볼프강, 2005,『미학의 경계를 넘어: 현대 미학의 새로운 시나리오, 진단, 전망』, 심혜련 옮김, 향연.
보드리야르, 장, 2007,『기호의 정치경계학 비판』, 이규현 옮김, 문학과지성사.
볼츠, 노르베르트, 2000a,『발터 벤야민: 예술, 종교, 역사철학』, 김득룡 옮김, 서광사.
볼츠, 노르베르트, 2000b,『컨트롤된 카오스: 휴머니즘에서 뉴미디어의 세계로』, 윤종석 옮김, 문예출판사.

볼터, 제이 데이비드·리처드 그루신, 2006, 『재매개: 뉴미디어의 계보학』, 이재현 옮김, 커뮤니케이션북스.

쉬벨부쉬, 볼프강, 1999, 『철도 여행의 역사: 철도는 시간과 공간을 어떻게 변화시켰는가』, 박진희 옮김, 궁리.

스미스, 마크, 2010, 『감각의 역사』, 김상훈 옮김, 성균관대 출판부.

심혜련, 2001, 「발터 벤야민의 아우라(Aura) 개념에 관하여」, 『시대와 철학』 제12권 1호, 한국철학사상연구회.

심혜련, 2006, 『사이버 스페이스시대의 미학: 새로운 아름다움이 세상을 지배한다』, 살림.

심혜련, 2008, 「도시 공간과 흔적 그리고 산책자」, 『시대와 철학』 제19권 3호, 한국철학사상연구회.

심혜련, 2010a, 「디지털 매체 시대의 아우라 문제에 관하여」, 『시대와철학』 제21권 3호, 한국철학사상연구회.

심혜련, 2010b, 「사진에 대한 매체 철학적 고찰」, 『미학』 제63권, 한국미학회.

심혜련, 2010c, 「예술의 새로운 사회적 기능: 발터 벤야민의 "예술의 정치화"를 중심으로」, 홍준기 엮음, 『발터 벤야민: 모더니티와 도시』, 라움.

심혜련, 2011, 「감성학에서의 감성적 지각 문제에 관하여: Aura, Uncanny 그리고 Atmosphere를 중심으로」, 『시대와철학』 제22권 2호, 한국철학사상연구회.

심혜련, 2012a, 「도시 공간 읽기의 방법론으로서의 흔적 읽기」, 『시대와 철학』 제23권 2호, 한국철학사상연구회.

심혜련, 2012b, 『20세기의 매체철학: 아날로그에서 디지털로』, 그린비.

심혜련, 2013a, 「발터 벤야민의 아우라 몰락 이후의 아우라」, 『처음 읽는 독일현대철학』, 철학아카데미 지음, 동녘.

심혜련, 2013b, 「이미지 수용의 변화: 읽는 이미지에서 지각하는 이미지로」, 『범한철학』 제70집, 범한철학회.

심혜련, 2013c, 「퍼포먼스 미학과 미적 경험으로서의 아우라의 귀환」, 『시대와 철학』 제24권 4호, 한국철학사상연구회.

심혜련, 2014, 「파국과 야만의 시대에서의 경험과 사유: 발터 벤야민 이론을 중심으로」, 『시대와 철학』 제25권 4호, 한국철학사상연구회.

심혜련, 2015, 「포스트 디지털 매체 시대의 예술에 관하여」, 『미학예술학연구』 43집, 한국미학예술학회.

심혜련, 2016, 「매체, 몸 그리고 지각」, 『Contents Plus: Journal of Korean Society of Media & Arts』 Vol.14, No.4, 한국영상학회.

아스만, 알라이다, 2011, 『기억의 공간: 문화적 기억의 형식과 변천』, 변학수/채연수 옮김, 그린비.

앤더슨, 존, 2013, 『문화·장소·흔적: 문화지리로 세상 읽기』, 이영민·이종희 옮김, 한울아카데미.

에멀링, 제이, 2015, 『20세기의 현대 예술 이론』, 김희영 옮김, 미진사.

오몽, 자크, 2006, 『이마주: 영화·사진·회화』, 오정민 옮김, 동문선.

외너, 브래트, 2009, 「수행성과 매체성, 사건과 반복: 수행적 행위를 가능하게 하는 매체들」, 루츠 무스너, 하이데마리 올 편, 『문화학과 퍼포먼스: 우리는 어떻게 행동하는가』, 문화학연구회 옮김, 유로.

워홀, 앤디, 2007, 『앤디 워홀의 철학』, 김정신 옮김, 미메시스.

윤난지, 2007, 「성전과 백화점 사이: 후기자본주의 시대의 미술관」, 윤난지 엮음, 『전시의 담론』, 눈빛.

융, 베르너, 2006, 『미메시스에서 시뮬라시옹까지 — 미학사 입문』, 장희창 옮김, 경성대 출판부.

이글턴, 테리, 2009, 『발터 벤야민 또는 혁명적 비평을 향하여』, 김정아 옮김, 이앤비플러스.

질로크, 그램, 2005, 『발터 벤야민과 메트로폴리스』, 노명우 옮김, 효명.

짐멜, 게오르그, 2005a, 「도시와 정신적인 삶」, 『짐멜의 모더니티 읽기』, 김덕영·윤미애 옮김, 새물결.

짐멜, 게오르그, 2005b, 「유행의 심리학, 사회학적 연구」, 『짐멜의 모더니티 읽기』, 김덕영·윤미애 옮김, 새물결.

최승자, 1986, 『이 시대의 사랑』, 문학과지성사.

크라우스, 로잘린드, 2003, 『사진, 인덱스, 현대미술』, 최봉림 옮김, 궁리.

포스터, 할, 2003, 『실재의 귀환』, 이영욱, 조주연, 최연희 옮김, 경성대출판부.

포스터, 할, 2005, 『욕망, 죽음 그리고 아름다움』, 전영백, 현대미술연구팀 옮김, 아트북스.

포스터, 할·로잘린드 크라우스·이브-알랭 부아·벤자민 H. D. 부클로·데이비드 조슬릿, 2007, 『1900년 이후의 미술사』, 배수희·신정훈 외 옮김, 세미클론.

프로이트, 지그문트, 2004a, 「두려운 낯설음」, 『예술, 문학, 정신분석』, 정장진 옮김, 열린책들.

프로이트, 지그문트, 2004b, 「레오나르도 다빈치의 유년의 기억」, 『예술, 문학, 정신분석』, 정장진 옮김, 열린책들.

프로이트, 지그문트, 2004c, 「미켈란젤로의 모세 상」, 『예술, 문학, 정신분석』, 정장진 옮김, 열린책들.

프로인트, 지젤, 2001, 『사진과 사회』, 성완경 옮김, 눈빛.

플룸페, 게어하르트, 2008, 『현대의 미적 커뮤니케이션 2』, 홍승용 옮김, 경성대출판부.

피셔-리히테, 에리카, 2009, 「우리는 어떻게 행동하는가」, 루츠 무스너, 하이데마리 올 편, 『우리는 어떻게 행동하는가: 문화학과 퍼포먼스』, 문화학연구회 옮김, 유로.

하르트만, 프랑크, 2006, 『미디어 철학』, 이상엽·강응경 옮김, 북코리아.

하우크, 볼프강, 1992, 「상품미학과 대중문화」, 『상품미학과 문화이론』, 미술비평연구회 대중시각매체연구분과 엮음, 눈빛.

하이데거, 마르틴, 2010, 「예술 작품의 근원」, 『숲길』, 신상희 옮김, 나남.

호프만, E. T. A., 2013, 『모래 사나이』, 김현성 옮김, 문학과지성사.

홍준기, 2010, 「발터 벤야민과 도시 경험: 벤야민의 도시 인문학」, 홍준기 엮음, 『발터 벤야민: 모더니티와 도시』, 라움.

Adorno, Theodor W., 1993, *Ästhetische Theorie*, Frankfurt am Main: Suhrkamp Verlag.

Augé, Marc, 2011 "Von den Orten zu den Nicht-Orten", in: *Nicht-Orte*, aus dem Französischen von Michael Bischoff, München: Beck Verlag.

Axer, Eva, 2012, *Eros und Aura. Denkfiguren zwischen Literatur und Philosophie in Walter Benjamins Einbahnstraße und Berliner Kindheit*, München: Wilhelm Fink Verlag.

Baatz, Willfried, 1986, "Über Fotografie - Bemerkungen zur Theorie Walter Benjamin", in: *Fotografie Heft 40*, Leipzig.

Bachmann-Medick, Doris, 2009, *Cultural Turns. Neuorientierungen in den Kulturwissen-*

schaften, Hamburg: Rowohlt Taschenbuch Verlag.

Baecker, Dirk, 2003, "The Unique Apperance of Distance", in: *Mapping Benjamin. The Work of Art in the digital age*, Hans Ulrich Gumbrecht, Michael Marrinan (ed.), Standford: Stanford University Press.

Barck, Karlheinz, Peter Gente, Heidi Paris, Stefen Richter (Hrsg.), 1990, *Aisthesis: Wahrenehmung heute oder Perspektiven einer anderen Ästhetik*, Leipzig: Reclam Philipp Verlag.

Barthes, Roland, 1989, *Die helle Kammer*, Übersetzt von Dietrich Leube, Frankfurt am Main: Suhrkamp Verlag.

Belting, Hans, 2011, *Bild-Anthropologie*, München: Wilhelm Fink Verlag.

Benjamin, Walter, 1991, "Der Erzähler", in: hrsg. von Rolf Tiedemann und Hermann Schweppenhäuser, *Gesammelte Schriften Bd. II, 2*, Unter Mitw. von Theodor W. Adonro und Gerschom Scholem, Frankfurt am Main: Suhrkamp Verlag.

Benjamin, Walter, 1992, *Gesammelte Schriften I. 3*, Unter Mitw. von Theodor W. Adorno und Gerschom Scholem, Hrsg. von Rolf Tiedemann und Hermann Schweppenhäuser, Frankfurt am Main: Suhrkamp Verlag.

Betzler, Nida-Rümelin (Hrsg.), 1998, *Ästhetik und Kunstphilosophie von der Antike bis zur Gegenwart in Einzeldarstellungen*, Stuttgart: Alfred Kröner Verlag

Bianchi, Paolo, 2000, "Was ist (Kunst)?", in: *Kunstform, Bd. 152*, Oktober-Dezember. KUNSTFORUM INTERNATIONAL

Bock, Wolfgang, 2005, "Medien im Übergang. Walter Benjamins Theorie zwischen Montage und Virtualität", in: Christian Schulte (Hrsg.), *Walter Benjamins Medientheorie*, Konstanz: UVK.

Boehm, Gottfried, 2006, "Die Wiederkehr der Bilder", in: *Was ist ein Bild?*, Gottfried Boehm (Hrsg.), München: Wilhelm Fink Verlag.

Boehm, Gottfried, 2010, *Wie Bilder Sinn erzeugen. Die Macht des Zeichens*, Berlin: Berlin University Press.

Böhme, Gernot, 1995, *Atmosphäre*, Frankfurt am Main: Suhrkamp Verlag.

Böhme, Gernot, 1999, *Theorie des Bildes*, München: Wilhelm Fink Verlag.

Böhme, Gernot, 2001, *Aisthetik. Vorlesungen über Ästhetik als allgemeine Wahrnehmung-*

slehre, München: Wilhelm Fink Verlag.

Böhme, Gernot, 2006, *Architektur und Atmosphäre*, München: Wilhelm Fink Verlag.

Böhme, Gernot, 2007, "Atmosphären wahrnehmen, Atmosphären gestalten, mit Atmosphären leben: Ein neues Konzept ästhetischer Bildung", in: Rainer Goetz/Stefan Graupner (Hrsg.), *Atmosphäre(n)*, München: kopaed Verlag.

Bohrer, Karl Heinz, 1993, "Die Grenzen des Ästhetischen", in: Wolfgang Welsch (Hrsg.), *Die Aktualität des Ästhetischen*, München: Wilhelm Fink Verlag.

Bolz, Norbert, 1991, *Eine kurze Geschichte des Scheins*, München: Wilhelm Fink Verlag.

Bolz, Norbert, 2003, "Aesthetics of Media. What Is the Cost of Keeping Bejamin Current?", in: Michael Marrinan (ed.), *Mapping Benjamin. The Work of Art in the digital age*, Hans Ulrich Gumbrecht, Standford: Stanford University Press.

Bürger, Peter, 1974, *Theorie der Avantgarde*, Frankfurt am Main: Suhrkamp Verlag.

Didi-Hubermann, Georges, 1999, *Was wir sehen blickt uns an: Zur Metapsychologie des Bildes*, Aus dem Französischen von Markus Sedlaczek, München: Wilhelm Fink Verlag.

Döring, Jörg und Tristan Thielmann, 2008, "Einleitung: Was lesen wir im Raum? Der Spatial Turn und geheime Wissen der Geographen", in: Jörg Döring, Tristan Thielmann (Hrsg.), *Spatial Turn: Das Raumparadigma in den Kultur-und Sozialwissenschaften*, Bielefeld: transcript Verlag.

Elo, Mika, 2005, "Die Wiederkehr der Aura", in: Christian Schulte (Hg.), *Walter Benjamins Medientheorie*, Konstanz: UVK.

Fehrmann, Gesela, Erika Linz, Cornelia Epping-Jäger, 2005, "Vorwort", in: Gesela Fehrmann, Erika Linz, Cornelia Epping-Jäger (Hrsg.), *Spuren Lektüren. Praktiken des Symbolischen*, München: Wilhelm Fink Verlag.

Fischer-Lichte, Erika, 2000, "Vom Text zur Performance: Der performative Turn in den Kulturwissenschaften", in: *Kunstform, Bd. 152*, Oktober-Dezember, KUNSTFORUM INTERNATIONAL.

Fischer-Lichte, Erika, 2004, *Ästhetik des Performativen*, Frankfurt am Main: Suhrkamp Verlag.

Fürnkäs, Josef, 2000, "Aura", in: *Benjamins Begriffe* Bd. 1, Michael Opitz und Erdmut

Wizisla (Hrsg.), Frankfurt am Main: Suhrkamp Verlag.

Geimer, Peter, 2009, *Theorien der Fotografie zur Einführung*, Hamburg: Junius Verlag.

Goetz, Rainer, Stefan Graupner (Hrsg.), 2007, *Atmosphäre(n) I,* München: kopaed Verlag.

Goetz, Rainer, Stefan Graupner (Hrsg.), 2012, *Atmosphäre(n) II,* München: kopaed Verlag.

Grau, Oliver, 2002, *Virtuelle Kunst in Geschichte und Gegenwart: Visuelle Strategien*, Berlin: Reimer Verlag.

Groys, Boris, 2003, *Topologie der Kunst*, München: Hanser Verlag.

Grube, Gernot, 2007, ">abfährten< - >arbeiten<. Investigative Erkenntnistheorie", in: Sybille Krämer, Werner Kogge und Gernot Grube (Hrsg.), *Spur. Spurlesen als Orientierungstechnik und Wissenkunst*, Frankfurt am Main: Suhrkamp Verlag.

Haug, Wolfgang Fritz, 2009, *Kritik der Warenästhetik. Gefolgt von Warenästhetik im High-Tech-Kapitalismus,* Frankfurt am Main: Suhrkamp Verlag.

Hauskeller, Michael, 1999, "Vorwort", in: Michael Hauskeller (Hrsg.), *Was das Schöne sei: Klassische Text von Platon bis Adorno*, München: Dt. Taschenbuch-Verlag.

Holtorf, Cornelius, 2007, "Vom Kern der Dinge keine Spur. Spurlesen aus archäologischer Sicht", in: Sybille Krämer, Werner Kogge und Gernot Grube (Hrsg.), *Spur. Spurlesen als Orientierungstechnik und Wissenkunst*, Frankfurt am Main: Suhrkamp Verlag.

Jonas, Hans, 2006, "Homo Pictor: Von der Freiheit des Bildens", in: *Was ist ein Bild?*, Gottfried Boehm (Hrsg.), München: Wilhelm Fink Verlag.

Kambas, Cryssoula, 1983, *Walter Benjamin im Exil: Zum Verhältnis von Literaturpolitik und Ästhetik*, Tübingen: De Gruyter Verlag.

Käufer, Birgit, 2006, *Die Obsession der Puppe in der Fotografie*, Bielefeld: transcript Verlag.

Kogge, Werner, 2007, "Spurlesen als epistemologischer Grundbegriff: Das Beispiel der Molekularbiologie", in: Sybille Krämer, Werner Kogge und Gernot Grube (Hrsg.), *Spur. Spurlesen als Orientierungstechnik und Wissenkunst*, Frankfurt am Main: Suhrkamp Verlag.

Krämer, Sybille, 2007a, "Immanenz und Transzendenz der Spur: Über das epistemologische Doppelleben der Spur", in: Sybille Krämer, Werner Kogge und Gernot Grube (Hrsg.), *Spur. Spurlesen als Orientierungstechnik und Wissenkunst*, Frankfurt am Main: Suhrkamp Verlag.

Krämer, Sybille, 2007b, "Was also ist eine Spur? Und worin besteht ihre epistemologische Rolle? Eine Bestandaufnahme", in: Sybille Krämer, Werner Kogge und Gernot Grube (Hrsg.), *Spur. Spurlesen als Orientierungstechnik und Wissenkunst*, Frankfurt am Main: Suhrkamp Verlag.

Krauss, Rolf H., 1998, *Walter Benjamin und der neue Blick auf die Photographie*, Stuttgart: Hatje Cantz Verlag.

Levy, Ze'ev, 2007, "Die Rolle der Spur in der Philosophie von Emmanuel Levinas und Jacques Derrida", in: Sybille Krämer, Werner Kogge und Gernot Grube (Hrsg.), *Spur. Spurlesen als Orientierungstechnik und Wissenkunst*, Frankfurt am Main: Suhrkamp Verlag.

Markus, George, 2009, "Benjamins' Critique of Aesthetic Autonomy", in: Andrew Benjamin/Charles Rice, *Walter Benjamin and the Architecture of Modernity*, Melbourne: Re.press.

Matzker, Reiner, 2008, *Ästhetik der Medialität: Zur Vermittlung von künstlerischen Welten und ästhetischen Theorie*, Hamburg: Rowohlt Taschenbuch Verlag.

Menninghaus, Winfried, 2009, "On The 'Vital Significance' of Kitsch", in: Andrew Benjamin, Charles Rice (ed.), *Walter Benjamin and the Architecture of Modernity*, Melbourne: Re.press.

Mersch, Dieter, 2002a, *Ereignis und Aura: Untersuchtungen zu einer Ästhetik des Performativen*, Frankfurt am Main: Suhrkamp Verlag.

Mersch, Dieter, 2002b, *Was sich zeigt. Materialität, Präsenz, Ereignis*, München: Wilhelm Fink Verlag.

Mitchell, W. J. T., 2009, Vier Grundbegriffe der Bildwissenschaf, in: *Bildtheorien. Antropologische und kulturelle Grundlagen des Visualistic Turn*, Klaus Sachs-Hombach, Frankfurt am Main: Suhrkamp Verlag.

Müller, Inez, 1993, *Walter Benjamin und Bertolt Brecht. Ansätze zu einer dialektischen Äs-*

thetik in den dreißiger Jahren, Saarbrücken, Univ., Diss.

Platon, 1994, "Phaidros", in: *Sämtliche Werke Bd. 2*, Übersetzt von Friedrich Schleiermacher, Hamburg: Rowohlt-Taschenbuch-Verlag.

Plumpe, Gerhard, 1990, *Der tote Blick. Zum Diskurs der Photographie in der Zeit des Realismus*, München: Wilhelm Fink Verlag.

Plumpe, Gerhard, 1993, *Ästhetische Kommunikation der Moderne. Band 2: Von Nietzsche bis zur Gegenwart*, Opladen: VS Verlag für Sozialwissenschaften.

Raab, Jürgen, 2010, "Präsenz und Präsentation – Intermediale Inszenierungen politischen Handels", in: Andy Blättler, Doris Gassert, Susanna Parikka-Hug, Miriam Ronsdorf (Hrsg.), *Intermediale Inszenierungen im Zeitalter der Digitalisierung. Medientheoretische Analysen und ästhetiscch Konzepte*, Bielefeld: transcript Verlag.

Rebentisch, Juliane, 2003, *Ästhetik der Installation*, Frankfurt am Main: Suhrkamp Verlag.

Reijen, Willem van, 1998, *Der Schwarzwald und Paris. Heidegger und Benjamin*, München: Wilhelm Fink Verlag.

Ritter, Joachim (Hrsg.), 1971, *Historisches Wörterbuch der Philosophie*, Schwabe & Co. AG Verlag, Bd. 1. Darmstadt: Wissenschaftliche Buchgesellschaft.

Schaub, Mirjam, 2007, "Die Kunst des Spurenlegens und -verfolgens. Sophie Calles, Francis Alÿs' und Janet Cardiffs Beitrag zu einem philosophischen Spurenbegriff", in: Sybille Krämer, Werner Kogge und Gernot Grube (Hrsg.), *Spur. Spurlesen als Orientierungstechnik und Wissenkunst*, Frankfurt am Main: Suhrkamp Verlag.

Scheer, Brigitte, 1997, *Einführung in die philosophische Ästhetik*, Darmstadt: Primus Verlag.

Schmidt, Siegfried J., 2003, "From Aura-Loss to Cyberspace", in: Hans Ulrich Gumbrecht, Michael Marrinan (ed.), *Mapping Benjamin. The Work of Art in the digital age*, Standford: Stanford University Press.

Schnell, Ralf, 2005, "Medienwissenschaft und Neurobiologie. Zur Einführung in diesem Band", in: Ralf Schnell (Hrsg.), *Wahrnehmung Kognition – Ästhetik – Neurobiologie und Medienwissenschaften*, Bielefeld: transcript Verlag.

Schöttker, Detlev, 2002, "Benjamins Medienästhetik", in: Walter Benjamin, *Medienästhetische Schriften*, Frankfurt am Main: Suhrkamp Verlag.

Seel, Martin, 2000, *Ästhetik des Erscheinens*, Frankfurt am Main: Suhrkamp Verlag.

Steiner, Uwe C., 2005, "Die Sprengung der Kerlerwelt. Medienästhetik, Film und gnostische Politik in Benjamins Kunstwerk-Aufsatz und in Patrick Roths Der Stab Moses", in: Christian Schulte (Hrsg.), *Walter Benjamins Medientheorie*, Konstanz: UVK.

Stoessel, Marleen, 1983, *Aura. Das vergessene Menschliche. Zu Sprache und Erfahrung bei Walter Benjamin*, München: Hanser, cop. Verlag.

Tiedemann, Rolf, 1983, *Dialektik im Stillstand. Versuche zum Spätwerk Walter Benjamin*, Frankfurt am Main: Suhrkamp Verlag.

Wagner, Gerhard, 1992, *Walter Benjamin. Die Medien der Moderne*, Potsdam: Vistas Verlag.

Weber, Thomas, 2000, "Erfahrung", in: Michael Opitz und Ermut Wizisla (Hrsg.), *Benjamins Begriffe 1*, Frankfurt am Main: Suhrkamp Verlag.

Weibel, Peter, 1991, "Transformation der Techno-Ästhetik", in: Florian Rötzer (Hrsg.), *Digitaler Schein. Ästhetik der elektronischen Medien*, Frankfurt am Main: Suhrkamp Verlag.

Weibel, Peter, 2001, "Neue Berufsfelder der Bildproduktidon", in: Peter Weibel (Hrsg.), *Vom Tafelbild zum globalen Datenraum*, Karlsruhe: ZKM.

Weibel, Peter, 2007, "User Art-NutzerKunst", in: *You-ser: Das Jahrhundert des Konsumenten*, Karlsruhe: ZKM.

Welsch, Wolfgang, 1993, "Das Ästhetische - ein Schlüsselkategorie unserer Zeit?", in: Wolfgang Welsch (Hrsg.), *Die Aktualität des Ästhetischen*, München: Wilhelm Fink Verlag.

Wiesing, Lambert, 2002, "Einleitung: Philosophie der Wahrnehmung", in: Lambert Wiesing (Hrsg.), *Philosophie der Wahrnehmung: Modelle und Reflexion*, Frankfurt am Main: Suhrkamp Verlag.

Wiesing, Lambert, 2005a, "Bildwissenschaft und Bildbegriff", in: *Artifizielle Präsenz. Studien zur Philosophie des Bildes*, Frankfurt am Main: Suhrkamp Verlag.

Wiesing, Lambert, 2005b, "Virtuelle Realität: die Angleichung des Bildes an die Imagination", in: Lambert Wiesing, *Artifizielle Präsenz. Studien zur Philosophie des Bildes*, Frankfurt am Main: Suhrkamp Verlag.

Wirth, Uwe, 2007, "Zwischen genuiner und degenerierter Indexikalitiät: Eine Peircesche Perspektive auf Derridas und Freuds Spurbegriff", in: Sybille Krämer, Werner Kogge und Gernot Grube (Hrsg.), *Spur. Spurlesen als Orientierungstechnik und Wissenkunst*, Frankfurt am Main: Suhrkamp Verlag.

Witte, Bernd, 1984, "Paris-Berlin-Paris. Zum Zusammenhang von individueller, literarischer und gesellschaftlicher Erfahrung in Walter Benjamins Spätwerk", in: Norbert Bolz / Berlind Witte (Hrsg.), *Passagen. Walter Benjamins Urgeschichte des XIX. Jahrhunderts*, München: Wilhelm Fink Verlag.

찾아보기

ㄱ

가상
  가상의 아우라 11, 192, 212, 215, 274, 291, 296-299, 302, 305, 307
  가상현실 59-60, 65-66, 285
가족 유사성 9, 108, 170, 182
감성적 주체 42-43, 47, 49, 107
감성적 지각 7-9, 13, 30-33, 35-37, 39-42, 44-45, 53, 58, 68-69, 84-86, 95, 97, 99-100, 102, 104, 107-108, 114, 117-118, 125, 128, 131, 144-145, 154-155, 157-159, 161, 163, 165, 167-173, 181-183, 185, 194, 203, 205-206, 241, 247, 251, 253-254
감성학 7-9, 23-24, 31-47, 53, 56-58, 67-68, 70-72, 78, 82, 85, 108, 113-117, 127-131, 152, 157-158, 167-168, 172-174, 176-177, 181-182, 184-185, 188, 207, 247, 251, 282
거리감 6, 91-97, 102, 159-161, 203, 205, 207, 216, 237, 267, 280, 298, 307

거세 120, 125-126
경배 가치 239
공감 21, 23, 42, 176
공공 예술 212-213, 222, 227, 233
과시적 소비 12, 289-295, 297-298, 300-301, 305, 307
관음증 21, 295
관조 59, 64, 83, 216, 276
관찰자 57, 138-140, 142, 201, 286
교감 97-99, 102-103, 176, 193, 226
교환가치 292
굼브레이트, 한스 울리히 250
그라우, 올리버 60
그로스클라우스, 피츠 259
그로이스, 보리스 7, 224, 235-238, 302-303
그루신, 리처드 279, 281
기억 10-11, 55, 75-77, 112, 137-139, 142, 174, 196-197, 206-207, 210-216, 219-226, 229-230, 267
  기억흔적 78, 196, 207, 218-219, 229
기호 가치 307

길록, 그레엄 216

ㄴ
노출증 295
뉴먼, 바넷 148-152, 167
니엡스, 조제프 니세포르 266

ㄷ
다빈치, 레오나르도 112-113
단토, 아서 306
대중 예술 50, 84
데 키리코, 조르조 127-128
데리다, 자크 196-197, 254
도시 인상학 207, 214
두려운 낯섦 8, 108, 114, 116-128, 137, 144-145, 157-161, 163, 168-171, 174, 176-177, 182-183, 196, 206, 241
뒤샹, 마르셀 238-239, 303-305

ㄹ
레디메이드 238, 303-304
레벤티슈, 율리아네 237
레비나스, 에마뉘엘 196, 199
로스코, 마크 152
롱기누스, 카시우스 146, 154
리오타르, 장 프랑수아 8-9, 108, 144-149, 152-155, 166-170, 172, 183, 225

ㅁ
말레비치, 카지미르 152
망각 139, 196, 198, 206, 212, 214-215, 223, 225
매개된 지각 46-50, 67
매체 감성학 47
매체 미학 8, 45-50, 52-54, 56-58, 67-68, 129, 192, 243-248, 251, 258, 260, 282
매체 아우라 191, 280-281
맥루언, 마셜 48
메르슈, 디터 45-46, 99-102, 251-257, 259
모래 사나이 120, 125, 161
몰입 59-64, 83, 259
몸 41, 64-65, 84, 242-243, 246, 259-260
무의식 109-111, 113, 115-116, 122, 158, 170
무의지적 기억 10, 75, 77, 137
문화 산업 11, 186, 192, 274, 296-298
문화 자본 273-274, 293
물신성 239, 273, 292
미디어 퍼포먼스 243-245, 253, 257-261
미첼, W. J. T. 64

ㅂ
바르트, 롤랑 8-9, 108, 118, 129, 131-142, 144, 162-166, 168-169, 183,

265, 268
바움가르텐, 알렉산더 고트리프 25, 30, 35-36
바이벨, 페터 247, 286
반 고흐, 빈센트 166-167
반복성 13, 81, 102, 241, 254, 256, 282
버크, 에드먼드 146, 154, 170
베블런, 소스타인 289-292, 294
벤더스, 빔 244
벨머, 한스 124-126, 171
벨슈, 볼프강 25, 32, 34-35, 40
벨팅, 한스 55-56
보들레르, 샤를 76, 78, 83, 219
보로프스키, 조너선 232-233
보이스, 요셉 249, 254-255
복제 5, 13, 51, 58, 68, 72, 79-81, 83-85, 89-90, 92-93, 96, 158, 187-192, 194, 212, 215, 224, 232, 234, 237, 239, 253, 255, 261-262, 264, 268, 270-271, 275, 278, 282-283, 285, 296-297, 299, 301, 305
볼츠, 노르베르트 281-282
볼터, 데이비드 279, 281
뵈메, 게르노트 9, 40-41, 108, 173-177
부재 10, 200, 203, 210, 223-224, 242, 257
분위기 9, 87, 108-109, 141, 163-164, 173-177, 186, 226, 267, 296
뷔랑, 다니엘 231
비들로, 마이크 306

비릴리오, 폴 101
비매개화 45-46, 254
비장소 217-222
비징, 람베르트 60-63
비트겐슈타인, 루트비히 41

ㅅ
사건 10-11, 74, 100, 102, 118, 151, 166-168, 192, 198, 231-232, 240-241, 245, 249-254, 257-261
사이버 스페이스 59, 242, 285, 287
산책자 115, 203, 208-209, 216-217, 222, 287
상호작용적 예술 66
설치 182, 211, 227, 234-238, 244, 249
설치 미학 237
세속화 6, 79-81, 83, 87, 94, 190, 272-273, 288
센세이션 59, 76
셰어, 브리기테 35, 39
소망 111-113
수용자 41-42, 47, 49-50, 61, 65, 81, 94, 96, 151-152, 155, 160, 167-168, 229, 235, 260, 263, 283, 286
수집가 304
순간의 유일성 251
순수예술 50-51, 80, 185, 274
숭고 8-9, 108, 144-155, 166-170, 174, 177, 182-183, 226, 229, 241, 253-254

스타 11, 273, 277-278, 297
스텔락 260
스투디움 136, 138-141, 162-163, 165
스펙터클 59, 131, 244, 251, 257-258, 260
승화 112
시각적 촉각성 64-66
시뮬라시옹 58
시벨부슈, 볼프강 64
시선 97-103, 115, 142, 161-162, 164-165, 207, 252-253, 256, 258, 276, 281
실재 48-49, 54, 56, 58, 134, 281, 284
심미적 인간 28
심미적 지각 37, 39-40, 173

ㅇ
아도르노, 테오도르 6, 109, 145, 186, 278, 297, 301
아바타 288
아방가르드 31, 148, 151
아콘치, 비토 258
앗제, 외젠 163-164, 268-269
억압 112, 121-122, 124, 159-160
언캐니 117, 124
에로스 93, 235, 253
엘로, 미카 192-193
역사적 미학 70, 72
연극 257, 275-277
영화 50, 60-61, 68, 72, 83-84, 92, 131, 160, 188, 190-191, 212, 215, 232, 237-238, 244-245, 257, 273, 275-278, 282-283, 285, 297
예술의 자율성 71, 80, 88, 204, 282, 302, 307
예술의 정치화 184-185
오제, 마르크 219-220
올덴버그, 클래스 215
워홀, 앤디 5, 51-52, 303, 305-306
원격 현존 93, 242, 253, 260
원본성 51, 81, 87, 90-94, 97, 102-103, 150, 193, 236, 249, 267, 270, 278, 280-281, 287, 298, 306
웨버, 새뮤얼 193, 280-281
유사 아우라 12, 192, 266, 270-271, 273-274, 288
응답 97-103, 142, 164-165, 207, 252, 257-258
응시 99, 103, 161, 165
의지적 기억 75, 77
이글턴, 테리 78, 206
이미지
 이미지 인류학 56-57
 이미지적 인간 56
 이미지학 56-57, 130, 132
인터랙티브 퍼포먼스 260
일반적 지각 9
일회성 11, 13, 94-96, 103, 241, 256, 270, 282

324

ㅈ

잔더, 아우구스트 163-164, 268-269
장소 10-11, 70, 77, 90-92, 96, 127, 142, 172, 174-175, 192, 197-199, 202, 207-208, 211, 213-215, 217-227, 229-239, 241, 250, 259, 267, 276
장소 특정적 예술 11, 227, 230-233
재매개화 279, 281
재생산 58, 189-190, 224, 232, 237, 243, 265, 267, 271, 273, 282, 306
재현 가치 289, 292, 298
전시 가치 80, 82, 91, 94, 238-239, 255, 270-271, 273, 279, 304
정신분석학 109-111, 115-117, 122-123, 128-129, 157, 207
정치의 심미화 184-185
제의 가치 80, 91, 255
지각 철학 39
진품성 87-95, 97, 102, 282
짐멜, 게오르크 73, 293

ㅊ

초현실주의 117, 122-124, 126, 156-157, 160
촉각 63-66, 84
충격 체험 75-79, 84, 115, 280
충동 112
취향 28, 33, 37, 42, 81, 112, 135, 139, 208, 291-293, 295
친숙함 121, 160-161

ㅋ

카리스마 186, 193, 277, 296
케르테츠, 앙드레 138, 162
케이지, 존 254
콜비츠, 케테 229-230
쾌와 불쾌 41, 153, 158, 170
쿤스, 제프 303, 305
크라우스, 로잘린드 123, 129, 272
크레머, 시빌레 200, 212
크리스토와 잔-클로드 233
클라인, 윌리엄 138

ㅌ

타인 21-23, 28, 42, 98, 128, 135, 298
타자 37, 97, 99-101, 196, 199, 256, 293
탈매개화 45-46
탈세속화 87, 90, 272-273
탈아우라화 190-191
탈육화 133, 242-243
탐정 69, 115, 197, 201-202, 208, 222

ㅍ

파노라마 60, 64-65
팝아트 51-52
퍼포먼스 11, 101, 168, 182, 218, 231, 241, 243-261
포스터, 할 123-124, 129, 157, 160, 206, 305
포스트모던 144-146
푼크툼 8, 108, 118, 124, 129, 132,

134-145, 162-165, 168-171, 174, 177, 182-183, 206, 224, 229, 241, 268
플루서, 빌렘 62-63
퓌른케스, 요제프 191-192
프로이트, 지그문트 8, 108-123, 125-128, 132, 137, 139, 144-145, 156-158, 160-161, 168, 170, 176, 183, 199
프로인트, 지젤 132, 263-264
프리드리히, 카스파르 다비트 146-147
플라톤 27, 54, 130
피셔-리히테, 에리카 248-251, 255, 257

흔적 10, 69, 73-74, 78, 115, 135, 164, 175, 192, 195-229, 235, 257, 260, 262, 269-270, 293

ㅎ

하르트만, 프랑크 280
하우크, 볼프강 284, 297-298
하이데거, 마틴 199, 227-231, 254
행위 65-66, 75, 112, 125, 128, 148, 158, 203, 216, 222-223, 231, 241, 245, 250, 257-259, 261, 286, 290, 292, 295-296, 304
현존 10, 13, 93, 95, 102, 140, 200, 203, 205, 210, 223-224, 232-233, 235, 242-243, 246, 249-250, 253, 255-260
확장된 예술 53, 71
회귀 24, 34, 121, 124, 282